四川大学2011计划——中国多民族文化凝聚与国家认同协同创新中心

中国多民族文化研究文库

主编 徐新建

民族符号学

论文集

主　编⊙宗　争
副主编⊙梁　昭

中国社会科学出版社

图书在版编目（CIP）数据

民族符号学论文集/宗争主编，梁昭副主编. —北京：中国社会科学出版社，2018.5

（中国多民族文化研究文库）

ISBN 978-7-5203-2301-7

Ⅰ.①民⋯ Ⅱ.①宗⋯ ②梁⋯ Ⅲ.①中华民族—符号学—文集 Ⅳ.①K28-53

中国版本图书馆 CIP 数据核字（2018）第 064366 号

出 版 人	赵剑英
责任编辑	郭晓鸿
特约编辑	席建海
责任校对	冯英爽
责任印制	戴　宽

出　　版	中国社会科学出版社
社　　址	北京鼓楼西大街甲 158 号
邮　　编	100720
网　　址	http://www.csspw.cn
发 行 部	010-84083685
门 市 部	010-84029450
经　　销	新华书店及其他书店
印　　刷	北京明恒达印务有限公司
装　　订	廊坊市广阳区广增装订厂
版　　次	2018 年 5 月第 1 版
印　　次	2018 年 5 月第 1 次印刷
开　　本	710×1000　1/16
印　　张	24
插　　页	2
字　　数	281 千字
定　　价	99.00 元

凡购买中国社会科学出版社图书，如有质量问题请与本社营销中心联系调换
电话：010-84083683
版权所有　侵权必究

"民族符号学"在中国是否可能？

（前言）

1971年，匈牙利符号学家维尔默斯·沃伊特（Vilmos Voigt）与米哈伊·霍帕尔（Mihaly Hoppal）几乎同时提出了"民族符号学"（ethnosemiotics）的概念，拉开了民族符号学研究的大幕。而早在20世纪五六十年代，这一学科的理论框架就已经在教学与科研上逐渐成形。如今，民族符号学已经形成了相对独立和完善的理论研究框架，自20世纪90年代至今，产生了不少在西方学界具有影响力的著述。民族符号学包含两个彼此关联的部分：一是民族学的研究者在研究民族问题或现象时有意无意地使用符号学理论对其进行探究；二是将符号学作为一种民族现象研究的总体方法论，视民族现象为"文化—语言模拟系统"的一部分，可以视为文化符号学的一个分支。

在彭佳的《民族符号学研究综述》之前，国内并无明确的"民族符号学"的提法，也没有系统的民族符号学译作或著作问世。国内学界对这一学科比较陌生，亦包含"日用而不知"的情况，即不

· 1 ·

自觉地使用民族符号学的方法等。

民族符号学在中国的推广和发展滞后，原因有三：一是国内对西方的民族符号学研究关注度不足，对新理论的引进相对滞后；二是欧洲的少数民族族裔大都已经形成了独立的民族国家，民族研究与国别文化研究高度重合（如上面提到的匈牙利），这与众多少数民族共同聚居的中国情况不同；三是西方民族符号学融合了文学、文化、社会学、民族学等多个领域，是比较典型的交叉学科，其在国内的译介、传播有限，学习和研究都具有一定的难度。

然而，这三个原因都不能构成民族符号学在中国发展的真正阻碍。通过充分的译介和交流，民族符号学的理论方法能够在中国本土生根发芽，甚至还能形成具有中国特色的新的学术流派。

本论文集的意图正是引介国外民族符号学的理论，汇总国内民族符号学研究的理论探讨和个案研究，为该研究领域的未来发展进行知识和方法上的准备。故本文集收录的论文的作者均为多年进行符号学、文艺学、人类学、民俗学、文学人类学、民族音乐学、民族民间文化研究的学者，他们的文章或体现出对作为符号体系的民族文化的理论思考，或者是对民族口头传统、身体仪式的符号化解读。为了参照国外民族符号学的发展脉络，编者还特别翻译了米哈伊·霍帕尔（Mihály Hoppál）《民族符号学方法》和约翰·菲斯克（John Fiske）的《民族符号学：一些个人和理论上的反思》两篇文章。

本论文集收录了16篇国内学者的论文，论文的作者自觉或不自觉地展示出民族符号学研究的理论潜力和研究魅力。在这些论文中，有一类偏重理论和方法论探究的论文体现了符号学理论与各研究领域视域的融合。徐新建的《口语诗学：声音和语言的符号关联》和

朝戈金的《"回到声音"的口头诗学：以口传史诗的文本研究为起点》两篇论文，不约而同地从声音符号的层次来讨论口头传统文本，与西方民族符号学理论的发展趋势相呼应，逐渐由结构主义对单个符号及符号体系结构的研究走向了后结构主义对文本和意义的探究，走向了更广阔、更开放的体系。纳日碧力戈的《以言行事与符号"仿真"》则是具体使用奥斯汀的"施为句"理论和波德里亚的"仿真"理论来分析中国民族与族群状况，并指出了两种理论各自的缺陷与适用范围。叶舒宪、乌丙安的论文分别涉及文学人类学和民俗学两门学科的符号论。叶舒宪的《玉兔神话的原型解读——文化符号学的N级编码视角》，体现了近年来文学人类学"大、小传统理论""四重证据法"方法论与符号学方法的结合；文章通过解读神话的多层级编码体系，得到玉兔神话的国际性和本土性特点。乌丙安的《走进民俗的象征世界——民俗符号论》一文认为，民俗指符分为言语系统和非言语领域的民俗指符，而民俗指符的特点是："从来就不是以抽象的概念直接显示的；恰恰相反，它们都是以具体生动的形象的形式展现的。"这是国内学者非常自觉地使用符号学理论对民族和民间文化进行研究的范例。

另一类文章是学者们对各地区、各民族文化现象的符号化的具体研究，牵涉文化符号分析的不同侧面。何星亮的《象征的类型》，讨论了人们用以做装饰、图案的几种编码类型，是根源于实证经验的符号分类。刘俐俐的《人类学大视野中的故事问题》，梳理了故事学研究的几种已有的理论角度，其中包括叙事符号分析。尹虎彬的《民间叙事的神话范例》、杨利慧的《语境、过程、表演者与朝向当下的民俗学——表演理论与中国民俗学的当代转型》、巴莫曲布嫫的《叙事语境与演述场域——以诺苏彝族的口头论辩和史诗传统为例》

三篇文章，都强调了对民间叙事和口头传统的解读要从文化整体和展演现场着手——这就是说，基于人类学的方法论为研究者探究民族民间叙事的符号意义提供了可靠的依据。李菲的《族群遗产的现代变迁：基于嘉绒跳锅庄的田野考察》、梁昭的《汉、壮文化的交融与疏离——"歌圩"命名再思考》、杨晓的《亲缘与地缘：侗族大歌与南侗传统社会结构研究》，同样是人类学与文学、音乐学交叉结合的研究实例，分别研究了藏族、壮族、侗族的民间歌舞表述符码背后的历史文化和传统社会结构。本文集还特地收入匡宇的《论多民族文学研究的公共性——及其边界与可能》一文，此文看似与"民族符号学"无涉，收入此中的目的是提出民族符号学研究之于中国现代性问题的意义。民族符号学不仅仅是对文化符码的形式探究，用匡宇的话来说，包含着民族符号学研究的"多民族文学"，"并非仅局限于纯文学领域或少数民族文学领域，而是要从根本上突破以往封闭式的少数民族文学研究思路，以文学研究为基点并扩展为文化研究，在对现代性问题的接续和回答中，作用于中国社会的现代性文化转型"。

综上所述，民族符号学研究的对象，是对各民族民间的诸文化事项的编码方式进行解读，而这一解读应联系文化符号所在的社会文化结构，进行历时和共时的双重透视。关于这一点，彭佳的《民族符号学研究综述》一文有着明确的表述："民族符号学不仅仅是展示性、描述性的，它并不停留在对某个符号在系统中起到的某种功能之说明，而是致力于挖掘它在这个文化系统的建构中体现的规则和元语言思维，以及它与这个系统其他部分的关联和产生各种关联的原因。……民族符号学更看重的，是语言和文化的深层结构如何通过符号系统来进行表现和维持的；它的目的是通过对符号和意义的探究探求民族文化乃至人类思维的一般规律。"因此，民族符号学建立的基础不仅仅是符号学理论在民族学研究中的沿用，更重要的是，理论与研究对象的高度融合将对两个学科产生反哺作用。

结合国内学界的种种动向，回到我们的标题上，我们有理由说：民族符号学在中国不仅可能，而且一定会蓬勃发展！当然，这需要宽容的学术心态、严谨的治学态度和孜孜不倦的上下求索。

目　录

一　译文

民族符号学方法
　　米哈伊·霍帕尔（Mihály Hoppál）　梁昭 译　3

民族符号学：一些个人和理论上的反思
　　约翰·菲斯克（John Fiske）　宗争 译　18

二　论文

口语诗学：声音和语言的符号关联
　　——关于符号学和文学人类学的研究论纲　徐新建　45

玉兔神话的原型解读
　　——文化符号学的N级编码视角　叶舒宪　56

文化记忆与身体表述
　　——嘉绒跳锅庄"右旋"模式的人类学阐释　李　菲　75

汉、壮文化的交融与疏离
　　——"歌圩"命名再思考　　　　　　　　　梁　昭　95

论多民族文学研究的公共性及其边界与可能　　匡　宇　112

以言行事与符号"仿真"
　　——民族与族群理论的实践话语　　　　纳日碧力戈　141

人类学大视野中的故事问题　　　　　　　　刘俐俐　155

象征的类型　　　　　　　　　　　　　　　何星亮　159

走进民俗的象征世界——民俗符号论　　　　乌丙安　177

从符号学的角度看民族头饰艺术的美学特色　管彦波　214

语境、过程、表演者与朝向当下的民俗学
　　——表演理论与中国民俗学的当代转型　杨利慧　224

"回到声音"的口头诗学：以口传史诗的
　　文本研究为起点　　　　　　　　　　朝戈金　258

叙事语境与演述场域
　　——以诺苏彝族的口头论辩和史诗
　　　传统为例　　　　　　　　　　　巴莫曲布嫫　278

民间叙事的神话范例
　　——以后土信仰与民间口头叙事为例　　尹虎彬　300

亲缘与地缘：侗族大歌与南侗传统社会
　　结构研究　　　　　　　　　　　　　　杨　晓　315

民族符号学研究综述　　　　　　　　　　　彭　佳　360

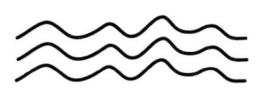

一　译文

民族符号学方法[1]

米哈伊·霍帕尔（Mihály Hoppál）[2]　　梁昭[3] 译

文化符号学包括文化和社会生活的所有领域。这门学科拥有其固有的"由象征和符号连接在一起的逻辑"[4]，正如17世纪中期一本著名的书引人注目的副标题显示的那样。

20世纪中期是符号学开始兴盛的新时期。1962年，在美国和苏联分别召开了两个符号学会议，这代表了人文学科在这两个国家里取得惊人的发展，也代表学者们对符号的一般理论产生兴趣。在经历过一段时间的"符号帝国主义"之后，"我们现在必须面对高涨的危机感"[5]。"任何事物都是符号。"在这句重要的表述的指引下，

---

[1] 本文译自米哈伊·霍帕尔（Mihály Hoppál）的论文"Approaches to Ethnosemiotics"，论文收录于Mihály Hoppál, *Ethnosemictics*: *Approaches to the Study of Culture*, Hungarian Association for Semiotic Studises, 2014。

[2] 作者简介：米哈伊·霍帕尔（Mihály Hoppál），匈牙利科学院民族学研究所前主席、民族符号学的学科奠基人。代表作为《民族符号学：文化研究方法》（*Ethnosemiotics*: *Approaches to the Study of Cultare*）。

[3] 译者简介：梁昭，四川大学文学与新闻学院副教授。

[4] E. Leach, *Cultrue and Communication*: *The Logic by Which Symbols are Connected*, Cambridge University Press, 1976.

[5] J. Kelemen, "Krise und Mögliche Ayswege in der Semiotik", in "Paper for a Symposium on the Theoretical and Practical Relevance of Semiotics（In Hungarian：Valóság és kiútkeresés a szemiotikában）", *Valóság*, 30: 3, 1987, pp. 108–112.

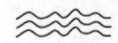

符号学学者为解决"所有形式的模式化交流"（all patterned communication in all modalities）① 付出了巨大的努力，建立了永无止境的符号客体的帝国。这些努力和对概念的误解是新学科的典型特征。尽管这个学科诞生于几个世纪以前，今天的符号学仍然十分年轻。在未来，我们的任务是积累符号学历史的知识②，或者重建符号学思想的历史。③

本文的目标之一是概述民族符号学已有的成果，评论其近期发展。我的意图是继续重建民族符号学思想的历史，就像一名当代学者在另外一篇论文中写的那样。④ 首先，我将对欧洲的民族符号学进行一个简短的勾勒（主要是关于匈牙利的符号学研究）；其次，是关于苏联的文化符号学理论的发展综述；最后，是关于美国的符号人类学。在本文最后，我将揭示民族符号学和解释学是如何融合在一起。

欧洲的民族符号学

在符号学世界的迷宫里，至少有一席之地看起来不那么拥挤，这就是民族符号学。正如符号学在社会科学的知识范式里意味着转

---

① Th. A. Sebeok, et al. (eds.), *Approaches to Semiotics*, Hague: Mouton, 1964.

② J. Pelc, "Jasks for the Future", *International Spectrum*, 1985 (4), pp. 1–2.

③ J. Kelemen, "Krise und Mogliche Ayswege in der Semiotik", in "Paper for a Symposium on the Theoretical and Practical Relevance of Semiotics (in Hungarian: Valóság és kiútkeresés a szemiotikában)", *Valóság*, 30: 3, 1987, p. 108.

④ M. Hoppál, "Form Structuralism to Ethnosemiotics", in Oosten, J. – Ruijter, A. du (eds.), *The Future of Structuralism*, *Papers of the IUAES – Intercongress Amsterdam*, 1981, pp. 75–94, Göttingen: Herodot, 1983a.

民族符号学方法

折，它在人类学学科——或者如东欧称为人种学或民族学——里也是如此。为了总结民族符号学的早期历史，我们必须知道这个名称诞生的时间，正如动物符号学的名称诞生的那样。①

1969年，我有三个月的时间在莫斯科研究苏维埃符号学，我在讲座中提出了"民族符号学"这个概念的用法（Zametki ob etnosemi-otike = Notes on Ethnosemiotics）。两年以后，我的讲座的匈牙利版本②发表在匈牙利科学学院的民族学年度手册上。同年，在巴黎召开的第一届关于欧洲民族学的 SIEF 会议上，格雷马斯（A. J. Greimas）在他的报告《关于民族符号学对象的思考》（*Refexions sur les objects ethno-semiotiques*）中也提出了这个由两个词合成的术语。③ 也是在同一年，斯特潘诺夫（Ju. S. Stepanov）用俄语出版了一份有趣的符号学调查报告，其中有一章专门论述民族符号学。他的论述表明，当时国际上关于此领域的文献里并没有使用这个术语，"民族符号学"是他自己创造的。值得注意的是，莫斯科塔尔图学派的学生们已经在民族符号学的领域里做出了重要成果——虽然他们没有使用"民族符号学"这个词语。让我引用斯特潘诺夫的定义："民族符号学的论题是人类文化的隐蔽层面。"④ 他举的第一个例子来自日常行为，他使用了以下指称符号学不同分支的术语：民族符号学、生物符号学、叙述符号学。如在更宽泛的意义上谈论这个词语，民

---

① Th. A. Sebeok, *Perspectives in Zoosemiotics*, The Hague – Paris: Mouton, 1972, p. 178.

② M. Hoppál, Jegyzatek az etnográfial szemiotikához. [Notes of Ethnosemiotics] *Népi Kultúra – Népi Társadalom*, 5 – 7: 1971, pp. 25 – 43.

③ A. J. Greimas, "Reflexion sur les objects ethno – semiptiques: Manifestations poetique, musicale et gestuelle", in *Actes du Premier Congres International d'Ethnologie Europeenne*, Paris, 1973, pp. 63 – 72.

④ Ju. S. Stepanov, *Semiotika*, (in Russian) Moskva: Nauka, 1971, p. 449.

· 5 ·

族符号学不只是关涉文化的"隐藏的维度",而且也关涉对文化的编码(语言或者符号系统)的阐述,同时还包括对编码机理的阐述和分析。

把这个学科命名为民族符号学是恰当的,因为这个学科与民族志学者和民俗学家的研究有关,他们通常研究文化现象,并取得了重要的成就。民族符号学具有交叉学科的特征,因为其研究领域部分属于民族志,部分属于符号理论。[1]

欧洲学派早期定义民族符号学的努力通常不引人关注,或者简单地被美国学者忽略(唯一的例外是西比奥克)[2],虽然这个术语是在欧洲创造出来的,而非在美国。

根据民族符号学的欧洲视角,学者们同意在词语的符号学意义上任何文化现象都可以根据作为符号系统的编码以及/或者"语言"描述。他们的主要观点是:文化总是一个多样化的和同时性的符号系统或者是包含信息的编码。多样化的编码是指,同时使用一个以上的编码,达到转化文化信息的目的。例如,一首民歌包括语言和音调,可能还伴随着动作。这个多样化的编码是民族符号学的一项基本成就,保证了信息转换的可信,但同时使分析复杂的文化现象困难得多了。这就意味着当文化现象同时使用两个以上的编码时,多样性的编码应当能够被观察到,而且,这些编码应当彼此不同。[3]把文化事件视为一种"多频道的相互性"[4],来自符号学理论中的语

---

[1] M. Hoppál, "Bevezetés az etnoszemiotikába", [Introduction to Ethnosemiotics] *Népi Kultúra – Népi Társadalom*, 10, 1977a, pp. 49 – 72.

[2] D. MacCannell, – J. F. MacCannell, *The Time of the Sign: A Semiotic Interpretation of Modern Culture*, Bloomington: Indiana University Press, 1982, p. 70, 168, footnote 8.

[3] M. Hoppál, "Codes and/or Cultures – Approaches to Ethnosemiotics", in JÓZSA, P. (ed.), *Studies in Cultural Semiotics*, 5 – 32, Budapest: Institute of Culture, 1979a.

[4] P. L. Garvin, "Linguistics and Semiotics", *Semiotica*, 1977(20): 1 – 2, p. 105.

民族符号学方法

言隐喻的作用。例如，不同文化的文本，作为复杂的社会—文化现象，可以理解为文化不同编码的产品，民族符号学也要解释创造了这些文本的原理。这些文本无限的社会再生产过程及文本的编码，在欧洲（民族）符号学学者们中间产生了一个理论结论，即，符码和编码的概念比符号本身重要得多。编码类似于日常生活再生产，而且，更像社会和文化真实的再生产。马克思主义符号学认为，我们研究社会再生产和日常生活的指号过程，根据的是唯物论的符号学。① 把符号视为特别的社会活动，对其生产/再生产的理解，对文化的学生来说有特别的吸引力，即，根据东欧人文学科中的劳动区分，对文化的符号原理的研究，属于民族志和民俗学的领域。自从地方的农民群体使用"社区的符号"——如建立有机的和结构完好的符号系统——以来，这个事情就成为可以理解的。②

在匈牙利的符号学学者中，有一群人拥有人类学背景。这可以追溯到1968/1969年，那时，沃伊特(Vilmos Voigt)在罗兰(Loránd Eötvös)大学的哲学系组织了符号学的特别讲座，这些讲座里自然包含了民族志的议题。参加讲座的有语言学、文学专业和其他教职人员，不过既然课程是在民俗学系的课程结构中开设，当然主要以民族志为倾向。通过民族符号学的合作研究，通过文化符号学的研究及其他研究的准备，其中主要的研究已经翻译成匈牙利语。在现在，这个工作仍然在进行中。我们应该指出，罗兰大学是欧洲开设民族

---

① F. Rossi‐Landi, "Sign Systems and Social Reproduction", *Ideology and Consciousness* 1978(3), pp. 49–65. Ideas for a Manifesto of Materialistic Semiotics, *Kadikas/Code*, 1979 (2), pp. 121–123.

② P. Bogatyrev, *The Functions of Folk Costumes in Moravian Slovakia*, The Hague: Mouton, 1971, p. 97.

符号学常规讲座的第一所大学。今天，欧洲大学里当然已经有了几十门符号学的课程，但是其中只有一部分是民族符号学。①。正是在欧洲的20世纪70年代早期，符号学的术语和方法在民俗学和民族志中开始使用，并广泛传播②，尤其是在匈牙利和俄罗斯的学者中得到广泛应用，并且在其他的东欧国家中也是如此。③ 既然匈牙利民族符号学研究的历史和发展少为人知甚至不为人知（由于语言问题外国学者很难能读到这方面的著作），人们只能读一些英语著作，这些书讨论了匈牙利民间文化的不同方面，从成语到地产符号和民间艺术的象征。④ 此外，细节分析，一些综合性的著作也列举了文化和社会中符号使用活动的不同现象；这些论文可能标上了文化符号学的标签。⑤

很明显，从这些人文科学和社会科学多个领域的学者写的几卷论文里，可能无法把民族符号学和文化符号学的研究区分开来，我将在后文说明这一点。

---

① I. Grafik, – M. Hoppal, – V. Voigt, "Ethnosemiotics in Hungary (1968 – 1975)", Acta Ethnographica, 25, 1976, pp. 392 – 394.

② S. Golopentia – Eretescu, "Problems of Ethnosemiotics in Folkoristics" (in Hungarian), Ethnographia, 1973(83), pp. 542 – 476; M. Mesnil, Trois essais sur fete: Du folklore a l'e thnosemiotique. Bruxelles: Edition de l'Universitè, de Bruxelles./Cahiers d'Etude de sociologie culturelle,3, 1974.

③ B. Beneš, "Semiotisches Zeichensystem des gesprochenen und des geschriebenen Textes in der Volksdichtung der Gegenwart", Acta Ethnographica, 1975(94): 1 – 2, pp. 129 – 145.

④ A. Szemerkényi, "A Semiotic Approach to the Study of Proverbs", Proverbium, 24, 1974, pp. 934 – 936. I. Gráfik, "Property Sign Examination Through Enthropy Analysis", Semiotica, 14: 3, 1975, pp. 197 – 221. B. Gunda, "Sex and Semiotics", Journal of American Folklore, 86, 1973, pp. 143 – 151. M. Hoppál, Symbols of Love in Hungarian Folk Art. Budapest./Folklor Archivum 9./1978.

⑤ Józsa P. (ed.), Studies in Cultural Semiotics, Budapest: Insuture of Culture, 1979. M. Orosz, "A Magyar szemiotikai kutatások bibliográfiája", in GRÁFIK, I. – Voigt, V. (szerk.), Kultúra és szemiotika, pp. 445 – 475. Budapest./ Muszeion Könyvtár 4./ 1981.

民族符号学方法

苏联的文化符号学

众所周知，苏联的符号学研究源于俄罗斯形式主义和其他文学传统［如巴赫金（O. Bakhtin），雅各布（R. Jacobon），弗莱登贝格（O. Freidenberg）等，见伊万诺夫1976年的苏联的符号学历史］。俄国的同事们把他们的兴趣领域有意识地标注为"文化的符号学"（semiotics of culture）或者文化符号学（cultural semiotics）①。他们在研究里从未用过民族符号学的术语，因为他们喜欢研究复杂的文化现象，作为整体的文化，或者是一个时代的文化。他们的问题是用一种方法来分析高度发达的符号系统，然后又与简单得多的文化系统进行比较（伊万诺夫一个人传播，1986年，莫斯科）。他们的学术兴趣包括作为俄罗斯图标的文化里各不相干的现象：狂欢节的行为②、古代的写作系统③，以及城镇的符号学（Leningrad，如文本——Trudy po znakovym sis ＝ teman18）。在塔尔图大学的出版物中，从1964年以来，所有文化领域都被分析过了。这里不可能列举所有的主题和细节分析，在 *Trudy* 一书里有大

---

① K. Eimermacher（ed.）, *Culture Semiotics in the Soviet Union*, Bochum: Studienverlag, 1987.
② V. V. Ivanov, U. - Eco, et. al., *Carnival*! Edited by Thomas A. Sebeok（Texts by Umberto Eco, V. V. Ivanov, Monica Rector）, Berlin - New York - Amsterdam: Mouton, 1984.
③ Y. V. Knorozov, *Ethnic Semiotics - Ancient Writing System*（in Russian）, Moskva: Nauka, 1986.

· 9 ·

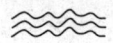

多数内容，有的是用英文写的①。

为了理解苏联的文化符号学概念，总结他们的理论中的基本观点是有意义的。

文化自身是一个高级的编码，因为它是信息（文本）的综合，在特定的历史和社会语境中是文化共同体的特征。在这里，我引用洛特曼（Yuri M. Lotman）的话来说明。他是莫斯科塔尔图符号学学派的创立者之一，他说文化是文化中的语言阶序化的结构，用来储存信息。通常，它是共同体的记忆，或者更具体地说，是无限的集体记忆，就其本身来说，文化也是社会行为的程序。总之，文化不是内在于生物之内的，而是通过传统、各种符号系统，以及主要通过各种在语言内部建立起来的行为类型，通过从社会成员那里学习而传承的。连续性的文化类型被认为是民族文化。这是一种在特定社区历史中发展的文化经验的组织。当它适于各种任务时，同时也可能揭示了更高一级的稳定性，也许能在长时段中维持其特性。②

我们将处理文化符号学的更多内容，因为关于一般符号学理论和关于特殊的民族符号学，我们都能得出某些结论。注意到文化的符号学方法是综合性的理论很重要，在其中，文化的概念是可以调

---

① P. Maranda (ed.), *Soviet Structural Folkloristics*. Paris: Mouton, 1974. H. Baran, (ed.), *Semiotics and Structuralism: Readings from the Soviet Union*. White Plain, N. Y.: International Arts and Sciences, 1976. L. Matejka, et al. (eds.), *Readings in Soviet Semiotics*. Ann Arbor: Michigan Slavic Publications, 1977. D. P. Lucid, (ed.), *Soviet Semiotics: An Anthropology*. Baltimore: Johns Hopkins University Press, 1977. A. Shukman, *Literature and Smiotics: A Study of the Writing of Yu. M. Lotman*. Amsterdam: North Holland, 1977. Yu. M. Lotman, – B. A. Uspenskij, *The Semiotics of Russian Culture*. (Edited by Ann Shukman) Ann Arbor: Michigan Slavic Centre, 1984.

② Yu. M. Lotman, *Stat'i po tipologii kul'tury*[Studies on the Typology of Culture]. Tartu: Tartuskiy Gos. Universitet, 1970, pp. 45 – 48.

整的，它或者是一种记忆的类型，或者是一种包含了原理的信息。"文化是阶序化地被组织起来的系统，包括各种人类和社会智性生活的现象，用以储存、积累和交换信息。"

然而，我们应该记住，在苏维埃符号学的理论看来，文化实际上是一种集体记忆（洛特曼——"文化作为原理，把一种集体性的个性和普遍的记忆组织在一起"①）。当然，洛特曼并不是一家之言，因为伊万诺夫，一位莫斯科符号学学派的领军人物，在1978年出版了一本杰出的著作，这本书论述了大脑不对称的符号学问题，以及关于文化系统储存信息的符号学问题。② 由于许多苏联的符号学家们是语言学家，有人发现许多语言学的模型就是方法论工具，以帮助理解文化现象。

有趣的是，一些批评家评论了近期苏维埃文化符号学的理论地位。奥格本耐（B. Oguibenine），其中一位奠基者，认为自己对莫斯科塔尔图文化符号学学派最富有争议议题做了关键性评论。他主要攻击洛特曼论述的语言学的比喻用法。③ 他同时也批评把语言和文化等同起来的倾向，特别是在文化中扮演绝对重要角色的文字文本，在洛特曼理论中是典型的"次要符号模型系统"。文学是在文化中的一种交流，是关于文化的交流，关于"文化变化中的原理"——正像洛特曼在他的关于《符号学系统的动态模型》（Dynamic Model of Semiotic Systems）一文中说的那样。但是，其他的批评声音同时也存在，说的是占主导的文本方法，现在可能是反生产的，并且"将

---

① B. Oguibenine, "The Semiotic Approach to Human Culture", in Steiner, W. (ed.), *Image and Code*, pp. 85 – 95. Ann Arbor: University of Michigan, 1981, p. 89.
② V. V. Ivanov, *Odd and Even – Asymmetry in Bran and Sing Systems*, Budapest: Kozmosz (original in Russian 1978 Moscow), 1986.
③ B. Oguibenine, "The Semiotic Approach to Human Culture", in W. Steiner (ed.): *Image and Code*. pp. 85 – 95. Ann Arbor: University of Michigan, 1981, pp. 85 – 86.

放弃作为文化产物的文本分析这个观点，……能够允许对文本运作的怀疑。文化如果是一个系统，就会是一个比设想中更为复杂的系统。被符号学学家认识到的文本间的符码，不仅仅是被那些文本的阅读者和把文化作为功能系统的人控制了真正操控意义的编码"①。

虽然存在这么多批评和日益增长的怀疑论（关于这一点，莫斯科塔尔图符号学学派没有太多新内容可说!），仍有一大批新的出版物。这些出版物遵循了在标题中不使用"semiotila"的传统，但是其内容仍然是关于符号学的。例如，在塔尔图出版的《符号系统研究》（*Trudy*）系列，共有二十多卷。不可能计算完所有出现在这本书上面的所有有趣的文章，但是这个学派著名的成员赛弗扬（T. V. Civyan），尼古拉耶娃（T. Nikolayeva），古列维奇（A. Gurevich），梅列金斯基（E. M. Meletinsky），托波罗夫（V. N. Toporov），伊万诺夫（V. V. Ivanov），托尔斯泰（N. L. Tolstoy 及其夫人）定期在《符号系统研究》（*Trudy*）上面发表特定主题的文章，这些文章涉及俄罗斯古代文化、神话、音乐符号学、文本理论、大脑的不对称性，以及关于作为文化文本的圣彼得堡。

最后，对于一些美国学者来说，文化文本的符号学理论看上去是一个起点，从中可以理解族群性、现代性和族群的文化—文本的叙述（在这里"文化文本是真实或世界形象的抽象模型"②）。

莫斯科—塔尔图学派的成员阐述，文化符号学理论的应用性在

---

① K. Rosner, On Some Difficulties Involved in Lotman's Concept of the Semiotics of Culture. In: PELC, J. dt al. (eds.): *Sign, System and Function*. 355 – 350. Berlin: Mouton, 1984, p. 359.

② I. P. Winner, –Th. P. Winner, "The Semiotics of Cultural Texts", *Semiotica*, 18 2: 137, 1976. L. Winner – Portis, "Ethnicity, Modernity, and Theory of Culture Text", *Semiotica*, 21: 1 – 3, pp. 103 – 147, 1979; "Theoties of Narration and Ethnic Culture Texts", In: PELC, J. et al. (eds.): *Sign, System and Function*, 439 – 455. Berlin: Mouton, 1984.

于为社会过程建立模型,这看似在未来可以得到进一步发展。很明显,尽管有批评之声,但苏联学派的文化符号学理论对当代的学术研究①和文化理论都有一定影响。

美国的符号人类学

在过去十年里,美国兴起了符号学研究。人类学(和民俗学)也发生了这样的学术转向。在1962年第一届"符号学"会议之后的几年里,玛格丽特·米德,一名人类学家,成功地创造出这个词语。当时我们的美国人类学同事正忙着研究新的民族志理论,研究族群科学、认知人类学和结构主义。所以,到了20世纪70年代后半期,几篇评论性的文章的出版标志着人类学的符号学转向②。

1977年,在美国人类学学会的年度会议上,有一个小组的主题为"文化的符号学:朝向新的综合的世界人类学",会议论文结集为《符号学》(*Semiotica*)的标题出版(1979年第27卷,第1—3页),温拿-波提斯(Irene Winner - Portis)和U.-西奥比克(Jean Umiker - Sebeok)担任这一客座编辑。在这一期刊物上,马康耐(Dean MacCannell)发表了他的关于民族符号学的文章,后来收入《符号的时间:现代文化的符号阐释》(*The Time of the Sign*:*A Semiotic Interpretation of Modern Culture*)③,对于这些作者,就像对其他的美国

---

① H. Broms, - H. Gahmberg, "Communication to Self in Organizations and Cultures", *Administrative Science Quartely*28,1983,pp. 482 - 495.

② I. P. Winner, - Th. P. Winner, "The Semiotics of Cultural Texts", *Semiotica*18 2,1976,p. 137.

③ D. MacCannell, - J. F. MacCannell, *The Time of the Sign*:*A Semiotic Interpretation of Modern Culture*, Bloomington:Indiana University Press, 1982.

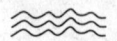

人类学家来说，民族符号学首先是一种方法："文化生产是由社会差异促生的不同阐释的产物。民族符号学研究这种文化的产物，并使得人类学从研究偏远地区族群而获得的洞见，现在也能适用于对我们自身的社会生活的观察……"① 他试图理解以下社会意义："……产生于社会结构性的差异。总之意义建立在赞同的相反面上，也就是建立于差异之上。"② 所以对他来说，"民族符号学是对意义产生方式的研究"③。对意义的寻找，或换句话来说，对文化差异的更好的理解，对于符号人类学或者对民族符号学来说，是真正的任务。这些术语有意地被用作是主题的替换物。④

施维默（Erik Schwimmer）出版了关于宴会和旅游的民族符号学的比较研究，发表在《符号学》（Semiotica）上。⑤ 在这篇文章中，他定义了不同类型的意义：句法的、语义的和实用的。几年前，施维默写了一本书，由西比奥克（Thomas A. Sebeok）编辑，书中有一篇题为"符号学和文化"的方法论文章，⑥ 在这篇文章中，他试图分析不同文化中"意义的社会生产"。非常有趣的是，许多从事符号人类学研究的美国人，都是马克思主义的追随者——这与苏联的符号学学者形成鲜明对照。美国和苏联的符号学还存在另一点重要的差异，美国人在研究中比俄国人要更具体一些，俄国人对文化持综

---

① D. MacCannell, "Ethnosemiotics", Semiotica 27: 1: 149 – 171, 1979, p. 151.
② D. MacCannell, - J. F. MacCannell, The Time of the Sign: A Semiotic Interpretation of Modern Culture, Bloomington: Indiana University Press, 1982, p. 66.
③ Ibid., p. 9.
④ D. MacCannell, - J. F. MacCannell, The Time of the Sign: A Semiotic Interpretation of Modern Culture, Bloomington: Indiana University Press, 1982, p. 71.
⑤ E. A. Schwimmer, "Feasting and Tourism: A Comparison", Semiotica 27: 1 – 3, 1979, pp. 221 – 235.
⑥ E. Schwimmer, "Semiotics and Culture", In: Sebeok, Th. A. (ed.): Perfusion of Signs 153 – 179. Bloomington: Indiana University Press, 1977.

民族符号学方法

合的和整体的观点。

这些对照的鲜明不同,对我来说有重要意义。苏联学派对他们的过去和历史有着极大兴趣,而美国人关心他们的现在和未来。符号人类学处理我们日常生活中的共同活动是可能的,而这恰好发生在美国民族符号学的研究领域。① 美国符号人类学出版物中的主题是非常多样的,如同在苏联中的那样——从男同性恋符号学和旅游到古代的符号学等。② 弥尔顿·辛格(Milton Singer)在最后一本书里说:"符号人类学是实用的人类学。它包括符号的系统如何与意义联系在一起的理论……"他的"对符号人类学的探索"(他的书的副标题)揭示了人类学观念的发展阶段,人类学的目的是理解社会、个人和文化认同。③

正如上文所说,大多数人类学家的符号学研究聚焦于文化意义的问题——如布恩(James Boon)说的"符号学是……意义的科学"④。他勾勒了符号人类学的前历史:早期的结构主义学者,现象学哲学家和阐释学的学生。

---

① D. MacCannell, *The Tourist: A New Theory of the Leisure Class*, New York: Schocken Books, 1976. Ph. B. Stafford, *The Semiotics of Old Age in a Small Midwest Town: An Interactionist Approach* (MS). Thesis. Indiana University, 1977. H. Fischer, *Gay Semiotics*. San Francisco: NFS Press, 1977. E. V. Daniel, *Fluid Signs: Being a Person the Tamil Way*, Berkeley: University of California Press, 1984.

② M. Herzfeld, – M. D. Lenhart (eds.), *Semiotics 1980*. New York: Plenum, 1982. P. Bouissac, – M. Herzfeld, – R. Posner (eds.), *Iconicity, Essay on the Nature of Culture*, Tubingen: Stauffenburg, 1986.

③ M. Singer, "For a Semiotic Anthropology", In: Th. A. Sebeok (ed.): *Sight, Sound, and Sence*. 202–231. Bloomington: Indiana University Press, 1978.

④ J. A. Boon, *Other Tribes, Other Scribes: Symbolic Anthropology in the Comparative Study of Cultures, Histories, Religions, and Texts*. Cambridge: Cambridge University Press, 1982, p. 115.

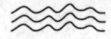

朝向民族社会学

在我们的后结构主义或后现代主义的领域，阐释学①试图取代结构主义的位置。在符号人类学里，理解的问题是首要的，很明显，没有一个充分的理论，没有哲学基础，就不可能理解文化现象。但是理解意味着什么？人类学中的理解意味着什么？

正如在严肃的人类学和民族符号学常见的案例里，意义和理解的问题被当作中心问题。我们现在正处于理解问题的进程中，人类学和纯粹的符号学都不能对上述问题提供足够的答案。或者，换言之，"世界产生了我们所有的符号系统，世界也只能通过符号系统显现……符号学系统既生产了这个世界，也被这个世界生产"②。人作为主体是反思性的体系，这就是为何真实是被主观建构的③。

符号的生产或者符号的系统是编码的产物，我们的社会存在通过编码产生，我们也通过编码感知世界。我们生产象征和意义；同时我们也被符号系统及其社会化编码生产。在"社会化的编码中，意义就是习俗产生的信息"。人类存在于这个世界，只是意味着存在于作为符号系统的世界——例如，经常使用一些符号系统（例如一种母语）——我们可以把这称为符号决定主义。

民族符号阐释学的程序是理解嵌入某种文化传统中的意义。这

---

① H. Dreyfus, - P. Rabinow, *Michael Foucault*: *Beyond Structuralism and Hermeneutics*. Chicago: University of Chicago Press, 1983.

② E. Baer, "How Do Reflexive Systems Communicate?" In: Pelc, J. et al. (eds.): *Sign, System and Function* 1 - 11. Berlin - New York - Amsterdam: Mouton Publishers, 1984, p. 3.

③ Ibid., p. 2.

民族符号学方法

就是为何特别的意涵被编码，并被编织为文化符号学里最重要的元素。关于传统的阐释学意涵所做的努力和人类学对其他文化的理解很相似。① 在阐释学里，理解的问题、理解的客体是否一个文本，一件艺术作品，或人类行为，被视为整体和部分之间的动态关系，这个现象被称为"阐释学的循环"②。在这个语境里，文化是整体，不同的文化编码是部分。③

理解在现代阐释学里并不是简单的再建构，而是深层的主体参与。Being-in 是经常使用的人类学田野技巧，它能把密集的力量贯入在特别的"生活事件""阐释性的理解"④ 中。这个主体构成总是从符号的古典理论中遗漏。在现代反思人类学里，参与者的观察与研究者的观察都是必需的。新的名词进入"政治领域"，在其中民族符号学的分析是"政治分析"⑤。这是在一长段符号学（例如，解释学）的讨论之后的一个位置。只有经过民族符号学的描述和对意义的深刻理解，并把两者结合起来，民族符号学才能真正给我们提供文化符号系统新的知识。

民族符号学技术的方法是十分复杂的，目前的研究还远未穷尽这个方法。但是我相信民族符号学的回答能确保对我们和他者文化的更好、更精巧、更深入的理解——在真正的阐释学方式上。

---

① J. A. Boon, *Other Tribes, Other Scribes: Symbolic Anthropology in the Comparative Study of Cultures, Histories, Religions, and Texts*. Cambridge: Cambridge University Press, 1982.

② M. Watson-Franke, -B. -L. C. Watson, "Understanding in Anthropology: A Philosophocal Reminder", *Current Anthropology*16: 2: 247-262, p. 248.

③ 更多关于民族阐释学，参见 A. Geertz, *The Invention of Prophecy. Continuity and Meaning in Hopi Indian Religion*, Aarhus: Brunbakke, 1992, pp. 30-31。

④ G. L. Ormiston, "Hermeneutics: A question of Understanding Sing Iteration et cetera?" *Ars Semiotica*3: 2: 137-158, 1980, p. 143.

⑤ D. MacCannell, -J. F. MacCannell, *The Time of the Sign: A Semiotic Interpretation of Modern Culture*, Bloomington: Indiana University Press, 1982, p. 83.

民族符号学：一些个人和理论上的反思

约翰·菲斯克(John Fiske)[①]　　宗 争[②]译

先说一则趣闻：1988年，我主持一个小规模的民族志研究项目，研究对象是《新婚游戏》(*Newly Wed Game*) 电视节目的嘉宾。在这个节目上，四对夫妇被问及，妻子是否在性爱关系上会服从丈夫的"浪漫需求"，其中的两位选择服从，她们都是白人，而另外两位则不服从，她们都不是白人。针对论战者，女性所作出的回答总是带着种族腔调，与她们的身份相宜——她们说，"是的，先生"(Yes, master)、"没门，何塞（何塞是西班牙裔男性最常用的教名，此处代指一般男性）"(No way, José)、"严肃点，伙计"(Ger serious, man)，Master 是奴隶的话语，黑人喜欢用 man 这个词，而西班牙裔喜欢用 José。性别政治和种族政治相互勾勒出彼此。

我研究过三种受众。一是我自己，这个节目的忠实观众；二是

[①] 作者简介：给翰·菲斯克（John Fiske），传播学家，曾执教于美国威斯康星大学麦迪逊分校，因其"文化消费主义"的研究主张而被西方学术界称为西方当代大众文化研究代表。

[②] 译者简介：宗争，文学博士，现任成都体育学院新闻系讲师，四川大学商学院博士后，成都弘道书院副院长，成都日报集团《教育家》杂志社主笔。

一些大学生，毕业的和没毕业的都有，他们中的很多人是这个节目的固定受众，有些则不是；三是一些通过广告召集来的观众，他们自认为是这个节目的拥趸。这些观众几乎都属于白人中产阶级（这个阶层所占的比例具有压倒性的优势），男女都有，虽然第三类观众几乎都是女性。本文是笔者民族志（ethnographic）方法论的推演，集中关注性别政治问题，同时还有几乎被忽略的种族问题。

自传式民族志（Autoethnography）

那么，具体的方法论是什么？首先，通过对理论化、结构性的自我反思，我尝试去研究我自己的反应。我非常清楚，定期观看这个节目使我很愉悦。我提出了流行文化理论，但这并没有令我成为文化上的盲从者，我仍然拥有主动的选择权，享受着文化产业所提供的资源，并产生属于我自己的流行文化和愉悦感受。我的理论还告诉我，这种娱乐文化产生于我的日常生活和电视节目交互的接合部，而卷入其中的意义则产生于这一文本中的社会话语与个人话语之间的话语互文场（interdiscourse），后者包括了我对"自我"的意义设定、我的社会关系和处世经验。这些话语通过意义的流通而起效，并且构建了"我"的双重意义——既是在意义的再生和复制过程中的社会媒介，又是在意义流通过程中的社会媒介。

我认为，真正需要关注的，是在大量的文化生成文本和我的日常生活的那些结合点上，我个人所产生的那些感觉和愉悦，而这其中主要包含三种话语实践。

在这一学术语境下，家庭生活和学术探索之间所存在的差异往往会被遮蔽。作为一位研究媒介与流行文化的专业理论家，我之所以对这一论题感兴趣，是因为我的工作就是寻觅和勾勒出其背后更大的文化和政治力量，就像语言学家必须在个别的言语表达中找寻宏大的语言系统。显然，这一论题也支配着我对自己的调研，因为我是这一节目的拥趸。这一论题在某些方面是矛盾的，但通过一个更为通俗的话题，它会逐渐实现自己的完备性。我个人有一些下里巴人的品位，浮夸、猎奇、通俗总能给我带来极大的愉悦，这明显与我所从属的阶级定位和品位不同——我明显"属于"中产阶级的白人男性这个群体，因为我从文化资源中获取的远远超过我所承袭的。品位（taste）像知识一样，都具有政治性。作为一个电视迷，同时也是一位学者，我观看节目，同时我也将自己的观看视为研究对象，从而游走在专业话语和通俗话语之间。

我的第三个推论策略更加难以描述，它卷入了更多语义学上的论题，我所关注的这个主题即充斥在我的日常生活中，通过电视节目而被唤起。归根结底，它们的核心是性别问题，虽然任何论题与其相近的论题之间总有一些重合，但这一论题的母体却包围着作为社会一分子的我们每一个人，并随着我们努力在社会政治系统中赋予个人经验以意义，来展开它的运作。

以我自己为例，与这一性别论题相关的还有我的年龄、阶层和种族（狭义上的）等身份特征，如果我将自己对电视节目的迷恋视为不断发展的社会进程中一个令人愉悦的部分，并由此将我个人视为社会的一个中介，我的感觉就占据了一个特殊的位置——我是一个典型的中产阶级中年男性，有过一次婚姻，现在则处于一段异性恋、非婚和混龄的重要关系之中，我在父权制和资本主义的社会环境中生活得还算成功，不过却对此二者怀有深深的不满，因此，我

民族符号学：一些个人和理论上的反思

所关注的那个由个人愉悦和幸福所占据的部分，使得我的性别、阶层、年龄和性取向都具有了功能性和可资利用的意义。

这一意义进程是文化性的，虽然我只在个人意义的界限上探索它，因为我个人所唤起的这种感觉不仅仅是社会资源的再生和继承，同时也具有推演化和文本化的性质，随后它不可避免地以各种各样的方式被放到社会环境中，正如日常生活中的经验和偶遇构成了我个人的历史。

我的第一个考察，是以我自己为考察对象，但它并不是孤立的，它构建了一个语境，是一个阅读的例证，一个文化进程中的中介，并不是因为我生成的这一阅读在某种意义上是社会性的其他事物的表征，或者说可推及其他事物，而是因为经由我所生成的这一进程是一个文化实践的结构性例证，是阐明社会资源的系统性的例证，是通过"言语"来自证的"语言"。它自身的系统性和理论上的自洽性，而非它在经验性感觉上的复现，赋予了其理论有效性。我个人及我的阅读经历都不具有典型性，但我生成它们的这一进程本身是文化系统的明证。

对其系统性更进一步的证明，是我观看电视节目时的物理环境。这一论题卷入了我的社会身份和我观看电视的行为，在不经意间，也将我的客厅环境卷入其中。不仅仅是屋子里高高的书架，也包含了各种各样的书籍：学术性的、平装本的、读过或用过的，它们不像那些摆在咖啡馆架子上的书，只是些用来装点和娱乐的摆设。这些书都是功能性的，但是书的陈设和摆放显示了一部分中产阶级的品位，即波德里亚所谓的"被统治的统治者"的那一部分人，他们通常文化水平高，经济收入低，尤为特别的是，对于他们而言，工

· 21 ·

作和消遣之间的界限极其模糊。

这一阶层的地位还通过许多其他事物得到证明，譬如古旧家具，它们大多数都是从拍卖会上拍得的，而不是从经销商那里购买的。正如波德里亚曾经揭示过的，这是一种典型的阶级文化习惯，那些在社会空间中与我拥有相似位置的人士与我具有某种共通性。这些古旧家具，通过各种各样的方式，打上了我的政治倾向——"左派"——的烙印。它们显然带有某种"乡村"风格，虽然那张桌子既不是希尔顿（Sheraton，英国细木工，形成了18世纪末19世纪初的一种使用薄片进行镶饰的家具样式）亲手打造的，也不是某位匠人根据希尔顿样式仿制的，它只是出自一个不知名的乡村木工之手。但我们仍然不难发现，大众的审美品位如何通过调整来吸收这种"希尔顿风格"，简言之，使之更加通俗，抹去那些凸显艺术家个性的符号。而这场"符号化"的运动席卷了所有人，从资产阶级到普罗大众，从艺术家到不知名的匠人。

更重要的是，至少对我而言，古旧家具并不像现代化制造的家具，是工业资本主义的商业系统的一分子。它仍然保留了强烈的个体化的特征。那张桌子已经有两百年的历史了，它在诸多家庭中传承，并将继续传承下去。面对它，我有一种社会责任感，我感到自己并没有占有它，而只是照管它。它所具有的公有性和历史性远远超越了它的私属性。类似的情形也发生在其他资本主义商品经济制品上，如自制的电视柜、电视机、卡式磁带录像机、录音带播放机，还有一切我现在能找到的老旧廉价物品，当时它们提供了我所需的功能。相对来说，这些物品都是低技术、低消费的。我的墙上还挂着一张海报，一张澳洲土著绘画的复制品。它清晰地展示了我独特的个人经验——我曾在澳大利亚待了数年，它既是我带回国的纪念

民族符号学：一些个人和理论上的反思

品，也是澳洲风情的公共性展示。它也暗含我的阶级话语，就像 Leal（在这个论题上）所说的，这种在城市的中产阶级家庭中所展示出的"粗俗"的或原生态的艺术，蕴含了特殊的阶级含义，与它被生产出的那个社会环境所展现出的意义截然不同。这些老旧物品与我的联结，不仅进入了中产阶级的话语系统，还带有左派的倾向。同时，它们还具有公共性，以及拒绝沦为一般商品的非私有性意义。但是，此类意义，正如其他所有的反霸权主义观念，只存在于特定的对抗状态之中。海报是价格低廉的（大众的）复制品，它的"底本"（这个词仅存于大资产阶级美学中，和澳洲土著毫不相干，和大众也没关系）则属于一位拥有百万资产的白种人。每一张复制品都会标注出，这是一张"澳洲中部的土著绘画：复制自 Robert Holmes à Court 的藏品"。那张转化为商品的"底本"现在已经成为一位大资本家营利性—文化投资的一部分：它所衍生出的复制品海报则进入了大众市场体系（虽然其中的盈利最终回馈了澳洲土著居民，而不是落入了 Robert Holmes à Court 的腰包里）。尽管这一体系具有强有力的兼并性，但是，这些制品仍然蕴含着大量的意义，甚至是相互矛盾的文化含义：被消除的仅是部分，复兴总有可能——这一切都取决于阅读的方式和具体的语境。

我在电视机顶上摆放了一个便宜的、塑料的电视玩具模型，驱使我这么做的，一定是我的专业性和阶级性的品位和我那些更通俗的、大众化的品位之间的矛盾。它好像时刻提醒着我，在我的粗俗品位和高雅品位之间所存在的矛盾，不断地向我发出这样的"信息"：电视的本质就是庸俗。正如所有的符号一样，这些小玩意儿也具有"多元话语性"（multidiscursive），在不同的语境中，它们能够被赋予完全不同的含义。在民粹主义的语境中，它们意味着夸饰和

· 23 ·

愉悦；它们也具有很强的功能性，它们是纪念品，会令我回想起购买它们时的旅程。但是在中产阶级的语境中，它们则是从电视衍生出来的无用商品。在我的学术语境中，它们则通过反讽的方式，使我意识到我个人与以上那两种状况之间的距离，即中产阶级对电视的拒绝和民粹主义拒绝将其自身的愉悦理论化的倾向。在电视机旁边，还有两个橡胶制作的玩偶，分别是里根和撒切尔的漫画卡通造型，捏一下就能发出刺耳的尖叫声，但是他们"无声"的演讲同样具有说服力。它们都来自一档英国的讽刺类玩偶电视节目——《吐出来的化身》(Spitting Images)，这些玩偶不仅是我左翼政治倾向的符号，它们也被用来当作此档电视节目政治话语的一部分，以表明其部分的社会态度。通过节目制作和呈现，它们也表明了自己的娱乐性和攻击性。这与我在研究《新婚游戏》时观感极其相似，可以称为激进政治、娱乐性、攻击性和民粹主义庸俗性的欢乐的大杂烩。

这个离题万里的自传式民族志研究已经拥有了大量的目标。我试图证明，在这个独特的例子中，个人关于一个符号化环境的观念是通过具体的社会媒介建构起来的，而非那些唾手可得的社会性资源，这同样也将这些媒介塑造为社会的一部分，并标出个人在社会空间中的位置。通过改变房东或建筑商给予房子初始的建筑结构，我们将房子变成了自己的住所，这一住所中的实践，就是米歇尔·德·塞尔托 (Michel de Certeau)[①] (1984) 所说的，大众文化在资本主义社会中运作的象征。我们将他人的空间改造成我们自己的。因

[①] 译者注：米歇尔·德·塞尔托 (Michel de Certeau) 于 1925 年 5 月出生在法国的尚贝里城，1986 年 1 月 9 日在巴黎死于癌症。他才华横溢，涉猎广泛，在哲学、历史及神学方面接受过严格的教育。作为耶稣会士、历史学家，他深入研究从文艺复兴到古典主义时代的神秘学文本，但他同样关注人类学、语言学和心理分析等学科所采用的方法。著有《历史编纂》《多元文化素养：大众文化研究与文化制度话语》等名篇。

此，这一环境是我们利用他人的资源创造出来的，它矛盾地混合着自我与他者（我们亦可以将其功用类比于地理学语境中的刻度，作为参照系，社会将自然资源收入囊中）。观看电视，制造了一个在物理环境中存在的符号环境，并且将物理环境本身也转变为符号化的了。电视的意义和它所带来的愉悦通过其符号化的接收空间得到了强调。二者（译者注：意义和愉悦）相互交叠，贯穿于每一个层面，同时同刻、连绵不绝地合并入社会媒介之中，而身处其中的我，既产生意义和愉悦，也成为意义和愉悦的一部分。这一将我整合为社会媒介的矛盾性话语结构同时也将我的客厅囊括其中，还有我观看电视过程中所获得的意义和愉悦。这一符号环境并不能从构建它的进程中分离出来，因为它仅存于这一进程之中。正如我本人作为个人环境的构建者，只有我能够从这一环境内部去体验它。当然，在学术语境中，为了准确地描述这一"原初"的体验，并将其理论化，我必须将自己从中剥离出来，从外部客观地观照它。但是，为了书写自传式民族志，我必须有能力从家庭环境中跳进跳出，有能力使用不同的、相互间离的话语体系来标记我的经验，最终令这段经验兼具私有性和公共性，既是独特的文化实践，又是具有系统性的例证。我们可以站在外部某一点上来观察和解释这一环境，但是我们只能从内部去体验它，而自传式民族志则有能力提供两个维度上的透视。

但是，民族志一定包含这样一些材料，它们并不是民族志书写者所提供的：它必是经验性的，但又不是唯经验论的。而这些材料本身在社交环境中拥有一个物质载体，问题在于，这些载体的自然状态是什么样的，特别是这些载体本身就是伴随且为了这一民族志而生成的。许多民族志材料生成的原因就是专供研究者使用，而它们本身不会随使用过后而失效,在对其阐释中,它们的确会因此受到更特别的关注,从而形成一种"自我意识"。这些材料通常由话语构成(访谈、问卷、信件、电话、会议等)。它们被记录并转化为具体文本,以便供分析论证使用,并且与其他两个文本具有互文性的关联,一是它们生成之初的原始文本(例如上面说的电视节目),二是生成这些文本的人的日常生活状况。

这样的材料与那些被民族学家"找到"的材料不同,它们是被"生成"出来的。例如,那些写给电视节目制作方的信,写给爱好者杂志或出版社的信件,甚或是日常的家庭生活所处的环境。偶尔它会令我们将其与前一类材料相混淆,我指的是那些通过民族学家的回忆而复现的"真正的"谈话。有时候,民族学家会试图将"生成"的材料装扮成"找到"的材料,为了促成一场"真正的"的谈话,民族学家会主动参与其中,作为一个参与者,而不是研究者。而当材料是由民族学家在场干预的情形下生成,而非直接生成的时候,他/她肯定会或多或少地对其产生影响,这通常会形成一种参与者介入的观察模式。为了维护这种方式的有效性,研究者会标注出,那些话题可能是刻意要求大家进行讨论的。

但自传式民族志提供了另外一类材料,民族学家既是生成者,同时又是被生成者,它将有效材料的外延,从其所依托的社交世界的物质流转过程,拓展到了个人性的精神世界。那些从高屋建瓴的理论(尤其是其意识形态模式和精神分析模式)出发对文化民族志研究所作出的批评宣称,民族志是以可观察到的材料为基础的,它没有考虑到那些在人类和社会经验中最重要的力量,将其排除在外了。这些力量只有通过对经验的理论化,并加以宏观的思考才能得到有效的阐释,并由此超越日常化、个体化的特殊经验,给予其指引。而基于正确理论指导的自传式民族志也许能够对抗此类批评，或者说至少能够回应其中几个重要的观点。它也许能够在社会—文化力量之中探索出一些方法，或者说，是在那些通过社会观念和自我意识等媒介、从外部（对象、符号和实践等）到内部都能够被体验和得以实现的意义、愉悦和权力的游戏之中找出一条路径。而此处的话语的组织结构形式既内隐又外显，兼具社会性与个人性，二者之间构成了一种相互串联的互拟关系，而非简单的异同关系。自传式民族志的意义，正是在于它打破了那些内在的、个人化元素的外延，使那些隐藏在有意识的表述之下的日常生活实践中的部分得以呈现。（在写这篇文章之前，我自己从来没有如此清晰地思考我这间客厅的意义，也没有觉察到它们与我观看电视这一行为之间的这种互拟关系）

这似乎也避免了赋予理论和理论家某种特权。精神分析和意识形态理论最终会赋予其理论家一种特权，他们可以透视其研究对象的经验，但其对象本身却没有这种能力。这两种理论都将其"理论家—调研者"置于这样一种境地，令他们像极了那种令人厌恶的老派的帝国主义民族学家——通常是白种人，屈尊（我故意这样说）来到丛林，又仓皇离去，回到了白人世界，却宣称那些真正生活在丛林中的土著根本不了解原始生活的"意义"。在不同维度上，那些高屋建瓴的理论和经验论（或是帝国主义）民族学都会共同关注一些理论的、伦理的、政治的杂合问题，而自传式民族志也许可以提供一种方式来统一应对这些问题。

通过一些文化民族志学者（如 Hobson、Radway、Brown、Ang、Lee 和 Cho）所分享的，他们的研究对象所传达出的文化经验、政治观点和趣闻逸事，我看到了自传式民族志的身影。在那些案例中，

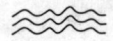

这些民族志学者已经成了观众或读者社群的一部分，他们主动参与进一些文化性体验之中，甚至将自己的体验视为其研究的一部分，其中的许多观点都与自传式民族志相同，只不过后者可能将其更加明确地提出来罢了。通过不同的方式，他们都显示出自己具有这样的能力：在他们的（自传式）民族志中自由出入。上面提到的这些研究者都是女性，这恐怕绝非巧合，她们在男权占据话语霸权的学术环境中工作，为了她们的民族志研究，她们不得不（暂时）出让自己的权力，并将自己与那些被剥夺了权力的对象摆在同等的位置。而男权主义学术则强调，"客观"的学术调研者必须站在这一具有特权的正确位置上。而另一件事也绝非巧合，即我对方法论（包括其政治、伦理和理论等维度）拓展的这种呼求，是来自于激进主义的左翼学术立场（虽然我是男性，但我希望自己没有令人觉得我有大男子主义倾向）。

民族符号学

我的第二个方法是：让学生那一组观看节目录像，并尽可能地不去干扰他们后面的讨论。当然，我仍然会在不知不觉间影响他们。所有的学生都了解我和我的理论，他们与我之间都存在着学术交往关系。但这并不意味着，我能够完全主宰他们——其中有些人反对我的理论；许多人会就我的一些节目观感与我激烈地辩论；许多人在认识我之前就是这个节目的忠实拥趸了；并且，如果我能在学术话语实践和节目拥趸身份之间滑动，他们自然也可以。在某种程度上，因为在符号学和话语分析上的训练，我对文本结构有了更准确的把握，这自然也令我能够更准确地把握那个由我的学生们讨论所生成的文本。更重要的是，这也令我能够更进一步看清大众话语和学术话语的表演，以及它们之间的相互作用。

我的第三个方法是，通过广告行为，包括电话和邮件，唤起更多的文本。与我通电话的人就像是我教室里的学生，他们会受到我临场发挥的影响，尽管二者因为距离不同，有形式上的差异。而收到邮件的人，则会受到发信人学术素养的影响，而不是我特别的个人发挥。随后我会试着从一些细节入手，来分析上述情况中的一种，但在此之前，我希望能够首先厘清它们与那个电视节目的原始文本的区别和联系。我们不妨将电视节目视为一个产业文本，节目被制作出来，并且通过文化产业的运作而获取利益。观众的话语是日常生活中文化素质的显现，但它会形成大众文化文本，这一文本是在产业化资源之外生成的，却会对产业本身产生影响。产业文本是一种商品，它以诸如电子化模式的形态存在，可以被录制在磁带上，从而被买卖、收藏、传播、使用和再利用。而大众文本并没有类似的物质化载体，它仅存于那个特定的观看时段，这是属于观众的再生产与传播时间。这一时段很难捕捉，转瞬即逝，来得快去得也快，仅存于它生成的那个时间和语境之中。因此，大众文本很难进入文化社会政治学的研究视野之中。若要研究它，我们就不可避免地要记录它——录下来、写下来甚至记在脑子里，以此来冻结那个转瞬即逝的瞬间，然后，就像产业文本一样，我们也将其记录在物质化的载体上。其间必然会导致失真，大众文本的核心本质特征会被扭曲，但我们确实可以通过截取的方式将其从具体的语境上抽离出来，并置入研究中。很明显，这种状况不可避免导致了"失真"（distortion）——"去语境化"（decontextualization）。这并不是说，生成大众文本的那个语境与研究它的那个语境不同，而是说，文本只有针对其特殊的语境才是有效的。产业文本的接收语境并不仅仅对应大众文本生成的那个环境，大众文本是它自己的一部分，正如产业文本也是这一环境的一部分，原因在于，大众文本只能依托语境而存在。大众文化只在它的进程中存在，而这一进程本质上是语境化的，它是社交性的，而非符号化或类语言化的。符号学和话语分析理论所处理的文本，已经剥离了其生成的语境，而语境中的某些部分并不能转化为可供分析的文本，但学者们在研究这些文本时，总是力图通过阐释来重建文本的语境（尽管只是基于假设的尝试），将其重新还原到具体的分析中。也许这种尝试最终只是徒劳无功，但至少分析者一定会在其分析中将这些缺口标注出来。

这封来自《新婚游戏》忠实观众的信可以视为一个例证。如下：

亲爱的菲斯克先生：

虽然我并不是特别确定你到底想知道什么，但我可以告诉您，虽然有点尴尬，我已经成为《新婚游戏》这个节目的热心观众。我不太确定，我是不是能够解释清楚其中的原委。三个月前，我开始观看这个节目，主要原因是这个节目的播出时间与我的日程安排非常搭配。每天下班回到家，我在做饭的时候观看晚间新闻，7点，一切准备妥当，我终于能够坐下来，吃晚餐，看《新婚游戏》。

可能我喜欢这个节目的原因是，我习惯于将琐碎的家庭事务与我和丈夫之间的关系联系起来，令人有点不安的是，我意识到我们和节目上那些夫妇太像了。事实上，我经常试着回答节目上的问题，同时猜测我丈夫会有什么样的回答。如果碰巧他那个时候也在家,我会让他陪我看这个节目,并且鼓动他也来回答问题,这样我们就可以比对我们的答案。真的,我们确实都对彼此有了更进一步的了解,虽然有些事情并不是我们想知道的。所以,基于以上原因,我喜欢这个节目。另一个原因也许是,我可能有点喜欢看到嘉宾们令自己出糗。或者,他们只是做回他们自己,你知道,每个人都有古怪之处。至少在我看来,这非常搞笑。

最后一个原因应该是我对冒险和赌博之类的游戏不感兴趣,像《幸运大转盘》(*Wheel of Fortune*)和《智力竞猜》(*Jeopardy*)这类节目,我看不下去。

我还有些其他的想法:关于这档节目的主持人。他绝对是故意刺激那些节目嘉宾,盼着他们离场。挑起夫妻之间的冲突似乎是提高节目收视率的一种手段。

就这样吧,菲斯克先生。不知道对您的研究有没有价值,我还看另一档节目,紧接着《新婚游戏》播出的《新约会游戏》(*New Dating Game*),虽然喜欢的程度不及《新婚游戏》。但如果我现在仍然单身,我想也许自己会对这档节目更感兴趣。

这封信里表达出许多观点。这位观众催促丈夫和自己一起看电视,因此他们都进一步了解了彼此,虽然有些不是他们想知道的事。她为自己制造了很多愉悦,但这不是我关注的。我关注的是方法论意义上的问题。

如何解释她写信给我的缘由?又是什么促使她保留了我那张广告,一直到她动笔之前都没丢掉?在那张广告上,我对自己的描述是这个节目的忠实观众,我尽量使用通俗话语,而不是学术话语:我模仿了 Ang(Ang 是娱乐节目《看看达拉斯》 *Watching Dallas* 的制

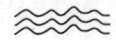

作者）将自己的身份定位为节目迷，而不是研究者。

我打算利用我的学术话语体系来重新"阅读"她的信，以此来具体演示一种批评性的民族符号学，或者说一种对民族志材料的符号学式的阅读方法。首先，她希望（wants）写信给我：她并不知道我到底想了解什么，她关注的是到底是什么吸引了她——她对自己"热心"（avid）这个节目感到尴尬。我在这里发现了流行文化的意识形态的作用。她"清楚"（knows）这种节目在社会文化品位的层级划分中居于下等，但是，尽管她接受过大学教育，仍然乐在其中，她也许发现了这个节目为自己的兴趣提供了一个合法化形式。她的话语向我们展示了流行文化意识形态的这样一种倾向：它引导我们降低自己的身份，因为我们喜欢上了被社会嘲弄的、格调较低的事物。通过一个"沉迷"的隐喻，我们能够得到一个非常具有代表性的解释：短语"我已经成为"（I have become）暗示了，沉迷的进程已经超出了写信人的控制，而控制力的缺失会对后文——当她试图将自己从这一特殊的价值体系中解放出来的时候——形成有力的反驳。

随后，她开始将节目语境化。首先她将观看节目纳入自己的日程安排之中，特别是每晚的节目时间又处于一个特殊的时间段——从公共生活向私人生活的过渡。在白天的工作中，她扮演的是公共生活中一个固定的角色，而后，在烹饪晚餐的时候，她也扮演一个同样的角色，只不过是在家庭生活中，而不是一个领薪水的劳工。观看新闻，看起来能够与她为人妻子的社会身份相匹配，因为新闻本身就是对公共领域及人们身处其中所应该发挥的作用的强调。《新婚游戏》则促使她完成了向家庭中的私人领域的过渡。我能在她的措辞中感受到她如释重负的解脱——"一切准备妥当，我终于能够坐下来"——"能够"（can）这个词暗示出，她终于可以做她自己能够选择的事情了，值得注意的是，这个词并没有出现在"我做饭"这个短语中。这是从"工作"状态转变到"休闲"状态的一个信号，当她丈夫迈入家门，这一转变就发生了。由此，她踏入了她个人生活中的一个特殊的领域，一个她拥有一定的控制能力的领域，而这档节目是这个领域一部分：这也就是流行文化生成的地方。

下一段的话语更耐人寻味。首先是第一段中表达出的尴尬情绪再次出现，通过"可能""琐碎""家庭""事务"这些词表露出来。这句话一笔带过，它的价值在于，如果我们探查到了写信人内心的愉悦感受，她便可以矢口否认。她的话语服膺于男权主义，在这里，隐藏着一个假定，即与那个透过刚刚的新闻宣示了其男性霸权的重要的公共世界相对立的，是仅仅由"琐碎的家庭事务"构成的女性世界。一旦她开始否定这一话语和它携带的价值，她的自信心将会得到明显的提升。在这些话语中，如"事实上，我经常""我鼓动他""真的，我们确实……了解"，动词和修饰语变得强烈，并且她果断地作出结论，"所以，基于以上原因，我喜欢这个节目"。我们不难在她话语腔调的转变上追踪到其间逐渐增强的权力意识，而这种意识也正是伴随着她观看节目的过程被培养起来的。她"鼓动"她的丈夫回答那些问题，大概并没有顾及这违背了丈夫的意愿。她享受这种任性，并且她发现了压抑在夫妻关系中的一些隐情，不过，作为一位好妻子，她解释称，他们了解到的并不总是他们想知道的事情，而这半句话进一步体现出她的自信，她不想知道的其实只有一件事——如何做一个称职的妻子。她在自己的生活领域制造了一种"她的"（her）大众文化：与她那个妻子化的身份具有政治性的对立关系。在夫妻关系中抑制其内部压力，受益者是男性，而非女性。部分是因为这是一种令夫妻关系能够更加适应男权意识形态的机制，部分是因为，在男权意识形态的逻辑中，总是将这种压力归咎于女性那一方。后文中她再次强调节目的诉求之一就是挑起夫妻间的冲突，通过这种方式她又回到了这个关键的问题上，而"挑起"（stirring up）的意思是，令那些保持着潜藏和稳定状态的"正常"关系昭然若揭。

这位回应者认识到了自己的婚姻关系中暗藏的压力，她承认了自己观看时的愉悦感受，而这引导她认识到了，自己和丈夫与电视节目中的嘉宾夫妻之间是何其相似。她也承认了自己的尴尬，并试图用话语来描述那些本不属于她的价值取向——她在信中谨慎地写道："我可能有点……"她价值取向上的这种转变体现在：她将"让自己出糗"和"做回他们自己"似是而非地联系在一起。男性和女性只是人们持续假扮的角色，而在那一刻，这个观念塑造出的角色令人们不知不觉地同时"让自己出糗"和"做回自己"——这是认知上的一个重要时刻——面具滑落的时候，愉悦感就随之而来，而他们的意识形态也就暴露了。"做回他们自己"表明了，她感到，存在着一个社会性的"真相"，但它却被"角色"的力量压制着。

而"真相"的突然展现所引起的笑声则具有颠覆性。在这封信中，几乎每一段都能找到她采用男权主义话语方式进行书写的证据，但是，每句话后面，都会紧跟上一个愉快的转折，来摆脱这种话语的控制，而这与她的日常生活境遇是一致的：她生活在一个男权环境中，但却想方设法地为自己寻找逃避或抗争的空间。

民族志的双重问题

民族符号学的问题，可以被划为两大类。首先是大众文本（语境）的生成和转化问题，也就是能否将其转变为一种可供分析使用的具体形式的问题。它歪曲了其研究对象的两个核心本质特征：进程和语境。而这也导致了第二组问题的出现，影响到那些关注对这些"新"文本的解释，以及关注对文本生成过程的分析的学者。

任何对文本的解释都存在固有的问题。但电视节目的录像文本，在符号能指的范围内，与通过产业运作得以生成和传播的节目本身是一样的。一次谈话的录音、观看节目时所处的那个房间的照片或是一封信，这些都是大众文本的表征和再现。为了一个特殊的目的，与它们被生成时的原初目的不同，我们将其挑选出来：它们是为了学术研究而生成的，而不是服务于日常生活。它们在一个特殊的语境中被生成，因为语境本身在功能上是互相交叠的，正如它们在文本中的样态一样。这并不意味着，这一新的功能化的语境与原初语境之间已经没有任何联系，但是其间的差异和联系需要通过具体的分析，才能得到理论化的重建。在我的自传式民族志中，我尝试通过某种方式来呈现，阅读一个产业文本时的复杂语境。我希望通过我的展示，能够说明：语境本身就是一个文本，而它与原初文本的互文性关系转变了它，使其指向固定的阅读方式，并且排斥其他的解读。

但是这一文本或语境并不是一个民族志学者唤起的，就像那封信。为什么我的广告会有人回应？我是如何介绍我自己的？如果没有这些前提，那么后续的一切将不复存在。我认为自己至少采用了缓和的语气，表示出友好，就像两个电视迷在交流。写信人写道："就这样吧，菲斯克先生"，这表明，她无法揣测我到底想要什么，这或许也能作为一个证据，说明她正在极力弥合面对不同的对象写信时，在语境选择上的差异——是素未谋面的学者，还是另一个节目的忠实观众。我的分析已经给出了丰富的论据来证明，写信人写信时是愉悦的，通过这种方式，她再生了观看节目时所获得的愉悦，并且二者之间具有一种平行相似的关系。因此我有理由认定，我对这封信的分析也可以相应地直接置换到对另外两件事情的理解上去：她如何观看节目，以及她所观看到的东西是如何成了她日常生活状况的一部分。Seiter（在这一期上）给出了一个关于民族志材料分析的最佳例证，她充分考虑到了那些采访者的情况、她们的性别政治观念和学者身份。她敏锐地察觉到，观众对学者所描述的观看经历和在日常生活中他们的观看方式，二者之间可能存在着的差异。当然，她并没有描述这种差异，因为她所掌握的只有谈话材料，但是她能够并且已经开始尝试，针对谈话材料中的这样一些内容进行识别，而这些材料则是民族志研究者以学者身份进行访谈时所获得的。这并不是说，采访者观看电视节目时的关注点是错误的，但它的确指出了，采访者的具体实践和观看节目时的愉悦感受，在材料中更引人注目。

Tulloch 和 Moran、Hodge 和 Tripp 的课题都是研究学校儿童观看电视的情况，他们都意识到，关于电视的讨论必然受到其语境的影响，如果采访和放映的地点是学校，采访者则或多或少但不可避免地将自己看成是一名教师。Krisman 的研究对象是伦敦一所学校中的工人阶级家庭的女孩，她发现在两种情况下——她在场的时候；她不在场时，而只是让其中一个女孩来录音——讨论所得到的数据材料大相径庭。

厘清这一方法论问题和阐释问题是研究民族志关键性的第一步，虽然，从厘清问题到解决问题之间，还有很漫长的路要走。但我依然要说，千里之堤溃于蚁穴，如果采集过程和解释说明上出现问题，所有的民族志材料都将作废。因此，在研究过程中，必须对材料的采集过程和解释说明加以明确的标注。同样重要的是，必须将不同形式的民族志材料联合起来，而对于它们的分析中绝对不能缺少文本性的分析。这并不是说，我们要更加重视不同形式的材料之间的相似性，因为通常民族志所关注的是调查对象本身的差异性和特殊性，但是，我们也不难发现，这些特殊之处只是文化进程中的一个实例，在这一进程中，相似的文化和社会力量会通过不同的途径进行交汇。换言之，我们应当认识到它们的系统性，而不是典型性。

但是民族志学者不仅要处理已经获取的材料，也要重视那些并未获取的材料。符号学理论告诉我们，一个文本中不在场的部分具有在场的意义。

民族志研究者需要面对的问题是：是否应当对材料的生成过程给予干预，从而填充那些被视为缺失的部分？或者，应当将那些缺失的部分视为一种符号，只是直面如何解释这个符号的问题？

这令我重新开始关注之前所研究的种族话语问题。对于电视节目的产业文本来说，我们通常将屏幕上出现的个人形象和他们说话时所使用的词语，都视为种族话语的一部分。当然，作为话语体系的一部分，所有这些符号都具有多重属性，"先生"（master）、"何塞"（José）和"伙计"（man）这些称呼既属于性别和阶级话语，也属于种族话语。但显而易见，对于我和给我回信的那些人来说，性别是对我们最有用且最有意义的因素。这可能是因为大众文化传播所针对的就是我们这种中产阶级白人,并发生在我们日常生活的体验中,我们并不关注种族(或阶级)问题,但对性别问题却有特别的关注。而且,这个节目本身就把焦点放在了性别问题上。

民族符号学不仅需要考虑构建产业文本时使用过的资源,同样需要关注那些没有纳入进来的资源(反之,有些研究则直接跳过了产业文本,例如 Morley,1986)。种族话语的缺席面临着一个应该如何阐释的问题。当然,缺席的话语可能会在某些文本中出场,但那些意义明晰,并再次出场的话语形式仍会对它形成压力。而这种系统性的语义压力的根源则可能来自种族主义意识形态。由此产生了一个方法论问题。我是否应当引起采访对象对这个问题的关注,并由此"提醒"他们注意话语的使用方式,继而选择忽略还是强调?

我很难想起自己第一次观看节目录像带时的感受,但我认为种族话语的确给我带来了很多愉悦,尤其是当我看到一对黑人夫妇在台上狼狈不堪的时候。他们参与互动和回应的方式极具"风格",非常有趣:"白人化"话语的使用令黑人话语产生了特殊的意义,成了令白人感到好笑的娱乐表演。我不太确定我是否对另一对西班牙裔的非白人夫妇也给予了同等程度的关注。但我认为他们要略逊一筹,并且最终化解了自己的话语与白人话语之间的紧张关系,而黑人夫妇则是最没有话语反抗能力的。只有在黑人的性生活问题上,他们所特有的身体优越性对于"白人神话"是一种挑战。这里还包含着非白人女性对男权的挑战,但我并不认为自己从中获得了愉悦,虽然,此处明显包含一种性别话语和种族话语相结合的通俗化用法。这再次勾起了我对男权主义的不满,现在我回想起来了,我当时看到两位非白人女性的抵抗态度时的欣慰之情,对两位白人女性的顺从所感到的不悦,以及对她们的丈夫的厌恶之情。我始终不能确定的是,我是否(部分地)从种族这一维度获取了愉悦感?我对此表示怀疑,虽然我拥有比较激进的种族政治观,且惯于从这一角度思考问题。但是,种族政治与我的公共和学术生活有更多的关联,潜藏在我日复一日的生存假象之下,而性别政治则恰恰相反。

我试图将这一产业文本引入我的大众文化研究中,但这一过程却卷入了对其话语资源的有选择地使用,而在我看来,择取的首要标准是它与我的日常生活和社交领域的关联程度,由此我可以频繁地出入其中,并探索其中大量的问题。而所谓的"日常生活",正如 Willis 在论文中向我们所清晰地展示的,是高度政治化的,这不仅因为它总是处于某种特定的社会结构之中,唯一不变的特征便是权力和权利的不平等分配,而且还因为,任何与我们最接近的社会关系的个人性协商,都是更大的政治关系的一个必要的组成部分,有关社会结构的宏观政治被凝结在日常生活的实践中,展现为一种微观政治。

大众文本(the popular text)承载了产业文本构建过程中产生的潜在意义、愉悦和政治因素,但也只有在这一构建过程中,我们才能够分辨它们。其实,这一过程本身就卷入了一则有关社会代理人(social agent)的民族志,我们必须防范这一过程的相关损耗,而社会代理人自己也冒着被个人主义意识形态吞并的风险。社会代理人本身并不是一个个人主义的个体,它其实是一个被大量相互交叉、有时甚至自相矛盾的话语所环绕的社会性建构场域,而这些话语是由他或她在社会空间中的日常生活所留下的独特的轨迹所生成的。但另一方面,因为社会力量之间相互矛盾的本质,社会代理也必须积极处理他们自身的矛盾及他们各自的社会经验的意义问题,他们既不能生成话语资源，也不能生成一个容纳经验发生和意义构建的社会性结构，因为他们无法选择自身的生活轨迹移动所在的社会历史领域。他们只是代理，而不是主体，因为他们的行动并不一定要来应对那些被给出的规定（积极、创新或刻意地轻视），但他们根据这些规定所做的事情，却以某种方式反过来回馈那个生成他们的系统。我们使用语言的方式，最终改变了语言系统本身，因此，同理，我们对于社会系统的作用，就不仅仅是这一社会系统的产品，同样也是社会系统的生产者。每一个系统的使用者都在同时改变这一系统。

宏观社会系统拥有许多建构自身的反作用的力量，无论它们是表现性的系统，还是更为直接的社会或政治性的系统：它们趋向于维护现有的权力分配（经济、性别、道德、审美、种族或其他）。社会发展或变革的力量，要么是来自在宏观结构性层次上对于系统的瓦解，要么是来自在日常生活的微观政治层面上对系统的推进。民族志致力于探查人们在使用某一系统时的行为特点，探究人们在应对相关资源时所选用的不同的建构方式。民族符号学则致力于阐释用法本身及其相关的政治因素，关注在这些实例中，由文化（意义）和政治（行为）的交叉所构成的更大的系统。它所关注的，不仅仅是这一进程所产生的意义，还有行为本身的意义。而只有抛除我们对于意义和行为之间区别的成见，我们才能够相应地抛除对文本和语境之间区别的成见。

在这位忠实观众致《新婚游戏》的信中，话语机制从"一些我也可能会做的事情"到"我逼着他也去回答那些问题"，再到"所以，这是我喜欢这个节目的缘由"，显现出一条特殊的意义轨迹：在她的婚姻的微观政治背景下，从观看节目延续到她的社会行为的轨迹。因此，同理，在我的建筑物和我的行为活动之间，也存在着一种具有延续性的关联，作为一个社会代理人，我在观看节目时所获得的愉悦感，以及我的起居室颇具象征性的环境设置，它们都不会仅仅停留在符号或文化的框架之中，而是会不断地拓展自身，从而进入社会化行为中。一门关注文化进程的民族符号学，将会溶解内在、个人和社会之间的界限，因为这些界限本身就是无用的结构：它们总是被意义的游戏所包围，同时这些意义游戏又会在它们所圈定的范围中肆意地穿插。内在的就是个人的，就是社会的，就是政治的，反之亦然。同理，民族符号学是一种文本分析，也是自传式民族志，反之亦然。据此，或许我们可以瞥见文化的游戏，而那恰恰是我们苦苦追寻的东西。

参考文献：

Ang, I. (1985), *Watching Dallas*, London：Methuen.

Bourdieu, P. (1984), *Distinction：a Social Critique of the Judgment of Taste*. Cambridge MA：Harvard University Press.

Brown, M. E. (1987) "The Politics of Soaps：Pleasure and Feminine Empowerment", *Australian Journal of Cultural Studies*, 4：2, pp. 1–26.

D'Acci, J. (1989) "Women, 'Woman' and Television：The Case of *Cagney and Lacey*", Dissertation, University of Wisconsin–Madison.

De Certrau, M. (1984) *The Practice of Everyday Life*. Berkeley：University of California Press.

Fiske, J. (1989) *Understanding Popular Culture*. Boston：Unwin Hyman.

Hobson, D. (1982), *Crossroads: The Drama of a Soap Opera*. London: Methuen.

Hobson, D. (in press) in M. E. Brown (ed.), *Television and Women's Culture*, London: Sage.

Hodge, R., and Tripp, D. (1986) *Children and Television*. Cambridge: Polity.

Krisman, A. (1987), "Radiator Girls: The Opinions and Experiences of Working – Class Girls in a London Comprehensive", *Cultural Studies*, 1: 2, pp. 219 – 229.

Morley, D. (1986), *Family Television*. London: Routledge/Comedia.

Palmer, P. (1986), *The Lively Audience: A Study of Children Around the Television Set*. Sydney: Allen & Unwin.

Radway, J. (1984), *Reading the Romance: Feminism and the Representation of Women in Popular Culture*. Chapel Hill: University of North Carolina Press.

Tulloch, J., and Moran, A. (1984), "A Country Practice: Approaching the Audience", Paper Delivered at the Australian Communication Association Conference, Perth, 1984.

二　论文

口语诗学:声音和语言的符号关联
——关于符号学和文学人类学的研究论纲

徐新建①

引言 "诗"和语言

本文主要探讨诗学问题。这需要首先回答"诗学"是什么。简单说,"诗学"就是关于诗的学问。那么,"诗"又为何指?依据一种流行的说法,诗是语言的艺术。换句话说,诗是一种语言行为。

可是近代以来,在中西交汇的过程中,学者们往往把源自西方的 poetics(诗学)和中国古代的"文论"并列起来,殊不知,所谓"文论",无论其对象还是关怀,核心都已从"诗"(歌)转移到了"文"(字),即从"说唱"游离向了"书写";而此前的中国,有关"诗"的论述并非鲜见,且每每是同"歌"相提并论的。因此对于"诗"和"诗学"的探讨,需要既进行历史和事象意义上的正本清源,同时又兼顾西方近代以来在语言和符号方面的研究成果。

根据 20 世纪美国语言学家爱德华·萨丕尔(Edward Sapir)的看

---

① 作者简介:徐新建,四川大学文学与新闻学院文学人类学专业教授、博士生导师。

法，语言是人类"凭借自觉地制造出来的符号系统来传达观念、情绪和欲望的方法"，其"主要是一个听觉符号系统"；文字——语言的书面形式，不过是口语形式的第二重符号，亦即"符号的符号"。①

在对语言和文字、言说与书写关系的看法上，著名瑞典语言学家索绪尔（Ferdinand De Saussure）与爱德华·萨丕尔大致相同，认为语言和文字是两种不同的符号系统，"后者唯一存在的理由是在于表现前者"。不过他同时还作了进一步分析：既然口语比文字基本和先在，为何在许多人的印象中，后者却显得比前者更有"威望"呢？索绪尔的解答关涉四点：

1. 首先，词的书写形象使人突出地感到它是永恒的和稳固的，比语音更适宜于经久地构成语言的统一性。书写的纽带尽管是表面的，而且造成了一种完全虚假的统一性，但是比起自然的唯一真正的纽带，即声音的纽带来，更易于为人所掌握。

2. 在大多数人的脑子里，视觉印象比音响印象更为明晰和持久，因此他们更重视前者。结果，书写形象就专横起来，贬低了语音的价值。

3. 文学语言更增强了文字不该有的重要性……到头来，人们终于忘记了一个人学习说话是在学习书写之前的，而它们之间的自然关系就被颠倒过来了。

4. ……于是文字就从（语言）这位元首那里僭夺了它无权取得的主要地位。②

---

① ［美］爱德华·萨丕尔：《语言论》，陆卓元译，商务印书馆1997年版，第7—17页。
② ［瑞典］索绪尔：《普通语言学教程》，高名凯译，商务印书馆1982年版，第47—50页。

沿着20世纪语言学家们的这种路子延伸下去，对于诗学及其相关的言语与符号问题，或许会获得一些新的反思与发现。

"诗学"界定："新汉语"与"新诗学"

现代汉语经验中的"诗学"一词，系西方理论影响下的"古词新用"。在早期，其曾特指《诗经》之学或"诗艺"之学。近代西学东渐后，"诗学"一词用以翻译西语 poetics，于是逐渐转为较为广泛地指代"文艺学"。

这样，由于汉语固有的字词结构和传承特点，再加上中西"体用问题"之未决，进入20世纪以后，"诗学"含义既古义犹存，又汉文西用，此外还内涵新生，呈现出三个层面的语义叠加，即同时或分别包含了以下意思——

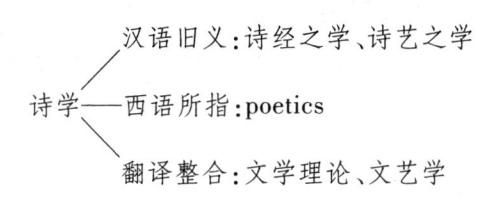

诗学——
　　　汉语旧义：诗经之学、诗艺之学
　　　西语所指：poetics
　　　翻译整合：文学理论、文艺学

尽管如此，比起同受西学影响而更具歧义的"文学"一词来，"诗学"毕竟要容易把握一些，至少可以从字面上更为直观地把它理解为"诗的学问"。

这样说来，现代汉语经验中的"诗学"概念，如果除开其所内含的前两层意思暂且不论的话，它实际上已经成了被创立用以日常使用的现代词汇。与其他众多同样因翻译而派生的新概念一样，可统称为"新汉语"。这种具有新汉语性质的"汉语诗学"，既包含了

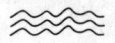

对古汉语范畴的沿袭和对西方外来体系的传递，同时也更体现出现代汉语使用者的创造与发明。从另一个角度看，其还可被视为古今中西多重影响下的一种传统"现代化"和西学"本土化"①。

那么，既然以汉语的形式进行过兼顾古今中西的整合后，仍从字面上突出"诗的学问"，"诗学"所关注和探讨的核心就无疑是"诗"，然后是"诗文""诗体""诗类""诗风""诗技"和"诗意"。……果真如此，"诗学"首先必须回答的问题是：什么是"诗"？然后再解释：为什么关于诗的学问可以指代文艺理论？

根据汉语经验，最早的诗就是歌，歌诗一体，舞乐相伴。"歌"才是诗的原型。因此如若要研讨"诗"的本体，就得回到"歌"的事象，也就是回到口传，回到演唱，回到人类诗意表达的原初综合。

简言之，从比较文学的角度看，探索现代汉语中"诗学"概念的引进和形成，涉及所谓法国学派的"影响研究"；开展中西"诗学"对话，需要借助中国学派强调的"跨文化"眼光和视野；而要使二者兼容，则还必须关注目前似乎已被忽略然而却不可绕过的"平行研究"，即本文所要探讨的"文本诗学"与"口语诗学"的对照互补。

回到事象：从"文本诗学"到"口语诗学"

关注口语诗学就是关注口传文化和语言行为。不幸的是，长期以来，对文字的迷恋，局限了人们的视野；以文字为"中心"的心

---

① 关于汉语"诗学"能否成立的问题，近来众说纷纭。可参见徐新建《比较诗学：谁是"中介者"》，《中国比较文学》2001 年第 4 期。

态，导致了文本崇拜的产生。在汉语世界，"文学""文化""文明""人文"等一系列以"文"为核心构造出的关键词，无时无刻不强调和维护着"文论"与"文人"的权威和地位。在这样的语境下，口传事象就遭受了被边缘化、歧视化的命运。伴随而来的是"蒙昧""文盲"（睁眼瞎）一类贬义形容的强加。或许也正因如此，在如今学界所倡导的中西"诗学对话"中，才会有人不愿接受汉语本已存在的"诗学"一词，而极力主张改以"文论"代之了。

然而即便包含了对诗（歌）的研究，"文论"所关注的对象不过是"文本"而已；若真要以"诗学"相称的话，也只能叫"文本诗学"。从歌的角度，也就是诗的发生和原型来看，"文本诗学"属于后起的学问，或残缺的表述。其要想深入完善，离不开"口语诗学"的存在与支撑。

"口语诗学"的基本对象是口头诗歌，因此关注的核心在于"歌"。"歌"是具体的现实行为，集声乐、舞蹈、仪式和群体互动等多种事象于一体，言辞只是其中的一项。这种以歌为本的口传系统可概述如下：

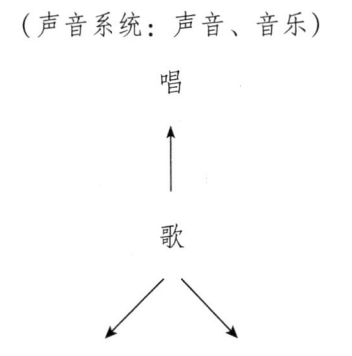

（声音系统：声音、音乐）

唱

↑

歌

↙　　↘

舞　　　　　　辞

（行为系统：舞蹈、仪式）　　（文字系统：符号象征）

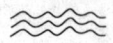

若以这样的系统为对象,"口语诗学"的研究无疑就具有了发生学意义上的整体性和根本性,由此也才可能在一定程度起到"文艺学"初始原型的作用;而一旦这样的作用出现的话,"口语诗学"便又可称为"原型诗学"了。

此外,口语诗学还可由歌唱事象延伸开去,进一步从诗学角度关注人类整体的口传行为,或言之思考人类口传文化(言语、故事、史诗、童谣、笑话、哭歌)的诗意内涵,从而促进对人类特性的深入理解和对"文明"进程的重新反思。

需要说明的是,作为现代汉语经验中的新生语词,除了"对口头诗歌的关注和研究"这样的含义外,"口语诗学"还同时包含另外一层意思,即:以口头形式呈现并传承的诗学。这样的类型,在汉语早期有孔子的《论语》。其实际上是众门生对孔子言谈的记载,即以语录体形式对"圣人"口语的文本化转型。其中流传至今人们仍耳熟能详的事例有"诗可以兴、观、群、怨",以及"兴于诗,立于礼,成于乐"等。值得强调的另外一点是,这种"语录文本化"过程不过是孔子先行对先秦民歌加以"经典化"处理之后的伴随现象。也就是说,先有"圣人"把十五国风等变为《诗经》,接下来才有其语录的文本流传。

不过,汉语世界的传统中一向包含有对文字的"看破",于是又绵延不断地出现另一类反叛文本的说法,如"言不尽意""口传心授"等。在一定意义上,甚至"述而不作""不著一字,尽得风流"都可作如是观。

相比之下,在其他无字族群的传统中,后一层面的"口语诗学"数不胜数,每每是出口成章,即兴道来;口耳传递,失胜于存。比如被今天的考察者用汉语形式记录下来的侗族歌谣"饭养身，歌养心"①，以及"汉家有文好记载，侗家无字靠口传"② 等，就不过只是众多转瞬即逝的口传诗学被文本化后留存下来的沧海一粟。"无字"不等于没有；忽略意味着"无知"，而对"文本诗学"的单方面强调，则除了表现"以文字论英雄"的傲慢与偏见外，还能说明什么呢？

综合而论，"口语诗学"的意义和结构包含多层不同的内容，如以图式概括的话，可简述如下：

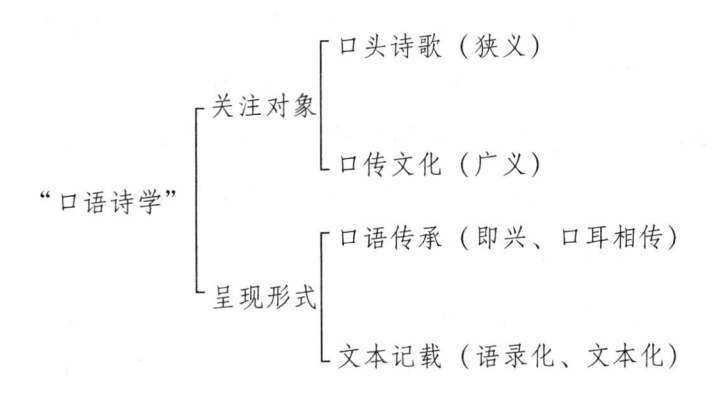

$$
\text{"口语诗学"}\begin{cases}\text{关注对象}\begin{cases}\text{口头诗歌（狭义）}\\ \text{口传文化（广义）}\end{cases}\\ \text{呈现形式}\begin{cases}\text{口语传承（即兴、口耳相传）}\\ \text{文本记载（语录化、文本化）}\end{cases}\end{cases}
$$

根据这样的综合区分，所谓"口语诗学"便涉及对象和自身的双重层面，也就是说，既考察关注口头诗歌和口传文化，同时又留意和比较其本身的呈现形态。因此至少在汉语的特定表述里，"口语诗学"可以说同时意指了"关于口语的诗学"和"以口语形式呈现的诗学"这样两层同样重要的含义，值得在对照联系中分别阐述。

---

① 杨通山等：《侗族民歌选》，上海文艺出版社1980年版，第30页。
② 杨权：《侗族民间文学史》，中央民族大学出版社1992年版。

比较诗学:"后文本"时代的新综合

在上述分析对照的基础上,以口传事象为根基的"诗学"同偏重文字书写的"文论"不但不对立,反倒能并存互补,各显神通了。由此引申,所谓"文本诗学",改过来称为"文论"——文章之论,似乎更为确切。二者各有所指,各有短长,不必攀比,不可互换。从今天的眼光看,需要回顾和深思的是:为何在漫长的演变过程中,后起的"文章之论"会逐渐排挤原初的"歌诗之学"?如今面对现代社会的"文本泛滥"——复制化、标准化及超量化等,复归"口语诗学"有无特别的意义?

在此不妨对汉语世界的文本化和经典化过程做一点简单反省。

《说文解字》和《文心雕龙》称得上汉语文献中的重要经典。前者对流传久远的汉文化载体——汉字进行了全面系统的阐释,把文人精英对文字的敬畏和利用,在充满想象、推测和发挥——并同样借助汉字的言说中,传达得淋漓尽致。后者以"文"为本,把"文"的地位几乎推到了至高无上的程度,曰:"文之为德大矣,与天地并生者何哉!"然后又说:"人文之元,肇自太极……言之文也,天地之心哉!"[①] 另有不断被文人引用发挥的"仓颉造字"传说,更是渲染文字一出,连天地鬼神都为之震动的神话[②]。凡此种种,无不对汉语诗学中的"文字中心"倾向起到了塑造和

[①] (南朝梁)刘勰著,王运熙、周锋译注:《文心文心雕龙译注》,上海古籍出版社2010年版,第1—2页。

[②] 陈其南:《文化的轨迹》,春风文艺出版社1987年版,第37页。

强化的作用。

不过对文字产生后的意义,也有另外一些不同的看法。同为现代文人,在提到"仓颉造字"传说时,朱自清就同时强调了事情的另外,认为"文字可以增进人的能力,也可以增进人的巧诈"。正因如此,"仓颉泄露了天机,却将人教坏了。所以他造字的时候,'天雨粟,鬼夜哭'"①。之所以能保持这样的见解,大概与朱自清本人兼有文人、学者和诗人的身份有关。这样的身份不但使他得以超越文字禁锢,而且还能够敞开心胸,热情地投入对歌谣事象的考察研究之中,并敢于开风气之先,把《中国歌谣》课程引入大学讲堂。②

与此同时,原本倾向"口语诗学"的一方,也正朝吸收、借鉴"文本诗学"的道路迈进。比如,由于受到汉语文本的强势影响,如今的少数民族口传文化考察研究者们也逐渐开始把原本口耳相传的民间诗学"话语"整理为理论形态的文献。也就是开始了口语诗学的经典化过程。又比如,当代的藏族作家阿来在早期一直坚守自己的"歌者"身份,表示注定"将成为忧郁的歌手",要在寂静中"为悲伤而歌,为幸福而哭",宣称"接近民歌就是接近灵魂",但后来开始转向,不但用汉字书写,而且成为汉语作家中的获奖代表。③

正如口语的意义不容忽略一样,文字的魅力也是难以拒绝的。彼此之间可望在独立互补的前提下相互靠拢,形成后文本时代的诗学综合。当然这一点也并非今人的发明,在古代关注歌谣的文人论

---

① 朱自清:《经典常谈》,辽宁教育出版社 2000 年版。
② 朱自清于 1929 年在清华大学开设中国歌谣课。其授课讲义于 1957 年出版。参见朱自清《中国歌谣·跋记》(浦江清撰文),作家出版社 1957 年版。
③ 徐新建:《比较诗学:谁是"中介者"》,《中国比较文学》2001 年第 4 期,第 15—29 页。

述里其实已有过相关论述。如为《古谣谚》作序的刘毓崧就说过，虽然以言语擅长的"歌谣"在注重文字的"风雅"之先，但"言语""文学"之科，实有相因而相济的可能。

但纵观目前的比较"语境"，最需要开展的，或许还是对"口语诗学"的回归。这种回归的意义，用美国学者弗里的话说，将能够促使长期沉浸于书写和文本中的人们"重新发现那最纵深也是最持久的人类表达之根"[1]。

结语　声音、符号和威权

让我们换一个角度，以人类学方式再加审视。

英国人类学家杰克·古迪（Jack Goody）在其名著《书写的权力》里指出：大约五千年前后，文字与书写的出现，正如农业的兴起一样，深刻改变了人类生活。其首次为口语提供了留存的机会，从而不仅使关于世界的知识得以发展和储存，同时也导致了凌驾于"纯口语"传统的权力。

在对非洲及当今世界许多不同社会加以长期考察比较后，杰克·古迪论证说，"书写"（writing）不但能在过去对社会的次群体如妇女、奴隶等产生控制，而且还帮助以往的帝国和现在的国家得以支配各自的"文盲附庸"（nonliterate counterparts）[2]。

---

[1] 弗里所强调的是"口头理论"。其著作 *The Theory of Oral Composition: History and Methodology* 在 2000 年译成中文时，"The Theory of Oral Composition" 本可以译作"口头史诗创作论"，但译者后来选用了"口头诗学"这样的称呼，同样体现出西方论在汉语经验中的转型、引申和再造。[美] 约翰·迈尔斯·弗里：《口头诗学：帕里－洛德理论》，朝戈金译，社会科学文献出版社 2000 年版，第 5 页。

[2] Jack Goody, *The Power of the Written Tradition*, Smithsonian: Institution Press, 2000.

总而言之,"诗学"的根本还在言说,在于人们口耳相传的言语行为。因而对诗的研究就主要关涉口语现象,需要了解和分析的是"听"与"说"问题。不过在今天,由于"文明"的长期浸染,较为迫切的需要乃是重新廓清言说与书写亦即诗学与文论等的关联和纠缠,还口头传统的本原地位。

正因如此,才需要关注"口语诗学"。

玉兔神话的原型解读

——文化符号学的 N 级编码视角

叶舒宪[①]

"嫦娥三号"与"玉兔号"月球车

2012年岁末,世人半信半疑地沉浸在世界末日神话所带来的疑惑与忧虑之中。古老的西方末日想象,通过当代流行全球的影片《后天》和《2012》的巨大传播作用,给信仰中的人们和没有信仰的人们同时带来灭顶之灾的恐惧心理。

一年过去了,时值2013年岁末,世界不但没有毁灭,而且也没有出现大的灾难。事实胜于雄辩,有关末世的一切预言都不攻自破。套用《三国演义》中诗句,可以说"青山依旧在,几度夕阳红"。不过取代西方末世神话,成为世人关注新热点的事件再度出现,那就是中国人的嫦娥奔月神话梦想场景的现代科技升级版之卓越表现。

2013年11月26日9时,中国国防科技工业局在北京举行新闻发布会,宣布中国人自主研发的第一辆登月行走的无人驾驶月球车

---

① 作者简介:叶舒宪,上海交通大学致远讲席教授、博士生导师。

即"嫦娥三号"月球车命名为"玉兔号"。随后,2013年12月2日凌晨,中国在西昌卫星发射中心成功将由着陆器和"玉兔号"月球车组成的"嫦娥三号"探测器送入太空轨道。2013年12月15日4时35分,地球上东半球的人们还在睡梦之中,"嫦娥三号"着陆器与巡视器分离,以"玉兔号"为美名的月球巡视器旁若无人地降落到月球的地面上。大约19个小时以后,即15日23时45分,"玉兔号"围绕"嫦娥三号"旋转拍照成功,并在瞬间向地球传回照片。2014年1月,"玉兔号"休整后再度展开探月工作……

这究竟是神话场景,还是现实场景?为什么现实场景会通过嫦娥、玉兔的名号被华夏子民们一厢情愿地表现为神话场景?

伴随着视频直播的嫦娥三号成功地在月球表面着陆,出现举国望明月——13亿人民观赏玉兔号的激动人心场面,辉映着2013年岁末至2014年岁初的日子。

一时间,玉兔这个古老的神话名字传播开来,通过网络传媒的爆炸性传播作用,转瞬间就享誉全球,随即成为中外各大媒体版面上的头条。

登月旅行,是人类自古以来的美妙幻想,各族人民的神话传说中充满丰富多彩的月宫想象,而华夏文明的神话世界,自先秦时代就将月亮与升天奔月的仙女嫦娥,以及嫦娥的两种重要动物化身——月蟾蜍与月兔紧密联系在一起。正是基于这一神话历史的事实,当今天国产的登月考察航天科技成就需要命名包装之际,嫦娥和玉兔两个充满神话幻想意味的古汉语特有名词就这样先后脱颖而出了。

月球车并不是中国人首创的。在我国的"玉兔号"之前,世界上发射并成功运行的月球车仅有屈指可数的五辆。其中两辆是无人

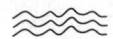

探测月球车，三辆是有人驾驶的月球车。两辆无人驾驶月球车是苏联在20世纪70年代发射的1号和2号。3辆有人驾驶的月球车是美国"阿波罗"15号、16号、17号月球车，其得名来自古希腊神话中的太阳神阿波罗。阿波罗拼命追求达芙妮，使之变为月桂树的神话故事在西方家喻户晓。中国玉兔神话的来龙去脉，则没有那么高的知名度。嫦娥三号上搭载的无人驾驶月球车，从开始研发到成功登陆月球，经历了大约十年时间。国内有多所高校及科研院所也研制了多个月球车的实验性样本，为月球车最终定型提供技术支持。2012年11月13日，"嫦娥三号"月球着陆器实物模型在珠海航展首次亮相。其所搭载的月球车征名活动，于2013年9月25日开始进行，在网络上一共收到有效投票344.52万余张，其中约有1/5的选票集中在一个名称上，那就是"玉兔"这个名字，共得票64.99万余张，排名第一，以毫无争议的压倒性优势通过最终评审，得以冠名。

从美国人用西方神话名称阿波罗命名其3辆月球车，到中国人用本土神话名称玉兔命名其最新的月球车，目前全世界代表人类登月壮举的6辆月球车中，居然有4辆采用了神话式命名。在中西神话名目对话与竞争的月球大舞台上，究竟谁的神话会最后胜出，现在还不宜贸然得出结论。仅从科技性能上看，"玉兔号"月球车确有后来居上的品性，它能否超越前五辆呢？

从技术性能上看，答案应是肯定的。月球车的学名叫"月面巡视探测器"，是专用于在月球表面行驶并完成科研探测和分析采样等任务的专用车辆。"玉兔号"月球车设计质量140千克，其动力要素是太阳能，能够耐受月球表面真空、强辐射、零下180摄氏度到零上150摄氏度极限温度等极端环境。月球车还具备20度爬坡、20厘米越障能力，并配备全景相机、红外成像光谱仪、测月雷达、粒子激发 X 射线谱仪等科学探测仪器。从机动性能看，"玉兔号"月球车可以依靠自主导航、选路线、上下坡、避障碍、走走停停、边走边"看"边拍摄，并把探测到的数据自动传回地球，帮助人类直接观察到 38 万千米外的月亮地形地貌。"玉兔号"月球车底部安装了一台测月雷达，可发射雷达波探测二三十米厚的月球土壤结构，还可以对月球地下一百米深处进行探测。从设计要求看，因为时间有限，迫使"玉兔号"月球车必须高效工作：依靠各种先进设备，对月表进行三维光学成像、红外光谱分析，开展月壤厚度和结构科学探测，对月表物质主要元素进行现场分析等。这些任务是古代九天揽月神话根本不曾想象到的。

和那只会在月宫中捣药的传统神话角色相比较，老玉兔被表现为一个敬业的药工形象，而如今的"玉兔号"显示出的科考功能，堪称迄今最先进的太空机器人。换言之，当代科技所达到的神奇能力，已经远远超越了古老神话。科技的无止境进步，正在成为人类今天的新神话。

为什么是"嫦娥"？

中国造的最新登月工具为什么一律采用众所周知的古老名称？答案很简单，这是文化的原型编码在发挥支配作用。每一文化的原型编码毫无疑问都来自古代神话传说。

中国多民族文化中大都保留着自古流传的月亮神话，其想象的境界和表现细节都不尽相同，但有一个基本的主题是大体一致的，那就是遵循二元对立的思维模式，将天空上两种突出的发光体——太阳和月亮分别视为宇宙间阳性力量和阴性力量的总代表或总象征，在此基础上将太阳神男性化，将月神女性化（也有少数相反的情况）。

汉文古籍中说帝俊之妻常羲生十二个月亮[①]；汉族民间认为日月是阴阳两气所化成；蒙古族认为月亮是梭罗树人的女儿；苗族神话认为日月是天神的两个眼睛，还有说是开天辟地的大神盘古的眼睛，苗族还有神话说是造明之神果楼生冷创造出日和月；白族神话说，一个人间的妇女把两张饼抛到天空，就成了日和月；彝族神话认为是巨人生出的日月，或认为是蜥蜴或鱼生育出日月；从神话思维的类比联想看，蜥蜴和鱼都是典型的外形变化类动物，和青蛙、蟾蜍、蛇、蝉、蚕等类似，足以和阴晴圆缺循环变化的月亮互为象征。珞巴族神话说是地母神生育出日月；普米族认为是两位祖先分别变成日月；傣族神话说是一对兄妹分别变成日月；裕固族认为是神珠变化成日月；佤族神话说太阳被射成两半后，一半为日，一半为月；柯尔克孜族认为冷神到天上变成月亮；毛南族神话说白熊变成月亮；怒族神话说白果子变成月亮；布依族神话说太阳变成月亮；独龙族神话说太阳的亡魂变成月亮；满族神话说镜子抛到空中变成月亮；土家族神话说火把升天变成月亮；京族、鄂伦春族都有太阳男和月亮女的信念；怒族和中国台湾先住民族都有日月为夫妻的信念。

有不少民族的神话讲述月亮上居住着特殊身份的女性。如柯尔克孜族的天体神话认为，月亮上有一个险恶的巫婆，每天想吃一个人间的生灵。月神为保护人间生灵，给巫婆一麻袋沙子，让她一粒

---

① 参见袁珂《山海经校注》，上海古籍出版社1980年版，第404页。

粒数清楚之后，才能下降人间。① 这样的月宫神话想象，比"寂寞嫦娥舒广袖"和"碧海青天夜夜心"的汉族月宫仙子景象，会显得更加奇崛和阴冷，多少带有魔法的色彩。

又如广泛流传于东北三江一带的赫哲族月亮神话说。相传，古时有一位受虐待的媳妇，称伯雅木奇格，每日赤脚担水，受尽婆母欺凌。某月明之夜，伯雅木奇格担水中对空哭诉，忽由月亮里伸出一束柳枝，她肩挑着桦皮桶，攀扶直上月宫，因得救助而成月神。②

从这一则赫哲族神话看，月中仙子依然是女性，而且是人间弱女子升天得救变成的。此月神神话充分体现父权制社会中处于底层的被压迫的女性之愿望和想象。汉族嫦娥神话叙事，从偷窃丈夫弃的不死药，独自升天奔月的情节看，嫦娥本来的身份也是人间女子，是不死药的神奇力量让她奔月成仙的。不死药究竟是什么药呢？玉兔所捣制的仙药，莫非就是嫦娥带入月宫的不死药之复制？

嫦娥与玉兔又是怎样发生关系的呢？有一则中原地区流传的神话是这样讲的：药奶奶，即嫦娥，今天在河南方城县流传的嫦娥，原为人间农家女，她每天帮父亲采药。因白兔相助，她把采来的药物给乡亲治病。有一天，白兔往她嘴里送了一枝花，她就飞到月宫去了。嫦娥从此在月中捣药。每年端午节，乡亲们去河边洗澡、采草药时，可以看见月中的药奶奶嫦娥。③

根据这个有趣的民间神话叙事，月宫中捣药的不是玉兔，而是被玉兔传授草药秘诀的嫦娥，还获得一个药奶奶的美名。不论是玉兔捣药还是嫦娥捣药，这不死仙药的配方成分如何呢？唐代的《西

---

① 参见《中国各民族宗教与神话大词典》，学苑出版社1993年版，第370页。
② 同上书，第311页。
③ 同上书，第281页。

阳杂俎·天咫》篇云：太和中，郑仁本表弟，与一位王秀才游嵩山，在一处幽寂的仙境中迷路，遇见一位酣睡状的奇人，这位奇人笑着对他们说："君知月乃七宝合成乎？月势如丸，其影，日烁其凸处也。常有八万二千户修之，予即一数。"说罢打开一个包袱，拿出玉屑饭两裹，授予二人，说："分食此，虽不足长生，可一生无疾耳。"说完就隐身不见了。① 从这个传奇故事看，月亮本身是七宝合成物，与之相关的仙丹仙药显现为"玉屑饭"的形式，这显然与玉石象征不死永生的神话观念密切相关。李白在诗中把月亮称作白玉盘，看来也不仅仅是诗人的修辞术。月亮作为夜间的发光体，在物理特性上与白玉有极其相似的一面，月宫中的兔子为玉兔，蟾蜍为玉蟾，嫦娥为玉女，建筑为琼楼玉宇，当然都是顺理成章的。根据这种类比逻辑，嫦娥可以视为美玉或白玉的某种女性人格化表现。而不死药则可表现为固体的玉屑饭，或液体的琼浆玉液之类。② 这和古希腊罗马神话关于野兔肉为春药，或者能够使不孕妇女怀孕的民间信仰形成对照。③ 其信仰的逻辑依据是，兔子是生育周期与月亮的圆缺周期具有一致性，都在二十九天左右。联系中国民间有关兔子望月而孕的传说，对永生不死药与生育药、春药之间的神话生命逻辑就能有所领悟吧。难怪汉字中意指生育和分娩行为的"娩"字，要采用"兔"字为结构要素。

更深入的分析表明，比野兔更加古老的神奇生命力象征动物是蚕和蛾一类。嫦娥本名姮娥。从女的"娥"字在音和义两方面都隐

----

① 参见袁珂、周明编《中国神话资料萃编》，四川社会科学院出版社1985年版，第237页。

② 参见叶舒宪《食玉神话解》，《中华饮食文化基金会通讯》（台北）2007年第13卷第2期；《食玉信仰与西部神话建构》，《寻根》2008年第4期。

③ Ariel Golan, *Prehistoric Religion. Mythology. Symbolism.* Jerusalem, 2003, p. 468.

喻着从虫的"蛾"字。蛾本是变形动物蚕所化。嫦娥因此又可视为蚕——蛾的人格化表现。在以下的探讨中可知，比玉兔和玉蟾出现更早的玉雕变形动物，其实正是玉蚕和玉蝉。依照"娥"与"蛾"的符号编码对应关系，玉蚕和玉蝉的人格化表现形式显然是"蝉娟"，另一个象征月亮的人名。①

为什么是"玉兔"?

据新华网记者韩元俊、底东娜的报道《网友贡献20万个名称，月球车终命名为"玉兔号"》②，2013年9月25日，在北京钓鱼台国宾馆，中国探月工程总设计师吴伟仁宣布，"邓老凉茶杯"嫦娥三号月球车全球征名活动正式启动！随着新华网的现场直播，以及其他媒体的报道，全球亿万华人对中国首辆软着陆月球车的关注也从四面八方汇聚而来。据统计，从9月25日征名活动启动开始至10月25日，新华网、腾讯网共收到名称方案19.31万件，剔除重复名称方案之后共有5.31万件，活动专题页面访问量超过2328万次，通过网络搜索得到的相关信息超过100万条。

10月26日，来自社会各界的14位评审委员分别从文化内涵、航天事业、民族特征、创意等角度进行评审，经过多轮投票，最终选出"玉兔号、探索号、揽月号、钱学森号、追梦号、寻梦号、追月号、梦

---

① 参见叶舒宪《庄子的文化解析》，湖北人民出版社1997年版，第十一章第三节"蚕与龙"、第四节"嫦娥奔月：变化哲学的形而下视角"；叶舒宪《嫦娥何以升月？》，《书城杂志》1994年第5期。

② 《网友贡献20万个名称，月球车终命名为"玉兔号"》，新华网，news.hexun.com/2013-11-26/160030546.html。

想号、使命号、前进号"十个名称进入为期一周的网友投票。从 10 月 27 日到 11 月 5 日，这十个入围名称接受了广大网友的投票。在十天的网上投票过程中，共计收到有效投票 3445248 张。其中，玉兔号得票 649956 张，排名第一；钱学森号得票 609631 张，排名第二；揽月号得票 526606 张，排名第三；寻梦号、前进号、探索号、追梦号、梦想号、追月号、使命号七个名称分别位列第四至第十。在 11 月 12 日举行的终评会上，专家又展开热烈讨论，通过评委评分与公众投票加权计算的方式评选出"玉兔号""揽月号""寻梦号"三个名称方案上报。最终获胜的还是神话性最突出的名称"玉兔号"。

从世界各民族神话的象征表现情况看，玉兔在象征月亮的各种变形动物中并不占据最显赫地位，相比之下，其他一些动物反而更具有优势。如比较宗教学家伊利亚德所指出，某些动物变成月亮的象征甚至月亮的"临在"，那是因为它们的形状或者它们的行为令人想到了月亮。蜗牛是如此，它在壳中钻进钻出；熊也是如此，它在仲冬时节消失，在春天又出现；青蛙也是如此，它膨胀身体，没入水中，又浮到水面上来；狗也是如此，因为在月亮上能够看到它，或者因为在某些神话里面它据说是人类的祖先；蛇也是如此，因为它时隐时现，而且它盘成许多圈，就像月亮许多寿命一样（这个神话也保留在希腊传说里面），或者因为它是"所有妇女的丈夫"，或者因为它蜕皮（这就是说，周期性地再生，"不死"，）等。蛇的象征多少有些令人困惑，但是所有象征都指向同样一个核心概念：它是不死的，因为它不断再生，因为它是一种月亮"力量"，同样可以赐予生殖、知识（即预言）甚至永生。[①]

---

① 参见［美］米尔恰·伊利亚德《神圣的存在：比较宗教的范型》，晏可佳等译，广西师范大学出版社 2008 年版，第 157 页。

玉兔神话的原型解读

对华夏神话传统而言，无论是蜗牛还是熊，都无法和玉兔、蟾蜍竞争月神象征者的地位。《太平御览》卷九○七引《博物志》云："儒者言月中兔。夫月，水也。兔在水中无不死者。夫兔，月气也。"《封氏闻见记》卷七云："月中有蟾蜍、玉兔并桂树，相传如此，自昔未有见之者。"神话意象和神话境界并不会因为没有人见过而受到普遍的怀疑。正因为千百年来中国人的月亮想象已经和玉兔结下不解之缘，所以它能够在当代的网络海选竞争中独占鳌头，获得月球车的荣耀命名权。

从图1、图2显示的云南玉溪地区民间纸马《月公公》图像刻画，以及图3显示的唐代铜镜画面等可知，在一轮圆月中，捣药的玉兔形象随着古老的礼月拜月习俗，自古就存活在千百万民众的信仰传承之中。

图1 云南潞西纸马《月宫》 　　图2 云南玉溪纸马《月公公》 　　图3 唐代铜镜上的月宫图像，嫦娥玉兔分列左右，桂树位于中央，蟾蜍在桂树下

玉兔神话原型考：从图像到文字

华夏文明的玉兔神话是如何起源的？其形象演变过程又是怎样的？本文希望从大传统的新视野求解这个问题。

· 65 ·

过去，研究玉兔神话的学者多数以文献资料为主，近年来也有学者开始关注图像资料，但是取材的视野大都限于汉代以后的图像资料，其制作年代和文献记录的神话素材大体相当，并无时代上的优先性。如有学者发现，从全国范围看，山东、江苏徐州、安徽、陕西、河南洛阳和南阳及湖南长沙等地的汉代画像石、壁画和帛画中，均有蟾、兔并列月中的画像。① 又如中国台湾学者刘惠萍《汉画像中的"玉兔捣药"——兼论神话传说的借用与复合现象》② 一文，以汉画像为取材资料，认为月宫中玉兔捣药之神话的产生可能在两汉时期。文中经由对汉画像中兔的两种形象的讨论：一种为画于月中，以代表月亮和阴，常作奔跑状的"月中兔"；另一种为常出现于西王母画像中的"捣药玉兔"。刘惠萍认为这两个原本应是属于不同系统，且功能和意义亦不同的两种图像。再如叶柏光《玉兔奔月话"祥符"——从一枚宋代"祥符元宝"背玉兔奔月花钱说开去》③，通过分析铜钱的图像，探讨宋代的相关神话观念。以上这些研究能够梳理月兔和玉兔神话在汉代以后的传承情况，却不足以解释其神话观念的由来和渊源。

国内的文学人类学研究一派在21世纪以来提出四重证据法的方法论，逐步扩大探索中国神话的材料范围，特别强调玉文化方面的考古发现新资料。

2013年12月出版的《文化符号学——大小传统新视野》一书将特定文化传统视为一种动态生成的文化文本，并以符号媒介为尺度，将文化文本再划分为前文字时代的大传统和文字书写的小传统，

---

① 参见牛天伟、金爱秀《汉画神灵图像考述》，河南大学出版社2009年版，第350—351页。
② 《中国俗文化研究》2008年第2期。
③ 《收藏界》2013年第5期。

将大传统的符号编码称为原型编码或一级编码,文字编码为二级编码,文字书写的早期经典为三级编码,后经典时代的一切写作均为N级编码。这样就可以将文化视为一个不断编码和再编码的历史过程,从中寻找到某些重要的符码规则。①

就华夏文明中的玉兔神话意象之符号编码而言,汉字"兔"和从兔的"娩"字等始见于商代甲骨文,均属二级编码。分析指代生育现象的"娩"字,兔字中潜含生命生殖象征的意蕴昭然若揭。②而一级编码的发生早于二级编码:指的是先于文字而发生的图像叙事资料,如商周两代不断出现的玉雕兔子形象的造型艺术传统,以及圆形或半圆形的月兔形象等。比玉兔形象出现更早的一级编码还应追溯到史前玉器:玉雕蝉或蚕的形象,玉雕鸮、鸟或蛙的形象等。其基本神话蕴含为生命力不死——在变形后动物的形体周期变化中体现出永恒性的活力。例如红山文化出土的玉蚕和玉蝉形象距今六千年。③良渚文化出土的玉蛙距今约五千年。三者作为月亮变化特征的象征动物,均大大早于玉兔的形象,由此构成从六千年前至三千年前的图像神话表现传统,是我们理解玉兔神话原型的大传统深厚资源。这一批视觉直观的神话素材多为近几十年的考古新发现,因而堪称前无古人。

---

① 参见叶舒宪等《文化符号学——大小传统新视野》,陕西师范大学出版社 2013 年版,导论及第一章。

② 尹荣方《神话求原》一书指出:古人对兔的怀孕生子情况相当关注,《说文解字》用"生子齐均"解释"娩"字的意义,说明古人对兔每月一孕的"齐均"特性早就有所了解。后来才慢慢产生了兔系于月的传说。参见尹荣方《神话求原》,上海古籍出版社 2003 年版,第 118 页。

③ 参见于建设主编《红山玉器》一书收录红山文化玉器中的玉蚕和玉蝉共 8 件,远方出版社 2004 年版,第 127—141 页图版;相关的研究参见孙守道《红山文化"玉蚕神"考》,《中国文物世界》1998 年第 11 期,第 42—45 页;王刚《浅谈红山文化玉蚕和祭祀》,《内蒙古文物考古》1998 年第 2 期,第 49—51 页。

本文的图 4 至图 8，展示的是商周两代出土的玉兔形象标本六件，其中商代四件、西周一件，至少都要比汉字文献中最早提到月中兔神话的屈原《天问》问世的战国时代早数百年之久。这就充分说明文献提到的月兔或玉兔都是远古月亮神话观念流传演变后的派生结果，并非其起源时期的原型观念。战国秦汉时代的书面神话叙事材料对于考察华夏神话之源是远远不够的，需要诉诸更早的非文字符号材料，特别是肖生的玉器形象。

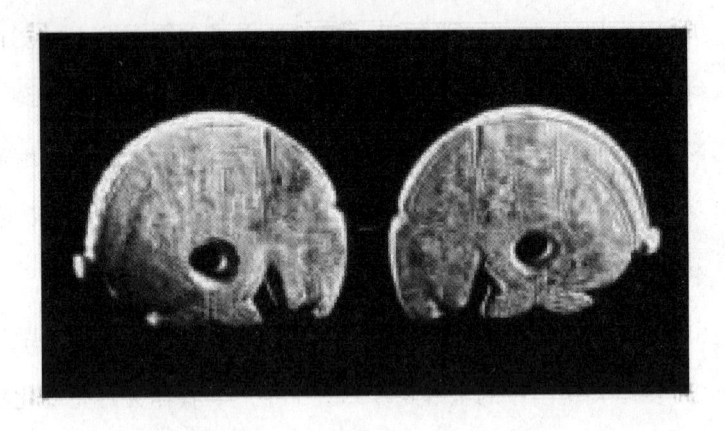

图 4　商代玉兔（河南安阳王裕口出土（《中国出土玉器全集》第 5 卷，第 55 页）

图 5　商代玉兔，河南安阳殷墟出土（《中国出土玉器全集》第 5 卷，第 57 页）

玉兔神话的原型解读

图 6　商代玉兔，山东滕州前掌大 31 号墓出土（《中国出土玉器全集》第 4 卷，第 146 页）

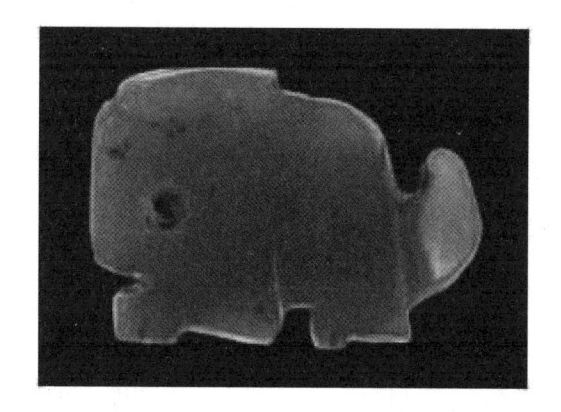

图 7　商代玉兔，山东滕州前掌大 219 号墓出土（《中国出土玉器全集》第 4 卷，第 60 页）

图 8　西周玉兔，宝鸡鱼国墓地出土（《鱼国玉器》，第 152 页）

台北故宫的玉器研究专家那志良所著《中国古玉图释》一书，举出海外各大博物馆收藏的中国商周两代玉兔标本八件，其中被称为"璜形"和"环形"的两件玉兔，[①] 分明是以兔身形象隐喻新月和满月的形象。据此看，那种推测兔系于月的观念是后起的观念的立论，还是值得商榷的。在这方面值得期待的是会有更多新材料的发现。

从玉文化的大传统源流情况看，红山文化先民想象的变形动物神话，以季节性周期变化的动物蚕和蝉为生命再生能力的象征，引申为生命不死的神力象征。采用同样象征永生不死和神明的玉材，雕琢出玉蚕、玉蝉的形象。良渚文化玉器中则有玉蛙（蟾蜍形象）出土，表明这种周期变形动物同样受到史前先民神话思维的关注。[②] 不过在商代之前的所有史前出土玉器中，迄今尚未看到玉兔形象。据现有资料判断，只能说是商代人的神话观念把传统的玉蚕、玉蝉的雕刻形象拓展到玉兔的形象。尤其是图 4 所示安阳出土圆形有缺的玉兔形状，明显在模拟月亮的形象，这表明在三千多年前的商代已经发展出月兔和玉兔的神话想象观念。

从图像叙事的一级编码到甲骨文汉字中的二级编码：以兔为编码符号的"娩"字，本义是指兔生子，引申指所有哺乳动物的生育，包括人类的生育。

玉兔文化文本的三级编码之例，以屈原《天问》"月光何德，死则又育？厥利为何，顾菟在腹"说为最早。屈原作品属于先秦诗歌典籍，在历时性的文化编码序列中位于三级编码的经典文献位置，

---

① 参见那志良《中国古玉图释》，（台北）南天书局有限公司1990年版，第439页图307。

② 参见叶舒宪《哈利·波特的猫头鹰与莫言的蛙》，《能源评论》2013年第2期。

对后世写作有重要的奠基性影响。汉代刘向《五经通义》云："月中有兔与蟾蜍何？月，阴也；蟾蜍，阳也，而与兔并，明阴系于阳也。"这是用流行的阴阳五行观念解释月兔与月中蟾蜍的并存理由，属于后代的文化再编码。晋代傅玄《拟天问》有"月中何有，白兔捣药"句，这些说法在文化文本的历史排序中，已经到后经典时代的 N 级编码了。《艺文类聚》卷一引傅玄《拟天问》云："月中何有，白兔捣药，兴福降祉。"①

月中玉兔能够恩赐人间福祉的功能一旦被文人点明，其在民间社会流行的精神动力也就和盘托出了。古代文人墨客习惯以兔指代月，在宋代之前的诗歌略引用六例如下，《乐府歌诗》："采取神药山之端，白兔捣成蛤蟆丸，奉上陛下一玉柈。"②《古诗十九首》之十七："三五明月满，四五蟾兔缺。"虞信《宫调曲》："金波来白兔，弱木下苍乌。"江总《内殿赋新诗》："兔影脉脉照金铺，虬水滴滴泻玉壶。"江总《赋得三五明月满诗》："三五兔辉成，浮阴冷复轻。"元稹《月诗》："西瞻若木兔轮低。"这些文学性描写一再将月亮及玉兔的描写，同金银或玉等发光物体形成对照。古人称呼月亮的别名，一直就有"玉兔""玉蟾""玉轮""玉钩""玉弓""明弓""兔轮""娥轮""镜轮""金轮""金波""银烛""银盘"等数十个。③凡此种种，皆可视为文化文本再造过程中的 N 级编码，至今依然在延续。要从中分辨出哪些来自一级编码，需要诉诸大传统的新知识。季羡林先生曾经从中印文化比较研究的视角，把屈原《天问》表现的月兔观念追溯到印度神话对华夏文明的影响。

---

① 袁珂、周明编：《中国神话资料萃编》，四川社会科学院出版社 1985 年版，第 236 页。
② 同上。
③ 参见厉荃《事物异名录》，岳麓书社 1991 年版，第 3—5 页。

笔者也曾撰文对此提出商榷。① 如今从文化符号编码与再编码的历史过程看，月兔与月蟾蜍的神话编码都不会早过月为玉的神话编码。玉石神话信仰作为华夏文明发生期的原型编码，实际上主宰或支配着后世的再编码。印度的"月天"神话，又称"月宫天子"：梵名旃旎陀罗或战陀罗（Candra）。在印度古神话中，此神有创夜神、莲花王、白马神、大白光神、冷光神、鹿形神、野兔形神等多种异名，其中各自包含动人的神话故事。佛本生故事对古神话加以改造，说释迦牟尼前生曾为兔，与猿、狐为友。帝释天为考验释迦牟尼，化作老者，向三兽乞食。猿献果，狐衔鱼，唯兔无所奉供，乃跃身入火，自己把自己烤熟了请帝释天吃。帝释天大受感动，遂将兔送入月轮，永享清福。据《阿毗昙论》说，月宫离地面四万由旬（一由旬约为帝王一日行军之路程，此宫团圆如鼓，厚五十由旬，广五十由旬，周围一百五十由旬）。殿堂为琉璃所筑，白银所覆，名曰旃檀，月天子居住其中。《法华意疏》等又称月天是大势至菩萨化身，与观世音同为阿弥陀佛胁侍。在汉化佛教寺院中，此天多呈青年天妃像，冠上嵌满月，月中踞兔。若作男像，则为白面中年帝王。②

由于印度的月宫神话想象之原型编码物质元素为琉璃和白银，不同于中国原型编码物质为玉，所以二者虽有近似或雷同之处，文化基因上的细微差异还是决定性的。换言之，月兔想象是中印神话共有的母题，玉兔和玉兔捣药（不死药）的想象则是中国玉文化的大传统要素铸就的。

---

① 参见季羡林《印度文学在中国》，《文学遗产》1980 年第 1 期；叶舒宪《月中兔，还是月中蟾》，《寻根》2001 年第 4 期。
② 参见《中国各民族宗教与神话大词典》，学苑出版社 1993 年版，第 210 页。

图9 陕西扶风出土西周玉组佩：玉兔、玉蝉、玉蚕（两个）、玉鸟、玉璜（引自《周原玉器萃编》，第87页）

结论 玉兔神话的华夏大传统基因

　　从比较神话学视角看，月兔神话是国际性的想象母题（见图10）[1]；玉兔及玉兔捣药神话则相对而言是民族性的想象母题，属于华夏文明特有的观念（见图11）。其原因在于中国文化文本的大传统原型编码作用，即玉石神话的基础性编码。早在八千年以前的中国东北地区先民，就已经把晶莹剔透的玉石加工制品视为体现天神之神性和不死性的物质符号。在把玩和佩戴作用下，玉石颜色和物理特性的与时俱进变化，被视为通神或通灵的变化能力，崇拜与艳

---

[1] Ariel Golan, *Prehistoric Religion. Mythology. Symbolism.* Jerusalem, 2003, pp. 467 - 468；[美] M. 艾瑟·哈婷：《月亮神话——女性的神话》，蒙子等译，上海文艺出版社1992年版。

羡的情感色彩由此而生。经过数千年的文化传播作用,玉石神话普及东亚各地,并且自然而然地和后起的月亮神话、变形动物神话相互交织组合,形成玉蝉、玉蚕的形象化雕刻传统,最终在三千多年前的商代催生出玉兔与月兔的类比想象,体现为商周以来的玉兔造型传统,直至元、明、清时代依然在延续其图像编码的惯性传承。

图 10 1. 南美洲阿兹特克文化的月兔神话形象;2. 印度的月兔神话形象

图 11 云南保山纸马《月亮》

文化记忆与身体表述

——嘉绒跳锅庄"右旋"模式的人类学阐释

李 菲[①]

社会记忆理论认为,共同体的集体记忆往往是通过纪念仪式和体化实践得以保持和延续的。[②] 尤其对于许多无文字族群来说,以身体本身为核心而展开的文化表述,即身体表述实践,传达和维系着有关他们过去的意象、知识和记忆,更具有无可替代的重要意义。

藏彝走廊中部以墨尔多神山为核心的大渡河上游流域,世代居住着古老的无文字族群 Rgyal-rong,即今天通常所称的"嘉绒藏族"或"嘉绒人"。[③] 在嘉绒腹地,即今四川省甘孜州丹巴县境内,民间仍较为完好地传承古老的"跳锅庄"传统。在笔者亲历过的许多民间仪式场景中,总能见到嘉绒人跳起古老的锅庄:在蓝天或星空之下,在"圆"的绕行之中,或逆时针,或顺时针,前后相继,

---

[①] 作者简介:李菲,四川大学文学与新闻学院副教授。
[②] 参见[美]保罗·康纳顿《社会如何记忆》,纳日毕力戈译,上海人民出版社 2000 年版,第 40 页。
[③] 新中国成立后,嘉绒被识别为"嘉绒藏族",属于藏族的一个支系。历史以来,嘉绒基本上是一个无文字族群,有自己的语言但没有自己的文字。后来虽深受藏文化影响,但藏文字主要由嘉绒上层和僧侣喇嘛所使用,在嘉绒民间并未通行。直至今日,嘉绒民间传统文化的表述系统主要还是以非文字表述为主。

联袂踏歌，似乎没有起点也没有终点。作为一种古老的"圈舞"形式，嘉绒跳锅庄在嘉绒人的身体中习得、实践和传承，铭刻着这一共同体所共享的集体记忆。以此为出发点，本文力图读解嘉绒跳锅庄"圈舞"图式及其旋转模式背后隐含的多重文化记忆，同时探寻嘉绒传统观念与身体表述实践在历史变迁中的某些轨迹。

右旋/左旋：跳锅庄的旋转模式

（一）嘉绒跳锅庄的旋转模式

按照嘉绒民间的说法，传统锅庄"不是跳来耍的"，通常在墨尔多转山会、藏历新年等宗教庆典，以及房屋竣工庆典、婚礼、成年礼等民间仪式性场合才能跳，并作为这些仪式整体的重要组成部分而存在。跳锅庄时，人们首先要在场地中央陈设以青稞咂酒、哈达、五色米等，并煨桑敬神。以此为中心，男女两队分别组成两个半圆弧形，再合为一个中间留有缺口的圆圈队形。在此仪式空间中，嘉绒跳锅庄有规定性的基本队列形式，即由男女两队组成的圆圈队形围绕中心做环绕式运动，从而形成了两种基本的动态旋转模式：从跳锅庄者身体的左手方向起步按顺时针方向旋转，称为"左旋"；从右手方向起步按逆时针方向旋转，称为"右旋"。在此两种基本旋转模式基础上有时又加以变化形成如"8"字穿插、多层同心圆或者"喜旋"图案。下图为两例图示。

在丹巴县境内，由于受历史上不同外来文化的影响，嘉绒人内部形成了以三大"地脚话"方言分区为基底的三种主要的传统锅庄类别，分别是：以嘉绒话为基底的嘉绒锅庄、以尔龚语为基底的革什杂锅庄、以藏语康方言为基底的二十四村锅庄。① 三种类型内部分别又可再划分为"大锅庄"和"小锅庄"。"大锅庄"保留了更为古老的内容,"小锅庄"则受外来因素影响较大。在这一分类结构的基础之上,"圈舞"图式的不同旋转方向进而表现为某种严格的地域群体性规定,并由此构成了区分嘉绒传统锅庄三种主要类型的标志性符号之一。

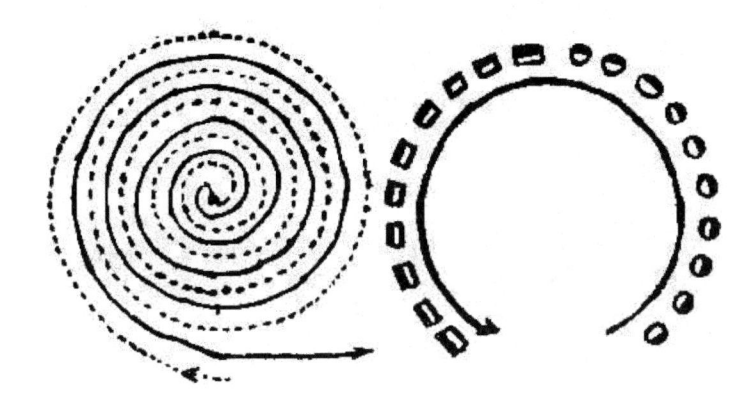

嘉绒传统锅庄"达勒嘎底"的旋转图式两例 ②

丹巴县嘉绒传统锅庄类别与旋转方向的区分

	嘉绒锅庄（代表）巴底锅庄"达尔嘎"	革什扎锅庄（代表）甲居锅庄"玛尼"	二十四村锅庄（代表）梭坡锅庄"卓"
大锅庄	逆时针	逆时针	逆时针
小锅庄	逆时针	顺时针	顺时针

---

① 关于丹巴嘉绒地区的方言与人群分类情况参见《丹巴县志》,民族出版社1996年版,第118—119页;林俊华《丹巴县语言文化资源调查》,《康定师专学报》2006年第5期,第2—3页。
② 参见阿坝州文化局集成编写组编《中国民族民间舞蹈集成·四川卷·阿坝藏族羌族自治州资料卷》,四川民族民间舞蹈集成阿坝藏族羌族自治州文化局1987年版,第44—45页。

在当地人的解释中，嘉绒本土信仰为苯教，藏传佛教在后来才传入嘉绒地区。二者在信仰仪轨的操演上存在差异：前者要求按逆时针方向执仪，而后者则要求按顺时针方向执仪。

墨尔多转山节期间按不同方向转塔子的嘉绒人

墨尔多庙正月初八跳嘉绒"达尔嘎底"大锅庄

因此，嘉绒锅庄、革什扎锅庄和二十四村锅庄中的"大锅庄"都遵循了古老的嘉绒苯教传统，按逆时针方向旋转。与此相应，嘉绒锅庄的"小锅庄"按逆时针旋转，而革什扎和二十四村地方的"小锅庄"按顺时针旋转则表明，在丹巴嘉绒人内部，前者保留了更多嘉绒传统，因而"更资格"；后两者则更多受到外来文化，尤其是康藏文化的影响。这是一种合理的解释，但却不一定是足够充分的解释。阐释人类学认为，仪式符号所蕴含的象征观念并不一定完全为当地信息提供者所具有；同时，人类学家对文化行为的阐释也并不因主位视角的缺失而宣告无效。因为在很大程度上，仪式参与者的关注点在于行为本身而不是行为背后的象征意义。[①]

（二）藏彝走廊"圈舞"旋转模式之比较

值得注意的是，"跳锅庄"作为一种汉语他称，在清以降的众多文献材料中也用于指代藏缅语族各族群中广泛存在的"圈舞"。若将嘉绒锅庄置于更为广阔的藏彝走廊背景之中，其旋转模式的族群和文化规定性将更为清晰地显现出来。

受藏传佛教的影响，藏族跳锅庄"果卓"通常按顺时针方向旋转。羌族跳锅庄"莎朗""席布蹴"只能按逆时针方向旋转，一种解释是羌民祭祀方向左为始祖，右为火神，故从左至右而行。[②] 笔者在凉山彝族地区的考察中了解到，彝族传统习俗认为日常行为的绕圈动作方向都要向"内"，即以右手动作为基准按逆时针方向绕动，

---

① 参见［英］菲奥纳·鲍伊《宗教人类学导论》，金泽、何其敏译，中国人民大学出版社2004年版，第178—179页。
② 参见阿坝州文化局集成编写组编《中国民族民间舞蹈集成·四川卷·阿坝藏族羌族自治州资料卷·四川卷》，四川民族民间舞蹈集成阿坝藏族羌族自治州文化局1987年版，第8页。

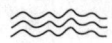

意味着好的、吉祥的都会向自己"转进来",而按顺时针方向绕动,即向"外"转,则好运和吉祥都会离开自己"转出去"了。凉山彝族传统的围圈歌舞也多为沿逆时针方向行进,如"谷追"始终沿着逆时针方向走圈歌舞,"得乐荷"也以逆时针方向行进为俗。普米锅庄"搓磋"的队形变化、舞步花样较多,队形有半圆圈、单圆圈、双圆圈,起舞者也是手拉手逆时针方向跳。① 宁蒗和泸沽湖摩梭锅庄"打跳(甲搓)"的动作也有挽手、交叉五指面向圆心随逆时针方向起步的特点。② 凉山州德昌县金沙乡居住着中国纬度最靠北的一支傈僳族。笔者在当地的调查中发现,傈僳族传统舞蹈大多按逆时针方向旋转。在对金沙江流域花傈僳舞蹈的研究中也有学者提出,苯教关于永恒不变的"万字"(雍仲)逆时针旋转的圆圈意识,似乎与圆圈舞有一种微妙的关系。③

通常而言,人类的每一种专门化行为总是包含两类基本要素,一类具有功能意义,另一类则仅仅表现为地方性习俗。相较之下,后者是一种"审美矫饰"(aesthetic frill),但恰恰正是这些以习俗为基础的"矫饰"为我们提供了理解他者文化的契机。因为尽管习俗的细节在起源上可能出于历史的偶然,但对某一共同体中的个人来说,这样的细节却是一些高度符号化的行为和表现,是该共同体文化传统实践中不可分割的一部分。④ 绕行不绝的圆形或环形,是跳锅

---

① 参见和树芳《普米锅庄"搓磋"》,《今日民族》2007年第7期,第34页。
② 参见萧梅《田野的回声——音乐人类学笔记》,厦门大学出版社2001年版,第194页。
③ 参见冯文俊《富有特色的花傈僳民间音乐舞蹈》,《民族民间音乐》2003年第4期,第52页。
④ 参见[英]埃德蒙·利奇《语言的人类学面面观:动物类别与言语滥用》,转引自[英]托马斯·科伦普《数字人类学》,郑元者译,中央编译出版社2007年版,第114—115页。

庄这一身体表述实践在时空中得以呈现的基本图式,可帮助参与者建立起他们的宇宙模型,同时也营造了共同体"凝聚"的氛围。在这一基本图式中,身体表述的动态特性使由众人围合而成的圆圈得以驱动,而不同群体对于不同旋转方向的规定则是一种典型的"审美矫饰"。作为文化承载者和实践者,嘉绒人在共同体法则的规定之中选择顺时针或逆时针,传达出了族群表述行为背后的特定历史记忆与基本文化语法。它们一方面作为传统知识加以传承,另一方面通过身体操演加以维系。

右旋:嘉绒文化记忆与身体表述

(一) 右/左的生物学与文化表述基础

在所有的族群和文化中,人的身体都是一种极为便利的象征符号,因为身体不仅是主、客观经验的连接点,同时既属于个体也属于社会。[①] 解剖学证实了人体的对称性特征,而这种生物学特征又为相关文化行为提供了表述基础。

1909年,赫兹在《右手优先:宗教极的研究》中考察了许多民族和文化中惯用右手的习俗。他将人的身体与自然和宗教仪轨联系起来,以太阳崇拜来解释右与左的区分,认为:

> 崇拜者在他的祈祷和仪式庆典中,会自然地朝向太阳(万物之源)升起的地方。……以面对这个方位为基准点,身体的不同

---

① 参见[英]菲奥纳·鲍伊《宗教人类学导论》,金泽、何其敏译,中国人民大学出版社2004年版,第46页。

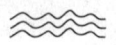

部位也指派为不同的方向……自然的景观，白天与黑夜、热与冷的对比，都使人认识到左与右的区别，并将二者对立起来。①

赫兹的研究引发了一系列对有关右与左符号分类形式的关注。研究者们在中国、西里伯斯岛、希腊等各处展开调查，试图探究右与左的二元分类形式作为思想与社会组织原始形式的基本原则与共同特征。②

这些研究指出，右与左是具有普遍意义的人体先天生物学结构特征；作为一种物理过程，身体向左或向右的运动趋势则是一种后天行为，在两个基本方向上并没有必然的设定，而人们选择及为何选择向右或向左则是更高一级的文化表述行为。笔者的田野调查显示，丹巴嘉绒跳锅庄的旋转模式包括右旋（逆时针旋转）和左旋（顺时针旋转），而以右旋为"正宗"。右旋正是嘉绒人历史形成的一种以身体本身为象征符号的核心族群表述语法。然而，由于象征的建构大多数并不具备普遍公认的意义，因此，还必须将"右"与"左"的结构性对立置于具体的地域性、族群性社会历史语境中，方能深入理解嘉绒锅庄"右旋"象征及其解释的独特性。

（二）嘉绒"右旋"的身体表述与文化记忆

作为一种特定的身体表述语法，右旋被嘉绒人视为"正宗"。它在嘉绒人的历史中形成也在此历史中不断得到解释，其背后沉淀着嘉绒人丰厚的历史文化记忆。因此，对嘉绒跳锅庄右旋模式

---

① Robert Hertz, "The Pre-eminence of the Right Hand: A Study of Religious Polarity", In Rodney Needham(ed.), *Right and Left: Essays of Dual Symbolic Classification*, translated by R. Needhan. Chicago and London: University of Chicago Press, 1973, p.20, 转引自［英］菲奥纳·鲍伊《宗教人类学导论》，金泽、何其敏译，中国人民大学出版社2004年版，第48页。

② 参见［英］罗德尼·尼达姆《〈原始分类〉英译本导言》，［法］爱弥儿·涂尔干、马塞尔·莫斯《原始分类》，汲喆译，上海人民出版社2000年版，第116页。

的象征阐释需要具备历史的向度和动态变迁的视角。哈拉尔德·韦尔策在对社会记忆实践的研究中指出，不论是人们对现实的感知、对意义的阐释还是行为方式中均存在普遍的"非同时性现象"，即指不同历史时代沉积下来的记忆材料并存于社会记忆实践之中。① 在对嘉绒跳锅庄右旋模式的解读中，我们同样不仅可以看到纵向的文化记忆沉积现象，还可以发现多族群文化记忆混杂的线索。

对嘉绒锅庄右旋象征表述的第一层次解读与嘉绒人古老的苯教信仰有关。在苯教符号系统中有众多的象征观念、图式和器物都体现出逆时针旋转的特征。

从原始自然崇拜来看，远古太阳崇拜与尚右观念有内在关联，人站在地球上观察太阳运转，即为逆时针右转。据考证，苯教的象征"雍仲"，即从原始自然崇拜中的太阳图案演变而来。西藏日土岩画中大量出现的"卐"或"卍"符号画即表示太阳及其光芒。象雄王朝时称此符号为"雍仲"。在象雄语中其最初为"太阳"，或"永恒的太阳"之意，后来又演变、引申为"固""永恒不变"之意。②

从宗教属性来看，象雄王朝奉行苯教，逆时针的右旋"卐"符号首先被苯教加以简化和定型，并用作自己的教派标志。同时，它还投射为早期苯教信仰的具体仪轨。在苯教的复杂祭祀文化中，

---

① 参见［德］哈拉尔德·韦尔策《社会记忆·代序》，《社会记忆：历史、记忆、传承》，季斌、王立君、白锡堃译，北京大学出版社2007年版，第9页。
② "雍仲"（"卍""卐"），藏语发音为 gyung-drung，梵语为 savstika，意为好运、福祉。在汉语中也称为"万"字符，万字符是人类文化中最古老、最常见的象征符号之一，在印度、中国、古希腊、美洲和欧洲等地文化中都有发现。今天它仍是苯教、佛教、耆那教、印度教广泛使用的宗教标记。参见［英］罗伯特·比尔《藏传佛教象征符号与器物图解》，向红笳译，中国藏学出版社2007年版，第104—105页。"雍仲"起源演变与意义的相关研究还参见尕藏才旦《史前社会与格萨尔时代》，甘肃民族出版社2001年版，第27—28页；格勒《藏族早期历史与文化》，商务印书馆2006年版，第410—411页等。

据说有 360 种祭礼、84000 种巫术和救度手段。这些仪轨分别由九类祭祀师"辛"承担，其中第六类辛专门负责弘扬雍仲苯（即"永恒持"），在执仪时严格按照从右向左逆时针运动以保持纯正的品行。① 直至今日，苯教信徒最重要的活动之一就是对神山进行逆时针绕行并沿途煨桑，由此可获得神的庇佑和加持。② 此外，这一符号在民间也逐渐成为避邪和吉祥如意的象征。比如，一则古老的神话《兄妹分财与祈神》中记载了早期的苯教婚俗，新郎新娘同坐在一块白色毡毯上，上面放着拼成"卐"字形的青稞粒，然后祭司和新人一道吟唱颂辞，以求吉祥。③ 丹巴嘉绒民间常可见到人们在房屋外侧墙壁画上巨大的"卐"标志，也为祈求家宅安康之意。

在某些苯教著作中，右旋图式还被认为是对天象的模仿，比如右旋雍仲被认为是与太阳的运转和北斗星座的逆时针旋转方向一致。此外，白色海螺是苯教仪轨中的常用法器，包括右旋海螺和左旋海螺。有着逆时针旋纹的右旋海螺在大自然中非常罕见，被认为具有非凡的神力，掌握在神灵的左手之中。④ 在象征意义上，右旋海螺与普通的左旋海螺形成了某种"反常"或"超常"与"常态"的对立关系，强烈地表达着神圣/世俗的区分与对立。

对右旋象征表述的第二层次解读涉及嘉绒人遥远的族源记忆，也反映出嘉绒在历史与现实中的族群互动关系。

1973 年，甘肃马家窑遗址出土了一件彩陶纹盆。盆内部口沿以下绘有三组五人一组连臂而舞的图案。三组舞人构成一圆圈，皆面

---

① 参见朶藏才旦《史前社会与格萨尔时代》，甘肃民族出版社 2001 年版，第 44 页。
② 参见赵萍、续文辉《简明西藏地方史》，民族出版社 2000 年版，第 23 页。
③ ［英］桑木旦·G. 噶尔梅《概述苯教的历史及教义》，收入［意］《喜马拉雅的人与神》，向红笳译，中国藏学出版社 2005 年版，第 155 页。
④ 参见［英］罗伯特·比尔《藏传佛教象征符号与器物图解》，向红笳译，中国藏学出版社 2007 年版，第 11—12 页。"右旋海螺"插图引自该书第 11 页。

文化记忆与身体表述

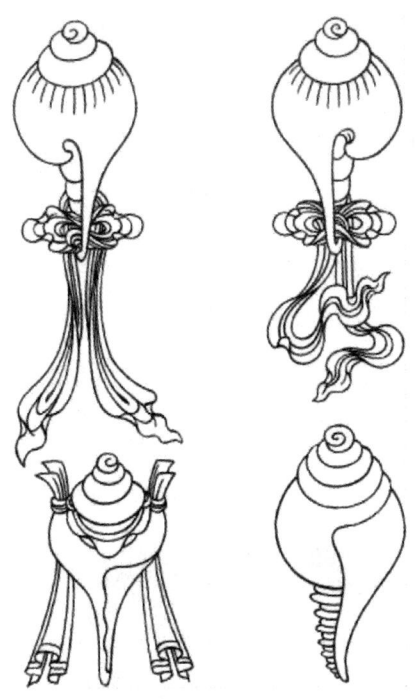

四种白色海螺：左旋海螺(左上)；
右旋海螺(右上)

右旋海螺（右上、左下）

向右前方，似沿逆时针方向跳圆圈舞。① 马家窑遗址是古羌人在黄河流域的重要文化遗存。此件出土实物被广泛征引，也多被用来证明圈舞起源的族源和历史。值得注意的是，藏彝走廊是古羌人南迁的重要孔道。根据格勒博士的观点，今天的嘉绒人正是古代藏族融合古羌人南迁途中散布于藏彝走廊中部的后裔——西山诸羌而形成。② 在今天西南藏缅语族各族群中，有着早期羌系族源的民族，如羌族等，大多仍然保留了逆时针旋转的古老传统。与这些人群一样，嘉绒

---

① 参见徐学书《嘉绒藏族"锅庄"与羌族"锅庄"关系初探》，《西藏艺术研究》1994年第3期，第15页。
② 参见格勒《藏族早期历史与文化》，商务印书馆2006年版，第307—355页。

· 85 ·

人在跳锅庄的右旋图式中保留了其古羌系族源的某些历史记忆。

与此同时，石硕从蒙默先生的观点出发，认为嘉绒族源主要存在另一个早期人群的重要影响，即汉代以降文献中频繁出现的活跃于横断山区的古"夷人"。① 据其考证，夷系民族的许多文化记忆都可见于今天的嘉绒民俗之中。比如，嘉绒人特别是嘉绒妇女的服饰与藏族区别很大，却与凉山彝族颇为相似，都以发辫缠头帕，下身着百褶裙，以及身披披毡。尤其是披毡，嘉绒语称为"阿戈"。披披毡的风俗在墨尔多神山周围区域保存得最为完好。而且与彝族不分男女老幼平时都披披毡不同，嘉绒妇女只在跳锅庄时才披。②

嘉绒妇女着传统盛装

---

① 参见《嘉绒族群：横断山区古代夷人之后裔》，石硕：《藏族族源与藏东古文明》，四川人民出版社 2001 年版，第 193—209 页；蒙默先生在《历史研究》1985 年第 1 期上发表《试论汉代西南民族中的"夷"与"羌"》，首次提出在汉代以来的西南地区，除氐系民族、羌系民族之外，还存在另一个民族体系——"夷系民族"。

② 参见石硕《藏族族源与藏东古文明》，四川人民出版社 2001 年版，第 210—213 页。

凉山布拖火把节彝族妇女盛装跳"得乐荷"

在保罗·康纳顿看来，纪念仪式和身体实践是有关过去的意象和记忆知识的至关重要的传授行为。① 跳锅庄正是以身体本身作为无文字族群嘉绒历史记忆和文化表述的重要手段，因而对保存其夷系族源记忆具有特殊意义。同样，许多有着夷系族源的民族，包括今天藏缅语族彝语支中的彝族、纳西族、拉祜族和哈尼族等，② 大多有尚右的习俗。如彝族以逆时针为"转进来"，对主人家吉利，以顺时针为"转出去"，对主人家不吉，跳锅庄也按逆时针方向旋转。由此可见，嘉绒跳锅庄的右旋图式中也沉淀着其夷系族源的文化印记。

从嘉绒族源的总体构成来看，古羌系民族、夷系民族构成了嘉绒族源的主要基底，而吐蕃或者说藏族则是相对较晚的族群来源。不同的族源记忆和文化记忆"非同时性"地沉积在嘉绒传统观念之

---

① 参见［美］保罗·康纳顿《社会如何记忆》，纳日毕力戈译，上海人民出版社2000年版，第40页。

② 参见石硕《藏族族源与藏东古文明》，四川人民出版社2001年版，第159页。

中，却又"同时性"地显现在嘉绒传统观念的表述实践之中，表现为"右旋"与"左旋"在外在形式上的结构性区分。由此，我们可以在更深层次上理解丹巴嘉绒人为何以"右旋"为本土的传统和"正宗"，而以"左旋"为外来影响的表现。

此外，在嘉绒多族源背景的基础上，藏彝走廊历史和现实中密切的族群文化互动也对嘉绒文化的身体表述规则产生着影响。在本区域内除藏族之外，居于岷江上游及岷江与大渡河上游流域之间的羌族与嘉绒人的关系最为密切。今天流行于阿坝和甘孜两州范围内的嘉绒锅庄与羌族锅庄由此表现出许多一致的风格特征。在许多场合下，二者还会被合称为"藏羌锅庄"。①嘉绒锅庄与羌族锅庄相同，均按逆时针方向右行舞，而不是以藏族锅庄的跳法按顺时针方向行舞。

总之，从历史的动态维度来看，"右旋"作为无文字族群嘉绒的一种身体象征，表述符号具有相应的符号能指和所指。能指，即右旋图式的符号性外显；所指，即其背后所指涉的意义和观念。根据列维－斯特劳斯所谓象征符号的"不稳定指示"特性，往往符号的能指和所指在社会变迁中的变化速度和程度并不一致，相对而言，后者的变化要比前者的变化大得多。②在丹巴嘉绒人的传统中，右旋图式是一种基本被固定化的符号能指，辐射到从观念到实践的各个领域和层面，其背后所表述的符号所指却不是某种单一、恒定不变的意义指向。其中涵盖了嘉绒人在历史进程中从原始自然崇拜到苯教信仰再到民俗观念的多重象征意义，同时还揭示出走廊族群普遍具有的多元族源背景，烙下嘉绒在吐蕃族源之外更为古老的羌系和

---

① 参见庄春辉《"藏羌锅庄"是阿坝的一张文化名片》，《西藏艺术研究》2005年第2期，第6—14页。

② 参见彭兆荣《人类学仪式的理论与实践》，民族出版社2007年版，第24页。

夷系族源文化记忆。作为一种身体表述实践，丹巴嘉绒跳锅庄也在"右旋"的符号象征中获得了自己的内在规定性。

文化记忆、族群表述与认同再造

哈布瓦赫于1925年首次提出"集体记忆"理论，指出记忆具有公众性、集体性，同时强调集体记忆在本质上是立足于现在而对过去的一种重构。[①] 后来扬·阿斯曼以此为基础提出"文化记忆"概念，指出文化记忆呈现为"涉及过去的知识"的多种表述形态，并与群体认同直接相关。[②] 在对人类记忆问题日益深入的研究中，一个共同的关注点日益凸显出来，即考察社会群体如何选择、组织、重述"过去"，借助各种媒介（文字、歌舞、定期仪式、口述或文物）来创造群体的共同传统，诠释群体的本质及维系群体的凝聚。[③] 换言之，作为"过去"的一种显现方式，"文化记忆"是一种公众性、建构性的文化资源。它具有整合和认同的社会机能，但同时又必须以另一个社会机能——族群表述为基础。[④]

在嘉绒跳锅庄的案例当中，嘉绒文化记忆的沉积在历史演进的纵向轴和族群互动的横向轴中展开，而共同体对文化记忆的唤起和表述则在具体的社会情境中依赖于实践的逻辑。无论是右旋作为身

[①] 参见莫里斯·哈布瓦赫《论集体记忆》，毕然、郭金华译，上海人民出版社2002年版。

[②] 参见［德］扬·阿斯曼《集体记忆与文化认同》，转引自［德］哈拉尔德·韦尔策《社会记忆·代序》，《社会记忆：历史、记忆、传承》，季斌、王立君、白锡堃译，北京大学出版社2007年版，第5—6页。

[③] 参见王明珂《华夏边缘——历史记忆与族群认同》，社会科学文献出版社2006年版，第28、47页。

[④] 参见彭兆荣《人类学仪式的理论与实践》，民族出版社2007年版，第245页。

体表述本身所具有的多重含义，还是围绕这一表述展开的"再表述"，即嘉绒人在特定社会情境中对右旋的策略性解释和运用，都使嘉绒文化记忆的选择、组织与重述过程变得更为复杂。

（一）表述的选择与对抗

今天嘉绒传统锅庄以右旋为"正宗"的身体表述规则和意义已经在嘉绒人的内部解释中达成共识。而这一"共识"恰恰是围绕共同体文化记忆所展开的表述选择与表述对抗的结果。

嘉绒跳锅庄右旋图式背后投射的是逆时针雍仲苯，而逆时针与顺时针雍仲二者之间的结构性对立是后来才约定俗成的。日土岩画中最早的太阳崇拜符号是雍仲的原型，其中两种旋转方向都有。有学者认为，在"雍仲"符号尚未规范化之前，可能有各种不同的形式，包括不同的旋转方向。① 苯教学者阿旺嘉遥样杰贝罗哲的著作《德尼朗艾》中也说，早期苯、佛二教的雍仲均有两种转法。② 意大利学者图齐也考证过苯教和佛教均有左旋和右旋两种运动方向，如在某些苯教仪轨中，右旋仅由男人专用，因而称为"阳旋"；左旋属于女子，因而称为"阴旋"。③ 在此，旋转方向是作为性别区分依据而作用的。他指出，苯教徒在较晚时期占据了右旋运动，方使逆时针方向的反复运动成为苯教的典型准则之一。④ 佛教从印度进入藏地后，与本土苯教发生了激烈的冲突与对抗。在此过程中，苯教通过对符号表征和意义进行区分和选择，形成了与佛教的结构性对立，

---

① 参见尕藏才旦《史前社会与格萨尔时代》，甘肃民族出版社2001年版，第27—28页。
② 参见刘志群《西藏祭祀艺术》，河北教育出版社2000年版，第122—123页。
③ 参见《意乐欲梵音·南赡部洲冈底斯雪山志》，转引自［意］图齐《西藏宗教之旅》，耿昇译，王尧校订，中国藏学出版社1999年版，第358页。
④ 参见［意］图齐《西藏宗教之旅》，耿昇译，王尧校订，中国藏学出版社1999年版，第357页。

也使信仰苯教的嘉绒人选择性地形成了对右旋表述法则的文化记忆和内部解释。

(二) 表述的强化与削弱

文化记忆通过共同体成员的表述实践得以维系和传承。而共同体的每一代人或者共同体中不同的个体可以不断从新获得的文化记忆出发，在具体社会语境中或佐证、强化，或削弱过去文化记忆的有效性。

三布多吉是丹巴县梭坡乡宋达村的锅庄师傅，也是方圆百里最有声望的民间苯教"阿外"①。在访谈中，他自豪地告诉我，嘉绒传统锅庄按雍仲苯的规定从逆时针方向旋转与地球自转的方向一致，而苯教在几千年前就已经发现了这一点，是很了不起的。三布在新中国成立后接受过几年学校教育。他说，在学校里他学到了关于地球逆时针自转的地理知识，既然科学知识都印证了苯教教义是正确的，这就不仅证明了苯教符合宇宙的原则，而且可以证明苯教比佛教更高明。在另一次交谈中他告诉我，苯教有一万八千年历史，佛教的历史才三千多年。苯教祖师那辛仲巴朗卡的儿子将苯教改为佛教，不但佛教的很多经文都是照抄苯教经文的，而且藏传佛教按顺时针转也是从苯教的规矩改过去的。② 宋达村所在的二十四村一带是

---

① 由于嘉绒各地方言存在差异，对民间苯教执仪者的称呼也不同，在巴塘、得荣一带称为"更布"，在甘孜一带称为"阿尼"，九龙及康定的营官和沙德一带称为"阿乌公巴"，丹巴、道孚则称为"奥外""更巴"，康定鱼通一带则称为"公嘛"；参见杨嘉铭等著《甘孜藏族自治州民族志》，当代中国出版社1994年版，第107页；林俊华《苯教，一个古老宗教在康区的历程》，《西藏旅游》2002年第4期，第80页。

② 如《五部遗教》中说："江河之源在雪山，正法之源在苯教，应机化众善巧行，为使满足王与僧，传译苯教补佛义。经论咒语诸本典，只译词汇不改义，翻译胜义无败笔，是故顺愉入宗门。苯教《心部大经论》，译成佛叫《意授记》，苯教经典《八大界》，译成佛叫《八百千》……"参见郭哇·格西旦增朱扎法《大乘觉悟道雍仲苯教常识》，民族出版社1999年版，第252页。

丹巴境内受藏传佛教和康巴文化影响最深的地方，这种看法强化了三布师傅对嘉绒本土苯教信仰的自豪感，并在相当程度上支持了他在当地作为"苯教阿外"的身份合法性和执仪的有效性。

（三）表述的挪用与改造

此外，人们还会从现实情境的具体需要出发，对符号象征背后的文化记忆进行挪用或改造，以形成新的意义表述，建立或调整认同边界。

在清乾隆年间大小金川之战以前，苯教在嘉绒地区与藏传佛教东进势力进行了长时间对峙，一直在本地区占据着绝对优势。嘉绒人对右旋雍仲苯转向的感知和实践也相当牢固。今天，大多数嘉绒人认为，藏族人（泛指其他藏族）跳锅庄按顺时针方向旋转，嘉绒人跳锅庄按逆时针方向旋转。也有人认为，跳锅庄时苯教徒逆时针舞动，佛教徒顺时针舞动。[1]但在笔者的田野经验中，这些看法显然都不够全面。如前文所述，丹巴嘉绒人不论信仰苯教还是藏传佛教的某个教派，在跳锅庄时均会遵循各地的传统。如巴底地方的某人，即便信奉藏传佛教，但跳大小锅庄均只能按当地的规矩沿逆时针方向旋转；同样，二十四村信仰苯教的村民跳受康巴弦子影响而形成的小锅庄"弦子锅庄"，也只能按顺时针方向旋转。由此可见，虽然在嘉绒藏族与其他藏族（尤其指西面近邻的康巴藏族）之间，人群共同体差异与宗教差异并存，而且人群共同体的区分在历史逻辑上要先于宗教的差异，只是这两种差异在不同的社会背景会得到不同的表述。

---

[1] 参见庄春辉《"藏羌锅庄"是阿坝的一张文化名片》，《西藏艺术研究》2005年第2期，第8页。

新中国成立之初，嘉绒人被识别为藏族。之后相当长一段时期内，与人群共同体差异相关的文化记忆被弱化和遮盖，而民族国家框架中藏族的统一民族身份得以凸显。在此前提下，右旋与左旋被主要解释为藏族内部不同宗教信仰人群之间的差异。自20世纪80年代末以来，民族民间传统文化在全中国范围内逐渐复兴，这一解释也开始发生改变。从1990年前后开始，各种独具嘉绒特色的文化传统，包括仪式、节日、民俗等重新在城镇乡村得到广泛重视；与此同时，在从日常生活到官方话语的各个层面，嘉绒人开始逐渐强化嘉绒文化之于藏文化的独特性。丹巴县历年来举办过多届"嘉绒风情节"。不论是举行"嘉绒之鹰""嘉绒之花"的选美活动，还是组织盛大的嘉绒风情展演，主要宗旨都在于凸显"嘉绒藏族"与其他地区藏族不同的民俗风情特色，以期在藏族风情旅游的客源市场中分割一席之地。因而，当调查中人们告诉我，嘉绒人跳锅庄与藏族不同，藏族按顺时针方向左旋，而嘉绒人按逆时针方向右旋（似乎忘了自己也跳左旋锅庄），也就不足为奇了。嘉绒族群意识的复兴与中国少数民族地区的现代化进程密不可分。在此过程中，文化传统和共同体记忆开始作为文化资本参与到族群与地区间的竞争当中。从这一现实情境出发，右旋作为苯教与佛教的传统区别性标识，在今天更主要被挪用、改造来解释"嘉绒人"与"藏族"之间的族群文化差异，从而在新的资源竞争背景下重新调整嘉绒的内部与外部认同边界。①

---

① 参见王明珂《华夏边缘——历史记忆与族群认同》，社会科学文献出版社2006年版，第4、18—20、249页。

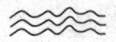

余 论

共同体总是通过多种方式来传承他们的集体记忆，无文字族群更注重以身体本身来进行文化表述，以人体对姿势的记忆、操演来加以铭刻，将"自我感"融入每个个体的血液和骨肉中。通过上文对嘉绒锅庄右旋象征表述的多向度解读可以看到，每一代嘉绒人文化记忆的形塑过程背后都充斥着强烈的实践动力，每一种符号象征在不同的实践情境中都可能被改写成新的共同体认同。右旋表述的意义指向并非单一明确，也并非一团乱麻。其中各个部分在何种语境中产生，又在何种语境中被推向意义阐释的前台，取决于共同体维系传统并应对社会历史变迁的根本诉求。

汉、壮文化的交融与疏离
——"歌圩"命名再思考

梁 昭[①]

"歌圩"作为指称壮族民间歌唱风俗的词汇,最早出现在清代的文献里;经过两百年来的沿用,尤其是 20 世纪 80 年代以来经壮学学界的有意选择,该词汇已成为对壮族歌唱文化的典型概括。近年来,这个命名更是与广西开展的新一波民歌活动相联系。无论是大众媒体还是学界研究,都把"歌圩"视为"南宁国际民歌艺术节"的"原型";[②] 还把它作为"布洛陀文化""嘹歌"歌俗的主要传承

[①] 作者简介:梁昭,四川大学文学与新闻学院副教授。
[②] "南宁国际民歌艺术节"网站介绍"民歌节的由来",提到广西的民歌基础反映在以下方面:"广西素有'歌海'之誉,是壮族歌仙刘三姐的故乡,广西各族人民一向有爱唱民歌的习俗。""农历的三月三是壮族传统的歌圩。"(http://www.flyingsong.com)学界关于"歌圩"和"南宁国际民歌艺术节"的文章,参见张利群《民间文化现代阐释的审美人类学指向——对民歌及其歌节意义的解读》,尹庆红《从南宁国际民歌艺术节看当代民族艺术的发展》,王杰、海力波《审美研究的人类学转向与人文学科的文化实践——〈寻找母亲的仪式〉代序》,王杰主编《寻找母亲的仪式——南宁国际民歌艺术节的审美人类学考察》,广西师范大学出版社 2004 年版。

场所①。由此，为大众描绘出关于"歌圩"深植广西历史、遍布壮族地区，并且从传统形态演化为现代形态的完整图景。

正当"歌圩"被广泛运用时，一些年轻的学者结合自身的研究实例，对此提出质疑。如罗远玲认为"歌圩"研究者以"他者"视角"拉开了歌圩与民众之间的距离"，"造成了'我者'的缺席"。②陆晓芹进一步指出这个来自汉族文人的命名"具有先在的遮蔽性"，"以往的研究多把其作为研究原点，导致了'歌圩'之名与实际存在的民间传统之间互相疏离的现象"，因此，陆文希望重新挖掘被"歌圩"遮蔽的"民间表述和地方性知识体系"，"寻找一条通向民间文化传统的有效途径"。③ 这些批评的视点奠基于人类学以"参与观察"为途径而确定的"主位"阐释方法论，力图适当抑制越来越响亮的"歌圩"命名，释放出以往被掩盖的地方性的声音。

可以想见，随着"地方性知识"越来越多地运用、年轻一代学人日益丰富的积累，重新勾画地方歌唱传统的主张，与继续广泛而迅捷地沿用"歌圩"的主张，将展开越来越有趣的对话。

事实上，"歌圩"研究应当从两个方面展开。其一是对"歌圩"及类似的外来记录、命名、研究加以分析，廓清这种知识生产类型

---

① "布洛陀文化"与"嘹歌"是近年壮学口头文化研究的热点。《广西民族研究》2003—2006年发表了以"布洛陀"为题的系列文章13篇，2005年连续发表以"嘹歌"为题的文章8篇。2006年4月8日，"新华网广西频道"在报道田阳县"布洛陀旅游文化节"时，以"中国最大的歌圩"来形容"广西百色市田阳县敢壮山布洛陀文化遗址"（http://www.gx.xinhuanet.com）。关于"嘹歌"传承与歌圩的关系，参见郑超雄《壮族〈嘹歌〉的起源及其发展的社会历史条件》，《广西民族研究》2005年第1期；覃乃昌《壮族〈嘹歌〉的传承与传播研究——壮族〈嘹歌〉文化研究之七》，《广西民族研究》2005年第4期。

② 参见罗远玲《审美人类学主客位视野中的壮族歌圩及其文化符号意义》，王杰主编《寻找母亲的仪式——南宁国际民歌艺术节的审美人类学考察》，广西师范大学出版社2004年版。

③ 陆晓芹：《"歌圩"是什么——文人学者视野中的"歌圩"概念与民间表述》，《广西民族研究》2005年第4期，第72—81页。

背后的文化背景和社会动机；其二是对"歌圩"所指向的口头文化事象——"歌"与"歌俗"的关注。据徐新建先生的相关论述，这种关注应当透过诸如"歌圩"等外来知识言述的表层，力求描述自在、自为的民间"歌唱"本身。①

因此对"歌圩"的再思考、再研究值得长期、分步骤地进行。本文处理的乃是第一项内容。而即便是对"歌圩"命名的反思，也应当建立在对"歌"和"圩"这两种岭南特定事象的深入辨析之上。限于篇幅，本文着重从对"圩"的考辨角度来检讨"歌圩"命名的历史②——正如后文论述的，这个角度也是学界阐释"歌圩"的关切点。笔者将通过对相关文献的梳理，说明由"歌"与"圩"结合而成的"歌圩"，在学界的运用中具体含义为何，它是如何建构起关于壮族歌唱习俗的统一论述，并持续不断地成为"新民歌运动"的"原型参照"。

"歌圩"溯源

关于岭南歌俗，以宋代以来的笔记、地方志记录为盛。按潘其旭、罗远玲、陆晓芹等的整理，这些典籍对岭南歌俗的称谓有十余种。其中有的称谓体现了当地壮语对"歌"的说法，如"浪花歌"（邝露《赤雅》）、"唱欢"（民国二十九年《柳城县志》）；更多地侧

---

① 参见徐新建自1998年起发表的以"侗歌"为例讨论歌谣研究的系列文章：《侗族大歌："本文"与"文本"的相关与背离》，《文艺报》1998年3月7日；《"侗歌研究"五十年——从文学到音乐到民俗》，《民族艺术》2001年第2、3期；《无字传承"歌"与"唱"：关于侗歌的音乐人类学研究》，《民族艺术研究》2006年第1期，第61—70页。
② 笔者结合正在进行中的博士论文，选取广西北部的某个田野点，进行唱"欢"及当地"歌圩"的研究。对"歌圩"之"歌"的辨析有待结合田野调查另文论述。

重描述唱歌之风俗，如，"送老"（周去非《岭外代答》）、"飞驰"（周去非《岭外代答》）、"跳月圩"（赵翼《镇安土风》）、"赶季"（《河池县志》）、"放浪"（桂平县志）、"墟会"（刘锡蕃《岭表纪蛮》）、"风流墟"（刘锡蕃《岭表纪蛮》）等。

"歌圩"的命名，最早一般上溯到清代道光年间诗人黎申产的诗。他在描写广西龙州歌唱风俗的诗中写道："岁岁歌圩四月中，欢聚白叟与黄童。"诗人另一首诗写道："趁圩相约去歌坡，籴米归来女伴多。踯躅吮风残照里，牧童浴路唱山歌。"[1] 从这两首诗，可见每年四月举行的歌唱风俗称为"歌圩"，此外还有一种歌唱风俗是在圩日当天"赶圩唱歌"的情景，但诗歌并未明确称此为"歌圩"。

编纂于清朝光绪年间的《广西省镇安府志》描述的"歌圩"为："……惟歌圩之风尚沿苗人跳月踏摇之俗，虽严行禁止，未能尽革。插秧获稻时，男女互相歌唱，情意欢洽，旋市果饵送女家。"[2] 这里说"歌圩"沿自苗人跳月踏摇之俗当存疑，只能说明在记录者眼中两种风俗相近，而且可能他了解"苗人"及其"跳月踏摇"更早。此处的"歌圩"是发生于"插秧获稻"时的男女对唱情歌。

民国时期，更多的地方志采用了"歌圩"的名称，描述也更为详尽。如：

> 每年春间，值各乡村歌圩期，青年男女，结队联群，趋之若鹜，或聚合于山冈旷野，或麇集于村边，彼此唱山歌为乐，其歌类多男女相谑之词。——《上思县志》（1921 年）[3]

---

[1] 转引自欧阳若修等《壮族文学史》，广西人民出版社 1986 年版，第 241 页。
[2] （清）羊复礼修，梁年等纂：《广西省镇安府志》，成文出版社 1967 年版，清光绪十八年刊本影印。
[3] 转引自欧阳若修《壮族文学史》，广西人民出版社 1986 年版，第 242 页。

> 四月间，乡村男女指地为场，赛歌为戏，名曰"歌圩"。——《龙州县志》（1936年）①

> 沿边一带风俗，最含有人生意义的，则为歌圩。歌圩在春忙前的农暇时候举行，其日子各地各不相同，今日为甲地歌圩，明日为乙地歌圩，以轮尽各村为止。——《广西边防纪要》（1940年）②

这些记录也说明"歌圩（墟）"集中在春季，地点为"山冈旷野""村边"或者某个特定场所。至于为何称此种歌唱风俗为"歌圩"，从《龙州县志》看，似乎来自当地人的自称，即桂西和桂西南的土语方言。刘锡蕃在《岭表纪蛮》中进一步解释"歌墟"的"墟会"：

> 墟会有节会、常会两种，节会即以岁节之日行之，常会则不拘节期，凡农隙之日，每值墟期，即会歌聚饮于此。其闹热虽次于坡会，然三日五日一墟期，到者常达数千人，亦殊有可观。此等歌墟，在镇南田南两道之地，为数尤多。……（农忙之时，亦有定期墟会者；如养利、凭祥、扶南、崇善等邑，则以三四月行之，镇结、龙茗等邑，则以三月四五月五七月十六七行之）。③

从中我们看到，"墟会"一者与节日有关，二者和称为"墟"的集市有关；农忙时还有定期的歌墟墟会。此外，《岭表纪蛮》还记

---

① 转引自潘其旭《壮族歌圩研究》，广西人民出版社1991年版，第42页。
② 同上书，第46—47页。
③ 刘锡蕃：《岭表纪蛮》，南天书局1987年版（根据1934年上海发行版影印），第178页。

载了一年一度或两三年一度的歌俗，称为"坡会"。这与前引清代黎申产的诗中提到的四月"歌圩""趁圩唱歌"两种歌俗形态似有相似之处。

则"歌圩"在清代和民国阶段的文献里有两种含义：一是以歌为圩——节期或农暇时男女群集聚会作歌，是为"歌圩"；二是圩日会歌——赶圩之后群集会歌。文献中以第一种用法为多。这种来自桂西和桂西南自称的歌俗汉译——"歌圩"——看来就成为后来学界对壮族歌俗的统称。

然而，一个有趣的问题是，"圩（墟）"的意思究竟为何？"歌圩（墟）"之"圩（墟）"与"歌"形成一种什么样的关系？

"歌圩"释义

在宋代《青箱杂记》中，吴处厚从"虚"的汉语意思，推求该词表示的集市形态为"有人则满，无人则虚，而岭南村市满时少，虚时多，谓之为墟，不亦宜乎"[①]，故称为"虚"，后来演变为"墟"和"圩"。这一解释明确把"圩"与"圩市""集市"联系起来，被现代学界广泛接受。[②] 则"歌圩"之意就越来越偏向于"以圩喻歌"。如潘其旭先生说："这种活动是以相互酬唱为主体，'每场聚集人众不下千人'，'唱和竟日'（《龙州县志》），犹如唱歌的集市，后来人们把它统

---

① 吴处厚：《青箱杂记》，李裕民点校，中华书局 1935 年版，第 30 页。
② 如《广西近代圩镇研究》《广西圩镇手册》都以"实少虚多"来解释"圩"的名称由来。参见钟文典主编《广西近代圩镇研究》，广西师范大学出版社 1998 年版，第 2 页；吕孟禧等《广西圩镇手册》，广西人民出版社 1987 年版，第 1 页。

称之为'歌圩'。"① 此处可见，"歌圩"之"圩"，先被理解为"圩市"之意，然后用集市的热闹来比喻聚众会歌之盛大，即"歌圩"在这里乃是一种比喻性的意义——用圩市的形态来形容会歌的形态。

另有学者试图从壮语称谓来挖掘"歌圩"的内涵。蒙宪先生列出十余个现行的"歌圩壮称"，将它们分为四类②：

1. 文化生态景观

hwnj gamj	上岩洞
noengz doengh	下田峒
ok bo	出山坡
bae ndoi	去小丘（山岭）

2. 民歌方言异称

haw fwen	歌圩
hangh sei	歌圩
haw bij	歌圩
fawh lwenx	歌圩
go haw	歌圩

3. 商业经济贸易

| ngoenz hai hangh | 圩开张的日子（圩市诞生日）|
| hangh dienh | 蓝靛圩 |

4. 间以他义代称

| beij goep gvej | 蚂（虫+另）歌 |
| ngvaih nangz haiz | 请月亮姑娘 |

---

① 潘其旭：《壮族歌圩研究》，广西人民出版社1991年版，第2页。
② 蒙宪：《歌圩壮称的语言民族学探讨》，《民族研究》1988年第3期，第38页。

第二类和第三类中的 haw、hangh、fawh，都是表示集市意义的"圩"字，这种经济现象来源于"早期的、较原始的商业集市贸易"。蒙宪先生认为壮称中包含这个词意，"说明了文化娱乐的歌圩与商业集市的密切关系"。然而他并未明确论述此种关系为何——是因赶圩贸易而形成聚会唱歌，还是仅仅表明一种集体会唱活动伴随着贸易行为？蒙文既承认存在一种特别的圩期会歌活动，又指出这种圩期会歌在"歌圩起源总体形态"上并非最早的一种。换言之，尽管"圩"与"歌"在某些壮称里面相互连接，它们也还仅仅是"歌圩"诸形态中后起的一种类型。

黄振南先生以为 hawfwen 等壮称是从汉语的"歌圩"转译而成，并非壮语原意。据他综合的十四种壮称，有十三种分别包含"岩洞""坡地""开阔的平地""垌场"等地理状貌，如"候敢""窝坡""单""航端"等。第十四种流传于广西来宾、横县等地的"圩蓬"（意为"欢乐的圩日"），用"圩"来指代"歌"——黄振南先生认为这个比较接近"歌圩"的称谓，也是后来才出现的。[1]

蒙、黄两位先生对一些具体的壮语意义看法虽有不同，但他们都从相同的角度证明一些地方性表述含有"圩市"之意；并且说明从某些壮称意译而来的"歌圩"有"圩期会歌"的意思，而这一"圩期会歌"又从属于包含其他类型的总体"歌圩"事项中。由此，我们可以看到，尽管两位先生的意图是从丰富的壮语表述来挖掘"歌圩"的内涵，但他们实际上已经存有"歌圩"的先在概念，然后将同时并存于当代的口头表述，参照社会形态进化的顺序，以"出岩洞"等表示自然地理状貌的称谓为较早的类型，以"圩期会

---

[1] 参见黄振南《歌圩释义与称谓缘起》，《广西文史》2004 年第 2 期，第 59—61 页。

歌"为较晚的类型，排列成"壮族歌圩"的演变史。这种方法似乎没有完全说明"歌圩"之"圩"在这一概念中的含义。

与上述意见相反，另有学者认为"圩"的本意和"圩市""集市"无关。徐松石先生的《泰族僮族粤族考》驳斥了从汉字"虚"推导本为古僮音的"圩"之意的谬误，而认为两广的僮音"墟"（Huei）乃是出于"溪"字。理由有三：（1）僮人从前举行贸易，概在河旁边；（2）僮人读溪为希，（粤音）与读墟字的声音近似；（3）现在福建南部以溪字为墟市的名称，广西墟市的墟字，原来也指河边。故"墟"乃是"河边"之意。① 韦树关先生的《释"圩（墟、虚）"》，通过对南方汉语方言、古越语和壮侗语的调查，认为汉语"虚"和现代壮侗语中所称的集市，源自古越语，是"码头"的意思，与南方越地水网密布及集市最初随着水运交通发展而来的地理文化发展形态十分吻合。② 这些关于"圩"之"本意"的看法，虽不能完全证明当"歌"与"圩"结合为"歌圩"时，其实是指"河边会歌"之意，却也在一定程度上反驳了前述"以圩喻歌"和"圩期会歌"的阐释。白耀天先生在1987年的文章中指出，古籍中记载的"乘虚"，乃是古越语的音译字，原本的意思为"跟伙随群"。古越人乃是因歌而成"虚"：最初贸易之货物跟随"歌"而来，以歌为主，货为次之；随后"虚"才脱离"歌"的内容，成为纯粹的贸易交换场所。③ 此处提示了关于"歌圩"这一统称的另一种演变线索："虚"因"歌"成——贸易随"歌"而至"虚"——"虚"发展出一种独具贸易功能的集市——形成特定的"圩期会歌"

---

① 参见徐松石《泰族僮族粤族考》，联盛印刷公司（香港）1963年修订版，第217—218页。
② 参见韦树关《释"圩（墟、虚）"》，《民族语文》2003年第2期，第42—45页。
③ 参见白耀天《"墟"考》，《广西民族研究》1987年第4期，第148页。

类型，或以"圩"喻"聚会作歌"。

"因歌成圩""圩期会歌"和"以圩喻歌"——这三种对"歌圩"的理解又可以简单地划分为"与圩市无关""与圩市有关"两种类型：（1）因歌成圩——与圩市无关；（2）圩期会歌、以圩喻歌——与圩市有关。

无论"圩"的确切意思为何，其音和意都体现着岭南地域和文化特征在口头上的代代传承，从直观上传达了鲜明的本土性特征。同时，按照当下理解，"圩"指涉岭南农村地区的经济贸易场所——集市。而这种集经济交换、文化交流、社会结构流动为一身的载体，在岭南地区的历史与现实中都十分重要。如有学者从时间、空间形态、功能等方面提出岭南的"圩"与北方"集市"的区别，认为"圩"在表面的经济交换功能之下，还存在与乡村地缘、民俗、宗法结构等交织的"隐形文化"。[1]

所以，"圩"这个语汇也就渗入广西的许多地名中[2]，渗到壮语的计时观念中[3]，沿用至今。从语素构成上分析，诸如"新圩""那龙圩"的地名，其中的"圩"，乃是作为汉语语素通名与各种意译、音译的壮语地名搭配。[4] 此外，史料上记载的"跳月圩""风流墟"

---

[1] 参见胡波《岭南墟市文化论纲》，《学术研究》1998年第1期，第66—70页。

[2] 如南宁地区横县有陶圩镇、新圩、站圩、谢圩、东圩、圩背等地名。参见广西地图院编制《广西地图册》，广西美术出版社2000年版，第22页。

[3] 黄世杰在《壮族古代的天文历法》中提到壮语中一些以"墟期"为参照的计日称呼。参见黄世杰《壮族古代的天文历法》，《广西民族学院学报》（哲学社会科学版）1997年第2期，第58页。

[4] 潘其旭认为"新圩"是对壮语"航么"的意译；宋长栋认为"那龙圩"中的"那龙"为古越语的音译，"圩"是汉语语素通名。这两种解释虽然都没有深究"圩"从古越语到汉语的变化，但都肯定了"圩"的汉字形式在岭南历史中具有命名、构词的强大力量。参见潘其旭《从地名比较看壮族与泰族从同源走向异流——壮族文化语言学研究系列论文之二》，《广西民族研究》2001年第1期，第50页；宋长栋《岭南地名中所见语言的接触、浸润与交融》，《学术研究》2000年第9期，第105页。

"歌墟",当今通行的壮称"圩蓬""hangh dienh(蓝靛圩)"——这些歌俗活动也用"圩"来表示或者意译,亦足见"圩"作为地方社会文化实体浓缩为事物命名之后的普遍性。

由上或许可以推测,在"歌圩"的前语言状态中,"圩"先在于"歌",即"歌圩"是基于汉字"圩"作为名称的普遍存在中产生的,而不是来自"歌"。"歌"这一汉语词汇取代了壮语的"欢""加""西""比""伦"等地方性称呼,叠加于具有本土性特征的"圩"上。"圩"包含的现象——定期的、民众四面八方会集而来的——使"歌圩"给人以热闹、长盛不衰的印象。这个词既具有吉祥、喜庆的地方性特色,又方便在汉语世界里通行。

如果说"歌圩"命名的生命力,来自其"本土性"的语言形式,那么,学界以"歌圩"为框架建立起的歌俗体系,又呈现出何种特点?

"歌圩"的"壮化"与"现代化"

当代学界在"歌圩"名下综合的歌俗内容十分驳杂。1963 年编印的《广西各地歌圩情况》记录了各地形态不一的"歌圩"。有人讨论的"歌圩"包括瑶族的"砍牛"、苗族"跳月"、芦笙会;[①] 有的"歌圩"在确定的地方每年举行一次(如龙州四月十三日的歌圩);[②] 有的又认为"在什么地方都可成歌圩","请结婚或满月酒

[①] 参见孔德扬、陆仰渊记录整理《全区农村群众文化工作会议上关于歌圩问题的座谈讨论》,《广西各地歌圩情况》,广西壮族自治区民间文学研究会 1980 年版,第 2—10 页。

[②] 同上。

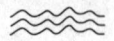

时，歌圩就在家里举行"①……

到了1998年出版的《壮族歌圩研究》，则明确地把"歌圩"与"壮族"联系起来，把这些形态不一的"歌圩"进行了系统的分类：

1. 节日性歌圩：A. 农历节日的歌唱活动（如农历除夕夜的"春堂歌"、正月初一的"买新水"歌俗、中秋节歌俗等）；B. 春秋季"歌圩期"的歌唱（如农历正月初一至初三在平果姆娘山歌圩进行的歌唱、正月二十七日在德保足钦歌圩的歌唱等）。
2. 临场性歌圩："劳动歌会""圩市会唱""婚娶会唱"。
3. 竞赛性歌圩：如广西邕宁县的"放球""还球"、贺县的浮山庙歌圩等。②

从中可见，研究者的兴趣不在于从"歌圩"本身的意义出发去界定、论述与此符合的歌俗，而在于那些形形色色的"壮族歌俗"如何构成相对完整的文化体系，并如何与壮族社会生活形态发生紧密的勾连。

就民间文化的研究历程看，20世纪50年代以来，随着各民族社会历史工作调查工作的展开和人类学、民族学学科理论的影响，地方政府组织的民间文学、音乐的搜集工作常常以"民族"为单位进行，③研究方面更多涌现出关于文学、音乐的"民族属性"、文化形态分析的成果④。"歌圩"研究也体现了这种学术范式下的知识呈现：

---

① 苏长仙整理：《武鸣歌圩活动情况》，《广西各地歌圩情况》，广西壮族自治区民间文学研究会1980年版，第16—22页。
② 潘其旭：《壮族歌圩研究》，广西人民出版社1991年版。
③ 参见农冠品《广西民间文艺半世纪总览》，贾芝主编《新中国民间文学五十年》，大众文艺出版社2004年版，第161—174页。
④ 参见伍国栋《20世纪中国少数民族音乐研究的拓展》，《黄钟》《武汉音乐学院学报》2005年第1、2期。

力图选取"相对稳定的民族民间传承文化事象"作为"认识壮族"的标志,为此追溯壮人歌俗历史、考辨源流、区分主次,勾勒出一幅从"原始社会"时期传承至今、衍生出各种变体的"歌圩"图谱。

这个"歌圩"图谱成功地成为"壮族文化"的标记,起着与其他民族文化相互区分的作用。1998年,《满族研究》刊登了一段简短的"歌圩"介绍:

> "歌圩"也叫"歌墟"是盛行于壮族地区的群众传统歌节。"歌圩"历史悠久……解放后,歌圩成了文化娱乐、体育比赛和物质交流相结合的民族节日。
>
> 歌圩日期各地不一,一般在每年春秋二季。节期一至三五天不等。还有不定期的小型歌圩,一二十人即可进行。歌圩上,人们穿着节日盛装,尽情歌唱……①

不少普及性读物、公共媒介也用类似的文字把"歌圩"介绍成为壮族"传统节日""传统习俗"等。在各民族的歌俗中,"歌圩"代表壮族歌节,和苗族的"游方"、么佬族的"走坡"、西北民族的"花儿会"对举。② 在民族传统节日介绍中,"壮族歌圩"和"白族三月街""羌族新年""傈僳族刀折节""傣族泼水节""彝族火把节"等一同成为各民族的典型节日。③

20世纪50年代以来的人类学家质疑族群"客观特征论",认为以往学界总是根据客观文化特征来判断族群的本质,这种做法值得

---

① 云汉:《歌圩》,《满族研究》1998年第4期。
② 参见《少数民族的传统歌唱节日》,中国民歌网(www.china.org.cn)。
③ 《少数民族部分传统节日掠影》,《中国民族》2002年第2期,第16页。

商榷。因为客观文化特征与人群经常呈现重叠又不尽相同的情况。①从这个意义上看,"歌圩"之名从泛用于广西各族的歌俗逐渐"收缩"为一种壮族歌俗,即为自在的具有过渡性变化的文化人为地划定了界限,这个界限的依据就是关于壮族本质特征的认识观念;进一步地,"壮族歌圩"与其他民族的苗族"游方"、么佬族"走坡"、白族"三月街"等对举,强化了民族的文化特点和民族间的文化差异。"歌圩"之名,重点在于借用一个包含岭南古音的称谓,使壮族地区的歌俗在形式上"壮族化"。②

如今时而与"歌圩"替换使用的,还有"歌会""歌节"两种命名。

"歌会"的"会"之意,为"聚合;合在一起"。③所以以"会"来修饰歌俗、民俗的称谓较为常见,如"苗族赶歌会""壮族三月三歌会""白族石宝山歌会"、西北地区的"花儿会"等。唯其意义普通,故"歌会"难以单独起到区分差异的作用,必须在之前加上表示特定内容的词语。

"节"的原意指"竹节","泛指植物枝干交接的部位"或"骨节相衔接之处",含有"交接""衔接"之义。④用在"节日"里面,最初指的是天地时气交和之节韵。中国传统节日有不少来自日月时令的交会。故"节"原本与生活在自然节奏之人的生活方式有内在关联,还与宗教、政治事件有关。由于"节"的重要性和普遍

---

① 关于人类学对族群"客观特征论"的批判,参见王明珂《华夏边缘——历史记忆与族群认同》,社会科学文献出版社 2006 年版。
② 徐新建先生亦有关于"侗歌"的"侗族化""少数民族化"的论述,参见徐新建《"侗歌研究"五十年——从文学到音乐到民俗》,《民族艺术》2001 年第 2、3 期。
③ 中国社会科学院语言研究所词典编辑室编:《现代汉语词典》,商务印书馆 1997 年版,第 564 页。
④ 《辞源(三)》,商务印书馆 1982 年版,第 2358 页。

性，20世纪80年代旅游经济发展以来，各地政府陆续推出具有地方特色的"旅游节庆"活动，如"山东曲阜孔子文化节""哈尔滨国际冰雪节""大连服装节""上海国际旅游节"；一些民俗活动，往往也以"××节"来再命名后推出。如凉山彝族"火把节"，原名的音译为"睹则"（"睹"的意思为"火"，"则"的意思是"偿还"）。[①]"歌圩"也常常转化为"歌圩节""歌节"，突出的例子是1983年广西壮族自治区政府依据广西部分地区的"三月三"歌圩活动，把每年农历三月初三定为广西的"民歌节"。

这些形形色色的现代节日，利用传统节日的资源——比如时间、民俗来唤起大众的广泛注意和兴趣，实则"旧瓶装新酒"，添加了"经贸唱戏"的内容。同时，一些传统民俗活动冠以"节"的名义有组织地举办，已经与其宣称的"节"之原型拉开了一定的距离。其功能只是在"节"的命名下，把少数民族的民俗"翻译"成可被汉语文化体系迅速吸收的一种现象，激发起外人想象其具有"传统的""盛大的""欢乐的"等意义。故把与"歌圩"相关的歌俗称为"歌节"，使得"壮族化"的"歌圩"变得"汉化"。进一步地，广西区政府从1993年起利用农历三月三"壮族歌节"的象征意义，举办"广西国际民歌节"；从1999年开始又改至每年11月举办"南宁国际民歌艺术节"。这以政府组织、逐步走向市场，目的在于促进旅游、招商引资、带动经济的"城市节庆"，被认为结合了传统的、原生的民间文化形式与现代的、精英的文化元素，体现了多重话语杂糅的现实情境。此种意义上的"歌节"是民间"歌圩"、民间"歌

---

① 参见罗凉昭《凉山彝族火把节》，《寻根》2005年第1期，第15页。

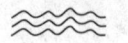

节""现代化"的体现。①

有趣的是，2005年10月14日，中国—东盟博览会暨南宁国际民歌艺术节的开幕晚会，以"四季歌圩"为主题。导演声称此创意来自"广西壮族歌圩节"，并做了这样的发挥："我们将春、夏、秋、冬四季融入广西民间歌圩中，用四季的颜色把广西最朴实、最原始的歌圩做到极致。"② 在此前一年的南宁国际民歌艺术节，开幕式晚会的序幕也以"和平歌圩"为题。③ "歌圩"这个转译自岭南古代文化的语汇，经过文人、学者的分析、定义，在公共媒介广为传递，如今嵌进运用声光影的技术手段制作的现代舞台盛宴，在"民歌节"的文本中成为一个具有地方魅力的但漂浮的能指。

结　语

本文梳理了对"歌圩"记录和研究方面具有代表性的文献，希望厘清"歌圩"的名称在文本中出现时的含义，在此基础上说明这

---

① 范秀娟从审美的角度，认为广西—南宁民歌节在当代中国以"前现代、现代、后现代叠合的狂欢化风格"展示了多层次的审美价值。黄耀国引用"公共领域"的概念来分析广西—南宁民歌节的文化机制，认为民歌节"所表征的不可能再是某个族群的公共的文化上的利益"，而"蕴含了公共权力和私人利益的重新洗牌，深刻体现了社会成员权力和利益的整合"。于琦、陈春莉分析了民歌在民歌节上的展示方式，分别否定和肯定了民歌的"现代转型"。参见范秀娟《来自审美人类学的关注：南宁国际民歌艺术节的审美价值及其对原生民歌发展的影响》，黄耀国《文化公共领域和南宁国际民歌艺术节的新视野》，于琦《透视南宁国际民歌艺术节——审美人类学的一个个案研究》，陈春莉《民歌文化的现代转型——从南宁国际民歌艺术节透视民歌的最终走向》，王杰主编《寻找母亲的仪式——南宁国际民歌艺术节的审美人类学考察》，广西师范大学出版社2004年版。

② 《"四季歌圩"现舞台，大地飞歌有新版》，《南宁日报》，http：//www.nnrb.com.cn。

③ 参见尹华平《山歌唱百年相聚到永远 南宁国际民歌艺术节开幕》，《新桂网》，http：//www.gxnews.com.cn，2004年11月4日访问。

个概念形成和推广背后的社会文化原因。从"歌圩"的形式组成到社会文化意义，大致有以下三点总结。

1. "歌圩"的形式为汉字"歌"与古越语的借音汉字"圩"的组合。因此这个称谓并非单纯的"外来语汇"，而是在悠久的历史中古越语、壮侗语和南方汉语方言相互接触、最后借助汉字形式表现出来的一个语汇。

2. 汉字"圩（墟、虚）"在壮语地区经过几百年的翻译、沿用，在地名中已经凝结成一个普遍使用的通名，表示"集市"之意。当代学界采用"歌圩"之名来概括壮族歌俗，既蕴含着关于岭南历史记忆的无意识结构，又体现了作为"集市"之"圩"构成的岭南地理文化。

3. "歌圩"体系的形成与完成，与以"壮族"为单位论述其客观文化特征的学术范式分不开。故"歌圩"所指示的内容，从清、民国时期指涉的某时、某地歌俗，从20世纪中期泛指广西地区、广西各族的歌俗，逐渐凝聚为20世纪80年代之后的"壮族歌俗"。"歌圩"的命名从某种歌俗的专名演变成壮族歌俗的通名。

由上可见，研究"歌圩"、以"歌圩"切入广西、壮族的歌俗研究，并不一定意味着"遮蔽地方表述和民间传统"。毋宁说，"歌圩"命名本身折射了岭南历史文化纠缠着长程的地方现实变迁和历史记忆。也许，我们面对复杂的"歌圩"及其他言说，更该在更细的层面追问：这是何种表述？何种传统？

论多民族文学研究的公共性及其边界与可能

匡 宇①

在中国现代性转型进一步走向深入的时代语境下,多民族文学研究范式的提出,以及对这一范式的理论审思与学术实践,具有极为重要的现实意义。因为,中国的社会生活与政治共同体的现代性展开和转型,必须考虑到转型期所无法绕开的边界或约束性条件(constraints or binding conditions)。而在历史语境和现实语境下,如何在转型期调整、改进处理民族关系和民族矛盾的方式,从而避免民族分裂、继续维护国家的统一,成了构建中国现代性社会所必须面对的一种考验。②

正是在这种局面之下,多民族文学研究的公共性价值得以彰显。这一研究范式的提出与发展,并非仅局限于纯文学领域或少数民族文学领域,而是要从根本上突破以往封闭式的少数民族文学研究思

---

① 作者简介:匡宇,北京师范大学文学博士,四川大学讲师。
② 参见荣剑在清华大学 2012 年法政哲学论坛的演讲《改革和革命:中国何以选择》,2012 年 10 月 31 日,共识网(http://www.21ccom.net/articles/zgyj/xzmj/article_20121031 70061.html)。

路，以文学研究为基点并扩展为文化研究，在对现代性问题的接续和回答中，作用于中国社会的现代性文化转型。正如有学者曾指出，"作为建立在现代性背景意义下的一个学科，少数民族文学学科不仅仅只是为某个民族的文学问题阐释提供理论和方法的武器，它自身还应该作为现代性意识形态在发展过程中的形式，需要不断地对自身进行诘问、反思，并通过这种持续不断的反思而凸显学科的现实价值性"[①]。

作为后哲学文化的跨界言说

多民族文学研究奠基于这样一种基本认知：中国的多民族文学，与中国作为多民族国家的社会文化，这二者是一个整体。根据此认知，多民族文学研究的基本方法是，通过对文学、实证式的人类学、民族学、历史学和社会学的科际整合，把各族文学在当代所呈现出来的多样性，与多源、多元的长时段历史并置考察。同时，该研究范式与传统的文学研究相比，一个重要差异在于：后者往往只关注书面的文学写作，而前者则将注意力同时投射到文学的书面写作与文学的口头民间传统。由于将多民族文学与多民族国家的社会文化视为一个整体，那么该研究范式所承担的任务就是，一方面要把中国的多民族文学，纳入与之相关和匹配的中华民族"多元一体格局"内去考察——这是一条从部分到整体、从具体多元到抽象一体的建

---

① 欧阳可惺：《公共性：作为社会公共领域的少数民族文学学科》，《民族文学研究》2009 年第 3 期。

构性路径；另一方面则要在此基础上，从"共同发展"的角度返回到对多民族文学的进一步检讨与研究中来——这是一条从全局到局部、从目标预设回归具体操作的阐释性路径。

正如徐新建所说，这种双向的研究视野或进路意味着，作为个体的民族作家在书写，而同时社会与国家则在规范。"每一个民族都想通过文学、通过所有的社会活动表达自己民族的存在，但是作为国家、作为社会、作为他者，时时刻刻都要对每一个民族进行评论，比如我们去刘三姐的故乡，作为外地人会对那里的壮族文化进行一种回应。这时的我们，即是一种民族和文化的'他者'。所以我们多民族国家，表述问题始终是双向的。这种视野也是双向的，就是看与被看、说与被说、写与被写。……这种双向的视野构筑成了民族文学实践的第一个前提。"① 这就意味着，多民族文学研究要对双向视野运作其中的民族文学实践进行一种动态的考察和把握；从而也就势必要求多民族文学研究本身需要拥有一种双向的理论视野和知识框架：规范性的思路与经验性的思路。然而，正如有学者指出："规范主义的思路始终有脱离社会现实的危险，而客观主义的思路则淡忘了所有规范的方面。这两个方面之间的紧张关系，可以被理解为对我们的一种提醒：不要固执于一个学科的眼光，而要持开放的态度，不同的方法论立场（参与者和观察者），不同的理论目标（意义诠释、概念分析和描述、经验说明），不同的角色视域（法官、政治家、立法者、当事人和公民），以及不同的语用研究态度（诠释学的，批判的，分析

---

① 徐新建：《表述与被表述：多民族文学的视野与目标》，《民族文学研究》2011年第2期。

的等),对这些都要持开放态度。"①

虽然以上引文具体针对的是政治理论与法律理论研究,但是对于我们思考文学研究也具有一定的参考价值。而更进一步说,知识话语所具有的质态性内容,是该项研究在现代知识谱系构型的系统中拥有合法性基础的保证。因此,我们首先要问的是,多民族文学研究的知识质态是什么?它在什么意义上具有可接受性?这里的可接受性(acceptability)是指:一种知识话语要有效地被纳入进文化—知识谱系中,最终取决于谱系构型的调整与设定,而这就有必要考虑谱系结构与科层设定对这种知识话语的态度。换言之,对于知识话语的评估,不仅应该根据它们的实际作用,还应该根据受到这种话语影响的相关方面所理解的方式来进行。

简言之,就多民族文学研究的知识质态而言,其基本特征是建立在多元一体论背景中的、关于多民族文学与社会文化的跨界言说。研究范式的跨界或跨学科,表层是对学科界限和方法论界限的穿越、移植和整合,但其深层次的理由和动力却来自文化现代性问题的文化机制转换的内在逻辑,从而这一研究范式呈现出一种典型的后哲学文化(post-philosophical culture)特征。正是在此意义上,作为一种知识话语建构,多民族文学研究所具有的后哲学文化特征构成了多民族文学研究的可接受性基础。

当前中国学问制度的基本架构、学科的划分,大致是因循西方现代学问制度架构而来。就后者而言,启蒙运动之后人的主体性原

---

① B. Peters, *Rationalität, Recht und Gesellschaft*, Frankfurt/M. 1991, 33ff. 转引自哈贝马斯《在事实与规范之间:关于法律与民主法治国的商谈理论》,童世骏译,生活·读书·新知三联书店2003年版,第8—9页。

则得到了自我确证,后神学文化在推翻了神学的统治地位之同时,把哲学推到了统治地位上。但是中心与边缘的关系并没有彻底消除,只是占据中心位置的从神学置换成了哲学。而"后哲学文化"则意味着:哲学不能成为文化其余部门的基础,而且也没有任何其他学科可以担当以前哲学所担当的这种角色。根据罗蒂(Richard M. Rorty)对后哲学文化的蓝图规划:

> 在这样一个文化中,将不存在任何称作(大写的)哲学家的人,他们能说明文化的某些方面为什么和怎样能够具有一种与实在的特别关系。……他们可能像现在的哲学教授那样,对道德责任而不是诗体学感兴趣,或者对表达句子而不是表达人体感兴趣。但他们也可能不是这样。他们是兴趣广泛的知识分子,乐于对任何一个事物提供一个观点,希望这个事物能与所有其他事物关联。后哲学文化中哲学所能做的……是对我们人类迄今发明的各种谈话方式的利弊的比较研究。很像有时被称为文化批评的东西,那我在前面谈过的文学的—历史的—人类学的—政治学的旋转木马。[1]

罗蒂是站在新实用主义(new pragmatism)哲学的立场上,展开对哲学的基要主义(foundationalism of philosophy)思想—知识立场进行批判,从而构想一种超越了柏拉图主义(Platonism)的文化前景与知识话语构型。后哲学文化意味着要在社会层面上彻底清算这一立场,但首先是对人文学科话语和知识谱系的构型予以全盘审视与重建。所谓"文学的—历史的—人类学的—政治学的旋

---

[1] [美]理查德·罗蒂:《后哲学文化》,黄勇编译,上海译文出版社1992年版,第14—17页。

转木马"，其实是指：在后哲学文化的知识生产中，不会再以某一种特定的学科知识话语为中心和基础，而是以具体的理论与实践问题为核心。在围绕并解决这些具体问题的过程中，所有的人文学科与知识话语都彼此平等，且都可以为研究者提供思想资源与话语通道。因此，这是一种对现代性文化机制蓝图规划的彻底转换：对现代性文化机制的设想，不是再以某一学科或知识为基础与中心，而是各种学科和知识话语必须同时被纳入对现代性文化机制的规划中来。

关键在于，这种现代性文化机制的规划，是与现代性社会机制的蓝图规划所匹配的。后者的展开与合理化，意味着政治、经济、文化和个体心性话语诸领域的相互协商、抗衡与合作；意味着在现代性的条件下，如何理解、解释民族和多民族国家的文化，以及多源和多元历史的问题，并在此基础之上为政治共同体的统一和多元文化的整合提供恰当的论证。因此，通过多民族文学研究所搭建的知识生产—文化交流的场域，多元的（非中心非基要主义）对话和协商机制得以在其中得到运用和实践——换言之，这正是多民族文学研究跨界和跨学科之正当性理由的基本保证。

多民族文学研究公共性诸层面

根据上述对多民族文学研究的知识质态及其合法性的分析，我们可将该研究范式把握为具有后哲学文化特征的知识—文化再生产行为，这是它的公共性内容与价值所涉及方面的基础和保证。根据阿伦特（Hannah Arendt）和哈贝马斯（Jürgen Habermas）等人对公共性（Oeffentlichkeit）的阐释，[1] 首先从思想层面来看，公共性指的是个体和共同体（包括社会和国家）的一种特殊观念，是一种韦伯式的理想范型，兼有批判的功能和操纵的功能；其次就社会层面而言，公共性指的是作为话语空间的公共领域（public sphere），它介于国家和社会之间，充当二者的调节器和修正仪。[2] 因此对于多民族文学研究公共性的考察，我们也可以从社会与思想两个层面进行，并以思想层面为评述重点。

（一）就社会层面而言，多民族文学研究可以被把握为文化公共领域组建环节之一

需要注意的是，多民族文学研究首先是作为一种研究范式和跨界言说的知识话语而出现，它虽然事关少数民文学研究，但是却并未像少数民族文学研究那样获得一种学科意义上的层级定位。在少数民族文学研究过程中，其学科意识的封闭，在理念上表现为"过度地把少数民族文学研究看作是中国文学的具体细部的、边缘化研究，突出了少数民族文学研究的个案意识、文本意识。通过文本，揭示和发现少数民族或族群的族性文化的独特意义"[3]。换言之，如果要对少数民族文学研究的细部化、边缘化和自我封闭化有所突破，从而实现其公共价值，就必须将它纳入一个更具普遍性意义的话语平台和实践平台之中。因此，多民族文学研究范式的提出，恰恰就是少数民族文学学科实现其公共性价值要求的逻辑结果；而这一逻

---

[1] 参见阿伦特《人的境况》，王寅丽译，上海人民出版社2009年版；哈贝马斯《公共领域的结构转型》，曹卫东等译，学林出版社1999年版。

[2] 参见曹卫东《哈贝马斯·公共领域·其他》，《中华读书报》1998年11月4日。亦见氏《哈贝马斯：步入公共领域》，《读书》1998年第12期；《哈贝马斯在汉语世界的历史效果：以〈公共领域的结构转型〉为例》，《思想的他者》，北京大学出版社2006年版。

[3] 参见欧阳可惺《公共性：作为社会公共领域的少数民族文学学科》，《民族文学研究》2009年第3期。

辑结果又可以反向为少数民族文学研究及其学科的公共性，提供一种正当性的论证和保障。

就多民族文学研究本身而言，通过学术论坛、学术刊物等环节的组建，形成了一种话语空间意义上的公共领域。这种话语空间意义上的社会公共领域，是形成公共意见的领域。按照哈贝马斯，公共领域是面对所有人的，由对话构成。在这些对话中，作为使用理性的私人聚集起来而形成了公众，形成了公共领域。在公共领域中，参与者所进行的是公开而理性的话语交往：讨论、辩论或交流。这种公共领域处于一种居间的位置，相对独立于国家政治领域和社会日常生活领域，但又和这二者紧密相关。作为一种现实存在的话语空间，该领域内部具有多元性和差异性的特征。然而，这种多元与差异，以及在多元与差异中得以现身的话语，却又由于交往理性作为保障，从而实现了公共领域的同一。就此而言，在学术论坛或学术刊物上进行言说、对话、辩论和理性交流的多元主体，所获得的同一性，是"多元声音中的理性同一性"①。

多民族文学研究作为社会文化公共领域组建的环节，其得以成立的根源在于：首先，"多民族"意味着，民族之间身份和价值的彼此平等——这种去汉族中心化，同时也就是去少数民族边缘化，因为汉族与其他民族都是在现代共和国当中具有平等法权地位的族群；其次，多元族群之间的相互平等，是一种在法定化的建制中所构筑的规范性平等，它为彼此有所差异的族群之多元性提供了一种最基本的、关于族群—国家的社会交往理性的同一性保障；最后，正是在上述保障之下，文学研究的理论理性才能够在由交往理性之同一性所保证的平等

---

① 参见哈贝马斯《多元声音中的理性同一性》，《后形而上学思想》，曹卫东等译，译林出版社2001年版，第137—169页。

与交流之中,展开构想一种"文学互动史"的可能。① 因为,只有在多元的声音中,理性的同一性才是可以得到理解的;② 但同时,只有承认了这种交往式的理性同一性,多元的声音才不至于滑落为意义与价值双重丧失的众声喧哗。

(二) 多民族文学研究在思想层面的公共性则涉及以下三方面内容

(1) 表述与被表述:作为一种社会批判理论的多民族文学研究

表述问题,既是文学人类学的起点与核心,③ 同时也是多民族文学研究运作其中并力图处理的问题。关于表述的问题意识,在第六届中国文学人类学研究年会的宗旨陈述中,得到了清晰的表述:

> 回顾文艺复兴以来的历史,由西学发动,在全球范围的人文学界里,"文学/Literature"已成为了意义重大并影响深远的核心词语。但无论在话语还是实践的层面看,究竟何谓"文学/Literature",依然是值得追问的问题。以人类学经验和知识所积累的对"他者"及"自我"的反思,以往对"文学"的界定、分类乃至阐释其实都受到文明话语的明显遮蔽。如今,在去文明中心的时代里,我们以文学人类学视野反思"文学",并坚持以多元族裔的相互对照,去重解那些被称为或不被称为"文学/Literature"的人类行为及其多样作品。这目的已不仅在于对民

---

① 相关论述请参见徐新建《表述与被表述:多民族文学的视野与目标》,《民族文学研究》2011年第2期。在该文中,作者总结了前五届多民族文学论坛的研究成果和学术讨论,并主要从"多民族文学"的命名角度,从"多民族""共同性"和"对话式"三个层面,概括了作为一种命名和场域的多民族研究及其意义。

② 参见哈贝马斯《后形而上学思想》,曹卫东等译,译林出版社2001年版,第139页。

③ 参见徐新建《表述问题:文学人类学的起点和核心》,《西南民族大学学报》(人文社会科学版) 2011年第32期。

族国家、轴心时代乃是文明历史范围内的"文字文本"加以关注，而更在于超越以上既有框架，在更宽广和更根本的范围里回到对人类多元表述的探寻。①

如果我们将语言或者符号视为人类交往的媒介，那么什么是表述？"表述的实质就是生命的呈现和展开，也就是存在及其意义的言说。"在此意义上我们可以修改一句西方哲学史的名言："我思故我在。"其实在这个意义上，可以说"我言，我才在"。② 也就是说，表述问题的关键在于，要将"表述"理解和把握为：一种关于人的生存与生活之实际性（facticity）的话语实践行为（discursive practice），而非仅仅是关于意识—认知的语言表达操作（expressive operation）。多民族文学研究在跨界言说基础之上进行的方法论整合——文学、人类学、民族学、历史学和社会学等学科的科际整合瞄准的是作为一种话语实践的表述。这种作为话语实践的表述，"不能同表达行为混淆起来，个体通过这种表达行为来表述思想、愿望、形象；也不能同理性活动混淆起来，这种理论活动可以被用于某个推理系统中；也不能同某个说话的主体在构造语法句子的时候所具有的'能力'混淆起来：话语的实践是一个匿名的、历史的规律的整体。这些规律总是被确定在时间和空间通过这种表达行为个人表述了一种观念、欲望和意象；也不能与在推论体系中运作的理性活动相混淆；更不能与一个在构组语法句子时的言说主体的能力相混淆；它是一个匿名的、历史的规律的整体。这些规律总是被确定在时间和空间里，而这些时间和空间又在一

---

① 参见徐新建《表述问题：文学人类学的起点和核心》，《西南民族大学学报》（人文社会科学版）2011 年第 32 期。
② 同上。

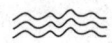

定的时代和某些既定的、社会的、经济的、地理的或者语言等方面确定了陈述功能实施的条件"①。

换言之，多民族文学研究对表述问题的考察和研究，所要处理的对象是，"超越了书写的或口传的文本，而进入并存在于国家和民众的生活之中，形成一种内涵更为丰富的社会文本和具有历史深度的实践过程"。因此，对话语实践行为（表述）的考察与反思，与对传统国家观念、民族观念和文学观念的意识形态批判，在一定程度上构成了多民族文学研究的知识更新能力和兴奋点。② 就这一点而言，多民族文学研究的公共性价值在于：我们将如何通过对特定话语实践的重审，剖析话语形成与非话语范围的机构、政治事件、经济实践和过程之间，具有何种区别并发生了怎样的关联；关于个体—民族—国家的表述，又是在什么样的社会与历史情境中发生了何种扭曲、变形；而这种表述行为，作为话语实践，又是如何作用于国家建构、社会整合与个体认知的。在此基础之上，进而言之，通过对民族文化—价值系统的重审，并更新、重建民族—国家的文化—价值观——多民族文学研究本身也就具有了成为一种话语实践行为的可能：对"表述"问题进行的反思和表述，与意识形态批判一道，为实现民族—国家的社会文化再生产、多民族共同发展的社会整合、形成个人人格三重目标提供一种新的思想—话语资源。但是需要特别说明的是，多民族文学研究的批判性，无论是话语批判还是意识形态批判，都不能上升为一种对

---

① 米歇尔·福柯：《知识考古学》，谢强等译，生活·读书·新知三联书店1998年版，第150—151页。

② 就此而言，多民族文学研究应避免学科化的危险，或警惕整合所带来的风险。因为学科化恰恰有可能会将这种知识—文化再生产的社会批判锋芒减弱，而蜕化为一种新意识形态的建构。

法的政治共同体的规范式干预——关于这一点,将在本文第三部分做详细说明。

(2) 口语诗学:文化再生产与生活世界的解殖

正如徐新建所说,在现代汉语的场域中,表述需要得到进一步界定。"'表述'既与言说层面的'写作''表达''讲述''叙事'等关联,同时也跟实践层面的'展现''表演''仪式'及'践行'等相关。而文学人类学所关注和阐释的对象,就不局限于现代性意义上的作家文学,亦可指代包括歌谣、诵唱、符咒、图腾、假面、物象以及仪礼和转山朝圣等身体力行,乃至现代式的博物馆、教科书和影视传媒及网络博客等在内的各种表述行为。"① 也就是说,对话语实践的考察与反思,必须获得多样的观察与切入角度。这里,我们以口头文学为例来加以说明。

对口头文学传统的关注,或构想与实践一种"口语诗学"——如果我们以"诗学"来称呼这种知识话语建构,并非企图以反文本中心主义的方式来确立另一个以口头的民间传统为主的新中心;毋宁说,是在确保传统的文学研究和书面文学写作研究的自律性之同时,另外开辟一种文学研究的新可能性。这种新可能的正当性在于,它是将文学作为生活世界的话语体系而非仅仅是文本书写体系去把握。就此方面而言,作为一种文化再生产(cultural reproduction)实践,多民族文学研究的功能指向在于,它可能会对各民族的生活世界(lifeworld)做出一种有力的把握与阐释。也就是说,它所切中的是实际性的民族日常生活行为和交往实践;而这势必导致相关研究将突破对纯粹审美领域的关注,扩展到日常生活的实践—社会交往

---

① 徐新建:《表述问题:文学人类学的起点和核心》,《西南民族大学学报》(人文社会科学版) 2011 年第 32 期。

领域当中去，其方法是通过实证式的人类学或社会学还原，以及民族学和历史学的经验性介入。

这里所谓的"生活世界"和"文化再生产"，主要依据的是哈贝马斯社会理论的概念，而非胡塞尔（Edmund Husserl）意义上的"生活世界"和布尔迪厄（Pierre Bourdieu）意义上的"文化再生产"。① 虽然哈贝马斯在一定程度上继承了胡塞尔的生活世界学说，但是却对这一学说做出了明显不同于胡塞尔的语用学与社会学的界定，并将"生活世界"的场域由先验还原的意义之奠基域，移至实践性的主体之间的日常交往领域。

生活世界具有三个承担着不同功能的结构性要素：文化、社会和人格。② 就文化层次而言，文化再生产关系为生活世界成员一致分享的解释方案的传承。在社会互动层次，社会整合涉及通过经由主体间共享之规范而实现的行为协调，来形成主体间关系的正当秩序。而在人格层次，社会化过程力求培育起具有交往能力的人格。所以，文化、社会和人格组成了生活世界的三个结构性成分。借此，社会理性化过程使得曾经统一的生活世界分化为不同的结构领域和特殊

---

① 胡塞尔的"生活世界"是一种意识现象学而非社会理论的概念，并获得了一种科学批判的运用。这仅仅意味着，在现象学的视野中，胡塞尔把之前对主体意识状态的意向性结构分析调整为，将生活世界看作是通向主体先验还原的一个通道和奠基性的意义总体——它是"作为唯一实在的、通过知觉实际地被给予的、被经验到并且能够被经验到的世界"（参见胡塞尔《欧洲科学危机和超验现象学》，张庆熊译，上海译文出版社1988年版，第58页）。而布尔迪厄的"文化再生产"概念，则主要通过对文化资本、惯习和符号暴力的社会学批判，揭示了社会的不平等结构是如何通过文化的生产与再生产维持自身。从这个角度而言，布尔迪厄将文化再生产过程判定为，通过学校的教育行为促成了各种不平等阶级关系的社会合法化——正是在这个意义上，布尔迪厄对文化再生产过程的揭露恰恰与哈贝马斯背道而驰，因为前者忽视了在规范性的交往行为语境中，文化再生产对于实现社会整合与生活世界的重建所具有的积极价值（参见布尔迪厄、帕斯隆《再生产：一种教育系统理论的要点》，邢克超译，商务印书馆2002年版）。

② Jürgen Habermas, *The Theory of Communicative Action*, Volume 2, *System and Lifeworld: A Critique of Functionalist Reason.* Boston, MA: Beacon Press, 1987, p. 138.

的社会制度。因此，生活世界具有双重含义：一方面，它是指三种使交往行为得以发生的文化、社会和人格背景的视域型构（horizon-forming）；另一方面，也是指交往行为参与者继承和更新文化知识、建立社会团结记忆、形成社会认同的可能性资源。① 就社会的结构层面而言，与生活世界构成二元关系的是社会系统（system）。生活世界由交往行为所主导，而社会系统则由工具理性行为所主导。生活世界通过交往行为达成社会整合的目标，而系统则以权力与资本作为媒介，通过政治与经济的子系统来对社会进行总体式整合。随着现代性社会的发展，无论是生活的理性化还是系统的理性化都变得日益复杂，人类越来越难以靠自己的判断做出某种行为或决定。于是，一种社会危机得以暴露：以科层架构出现的行政机关的权力形态与市场机制中的金钱资本，开始作为沟通媒介调节着人类复杂的互动网络，渗透并控制了生活世界的各个领域——这就是生活世界的殖民化（colonization of lifeworld）。②

正是在此意义上，从文学研究的层次上来看，虽然多民族文学研究对文学的口头传统或口语诗学的关注③，是要"重新发现那最纵深也是最持久的人类表达之根"④。但是这种表达之根，其实质是：在日常生活的行为和实践语境中，口头文学所具有的以言行事的力量（illocutionary force）。对这一运作于口头文学的语言力量

---

① Mathieu Deflem, Introdution: Law in Habermas's Theory of Communicative Action, see: *Habermas, Modernity and Law*, London: SAGE Publications, 1996, p. 4.
② Jürgen Habermas, *The Theory of Communicative Action*, Volume 2, *System and Lifeworld: A Critique of Functionalist Reason*, pp. 332 – 377. 参见亦见氏《合法化危机》"第一部分：社会科学的危机概念"，刘北成、曹卫东译，上海人民出版社2000年版。
③ 参见徐新建《口语诗学：声音和语言的符号关联——关于符号学和文学人类学的研究论纲》，《西南民族大学学报》（人文社科版）2008年第3期。
④ 约翰·迈尔斯·弗里：《口头诗学：帕里-洛德理论》，朝戈金译，社会科学文献出版社2000年版，第5页。

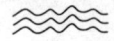

的重新发现与揭示,将有助于实现对生活世界本身的还原和把握;而社会系统是如何渗透进生活世界并控制扭曲利用了这一力量——比如,以经济和旅游业发展,或以"文化拉动经济"为理由所开展的政治权力与金钱资本对少数民族地区和文化的渗透与控制——对这些问题的揭露与批判,则有助于促进生活世界的解殖(de-colonization)。

根据雅各布森,诗性功能不是语言艺术的唯一功能,而是一种主导功能和决定结构特征的功能,但一旦到了其他语言活动中,它所发挥的就是一种次要的和补充的作用,而"诗性语言只有依据一种特定功能的优先性和结构力量才能凸显出来,而这种特定功能永远都是和语言的其他功能一起得到满足的"①。换言之,文本书写系统的诗性功能,只有在这种情况下才得以体现:在日常交往的正常情况下附着于话语身上的以言行事的力量被剥夺或消解。然而,在"以歌为本"的口头文学系统中,恰恰通过声音系统(声音、音乐)、行为系统(舞蹈、仪式)和文字系统(符号象征)②等多方面的整合,承担起了在地方性的民族日常生活之交往结构中的以言行事功能。口头文学或口头的民间传统,实际是一种日常交往的生活世界之话语展开的结晶。"在日常交往实践中,言语行为的活动领域不是虚构的文本世界,而是具体的行为语境。参与者不是要试图了解它,而是必须熟悉它,并且不能置身其外,而必须亲临其境。"③传统的文学研究方法,对于这种运作于具体行为语境当中的话语是

---

① 哈贝马斯:《现代性的哲学话语》,曹卫东等译,译林出版社 2004 年版,第 235 页。
② 参见徐新建《口语诗学:声音和语言的符号关联——关于符号学和文学人类学的研究论纲》,《西南民族大学学报》(人文社科版) 2008 年第 3 期。
③ 曹卫东:《交往理性与诗学话语——论哈贝马斯的文学概念》,《文学评论》1998 年第 4 期。

极其乏力的。因此，多民族文学或文学人类学研究具有的实证式田野考察、参与式的观察记录重述等方法的运用，所涉及的就并非仅仅是口头"文学"方面的问题，而是一种参与性的日常生活的行为和实践语境的问题。

这一点，尤其在民歌盛行、以歌对话的民族区域表现得十分明显。而对民族地区"以歌为本"的口头文学的考察，在某种程度上就是要考察关于这一区域的地方性日常生活系统和交往结构。比如，就广西壮族地区的"歌圩"而言，有学者指出，歌圩在一定程度上是"有边界的社会交际平台"，而对歌圩的研究应进入特定地方知识系统，对其作具体了解。在总体把握时间、空间、实践主体等特性的基础上，描述其结构网络，进而考察其主要活动。从中可知，这个节日与男女两性的聚会对歌活动确有密切关系，但也包含宗教、经贸等方面的内容。[①] 而歌圩作为一种学术概念的形成和推广，与岭南本土历史文化特点和民族文化研究的知识范式有密切关系，从而折射了岭南历史文化纠缠着长程的地方现实变迁和历史记忆，以歌圩切入广西、壮族的歌俗研究，并不一定意味着遮蔽地方表述和民间传统。对歌圩的研究既要对"歌圩"及类似的外来记录、命名、研究加以分析，廓清这种知识生产类型背后的文化背景和社会动机，同时也要对"歌圩"所指向的口头文化事象——"歌"与"歌俗"的关注。[②] 这种关注应当透过诸如"歌圩"等外来知识言述的表层，

---

① 参见陆晓芹《歌圩的地方性表现及其意义：以广西西部德靖一带壮族民间节日"航单"为个案》，《百色学院学报》2011年第5期。
② 参见梁昭《汉壮文化的交融与疏离——歌圩命名再思考》，《民族文学研究》2007年第1期。

力求描述自在、自为的民间"歌唱"本身。① 换言之，这种理论诉求意味着：对口头文学的研究，一方面是要揭示在文学的书写系统中所失去，却在文学的口头传统的日常交往实践中保持了下来的以言行事力量；另一方面，也要具体辨析民族的日常生活世界是如何在话语实践行为当中被表述，以及如何被强行整合进更大范围内的社会生活。

因此，多民族文学研究对口头传统的考察，是对日常生活的交往行为得以发生的文化背景或视域型构的考察；而这一文化背景或视域型构，又构成了生活世界成员自身能够一致分享并得以传承的文化再生产。将视野投注于民族的生活世界及其文化再生产领域的多民族文学研究本身，由于其自身的理论构架与阐释实践，则又成了一种更大范围的文化再生产行为——它所涉及的是：多元的民族文学研究及其承担者，被纳入多元一体的框架和平台中，在对话中成了交往行为的参与者；而这样一种对话与参与，将为中国现代性社会转型，提供继承和更新文化知识、建立社会团结记忆、形成社会认同的可能性资源。

（3）多民族文学史观的重建：个人认知潜能与社会集体学习

就多民族文学史观的重建而言，徐新建指出："2008年，中国大陆的学术界都在反思'三十年'，也就是1978年以来的改革开放。这其实是给我们提出了很大的问题。我们的论坛能否为这个话题提供一个多民族话语的反思呢？我想这次会议已在提供了。……我们大

---

① 徐新建自1998年起发表的以"侗歌"为例讨论歌谣研究的系列文章：《侗族大歌："本文"与"文本"的相关与背离》，《文艺报》1998年3月7日；《"侗歌研究"五十年：从文学到音乐到民俗》，《民族艺术》2001年第2、3期；《无字传承"歌"与"唱"：关于侗歌的音乐人类学研究》，《民族艺术研究》2006年第1期，转引自梁昭《汉壮文化的交融与疏离——歌圩命名再思考》及注释5。

家看见，其实这样的工作有人在做，但是不够。扩展来看，要反思的不仅仅是'三十年'（1978—2008），还有'十七年'（1949—1966），更还有整个20世纪的一百年（1900—2000），这么大的一个历史，该怎么样来重新评价？"①进入21世纪以后，在多次举行的"中国多民族文学论坛"中，"出于对少数民族文学重新定位和对中国文学整体把握的思考，来自各地不同机构的学者们逐步提出了需要从多民族关联的角度关注文学史观的问题，理由是不如此便不能完整地描述中国作为多民族国家的基本面貌及其文学构成"②。而"从内容上看，诸位学者已有的讨论涉及对此命题的源起和含义的追问，对此命题的诉求、践行的可行性径路与困境进行省察，以及在此命题引领下所进行的个案研究等等"③。

这也就是说，在中国的现代性转型进一步展开的语境中，对多民族文学史观的讨论、建构和扩展的问题意识，一方面所指向的是，作为一种知识—文化再生产，多民族文学研究如何提供了一种重新观察和书写中国文学史的可能；另一方面，更重要的功能是，这种重写文学史的尝试与努力，并非仅仅局限于专题化的文学史学科知识更新，而是它有可能促进对民族—文化记忆和政治共同体记忆的修正与重构。

就中国近现代的文学史书写而言，"在政治上主要受制于'天朝体系'的崩溃和'民族国家'创立；在学术上则出自对本土传统的叛离、改造与对西学范式的接纳和对应"④，换言之，以民族—国家

---

① 徐新建：《汇集·扩展·宽容：第五届"中国多民族文学论坛"的观察和展望》，《重庆文理学院学报》（社会科学版）2010年第4期。
② 徐新建：《"多民族文学史观"简论》，《民族文学研究》2007年第2期。
③ 王立杰：《起点与限度：对"多民族文学史观"讨论的思考》，《民族文学研究》2009年第1期。
④ 徐新建：《"多民族文学史观"简论》，《民族文学研究》2007年第2期。

为核心的世界体系之现代演进作为参照系，以合理性为核心的现代文化—价值系统与知识谱系之合理化演进作为标准，中国的"国别文学史"书写在"国家民族主义"的前提下，把文学史纳入政治共同体的历史书写。这样的途径，其实质是：在建立中华民族—国家的主体性的语境中，以文学—文化的名义实现华夏民族—国家在现代性展开过程中的民族认同与主体自我确证（self verification of subject）。[1] 因为，在某种程度上，为自我与他者确定界限的是民族精神，而这种民族精神又集中蕴含在以语言为载体和功用的文学—文化之中。然而，"界定国家和书写历史的矛盾也就随之而来：一方面要强调'中华'本位，另一方面要顾及'五族'共和；既要在推翻清帝的前提下建设现代的'民国'，又要在列强体系的挑战前接叙昔日的'天下'"[2]。这种矛盾来自这一思路——以文学—文化的方式，所进行的民族认同与主体自我确证——内部深刻的悖谬：一方面，文学国家化意味着作为专业知识的文学史书写，在其运用上完全是政治的和公共的；另一方面，以文学—文化为理由，来对民族认同和主体自我确认做出的解释，却完全是非政治性的。[3]

中华人民共和国的成立意味着夷夏格局的新拓展，多民族共同体的构成在宪法上获得了法定化的明确。但是，由于族群结构上二元并置模式（汉族—非汉民族）的限制，"导致了'国别文学史'书写中汉族地位的中心化和其他所有'非汉民族'的边缘化、陪衬

---

[1] 参见徐新建《"多民族文学史观"简论》，在该文中，作者分析了梁启超、胡适等人的文学史观，并认为"把文学纳入国史，升为国学，并通过二者的整合，团结族群、成就国家（'群乃结'、'国乃成'），继而企望在世界列强的围绕之中使'华夏传统'重放光彩"。《民族文学研究》2007年第2期。

[2] 同上。

[3] 参见哈贝马斯《后民族结构》第一部分"民族语境"，曹卫东译，上海人民出版社2002年版，第3—46页。

化。与此同时，出现了'中国文学史'的两条系统：一边是以华夏为主的'汉族文学史'书写，另一边是以非汉民族为主的'少数民族文学史'类型"。这样的事实，却又造成了政治共同体层面的集体认同之正当性的规范来源（由《宪法》所明确的多民族平等且共在），与中心—边缘二重结构所导致的经验性事实之间，出现了明显的断裂。

在多元一体格局下，多民族文学史观的规划与重建，不仅仅意味着对过去一元"华夏论"和二元"汉—非汉"模式的突破及对多元主体对话空间的扩充，① 更意味着：要对多民族法共同体的规范性意义，在文学—文化领域中予以社会有效性的坐实——这并非以后者去论证或证实前者的正当，恰恰相反，这是在首先肯定前者规范性意义，并明确了民族认同与共同体自我确证之普遍主义来源的前提下，以文学—文化的方式对统一的多民族现代性国家之正当性的对应。因为，"历史不仅是往日的记忆而且是未来行进的基点"②。换言之，一旦这种关于民族—文化记忆与政治共同体记忆的修正和重构，以文学史的方式成为一种知识话语，被建构并保存进中国的文学研究和文学教育领域，那么也就为中国现代性转型过程的社会学习，提供了一种新的思想资源和认知潜能。

这里的关键在于，无论是社会转型还是社会演变，其实都可以被视作是一种二维的学习过程。③ 社会学习取决于个人学习，这在社会演进理论中扮演了重要角色。这有点类似于生物进化论中的突变理论，因为学习的成果可以被保存下来并作为某种传统的元素传承

---

① 徐新建：《"多民族文学史观"简论》，《民族文学研究》2007年第2期。
② 同上。
③ Thomas MaCarthy, *The Critical Theory of Jürgen Habermas*, Cambridge：The MIT Press, 1981, p.246.

下去。但有一种重要的差异性需要注意：意识结构的个体发育，并非一种偶然变异的事件，而本身就是一种定向过程。① 人类不仅在技术实用性知识的层面上学习，这种知识是生产力发展决定性的因素；同时，人类也在道德—实践意识的尺度上学习，而这是交互结构的关键。② 换言之，社会整合领域中的发展并非简单跟随在物质生产领域发展之后并被后者所决定，它有自己独立的逻辑。

这种二维性意味着，在互动交往领域中的合理化过程，既不同于生产力领域的合理化过程，也不是该合理化过程的结果。社会演进并非在于特定价值的制度化，③ 而在于合理性结构的制度性体现，这使在新层面的学习得以可能。就字面意义而言，只有个体才学习，但是，学习能力和个体成就都是某种资源，这一资源可以被利用于新社会结构的形成。作为个体学习过程并寻找到进入文化传统的诸结果，它们充当着某种认知潜能。这种认知潜能勾勒出了个体思想取向和思想表达的基础。当不可解决的系统问题要求社会整合的基本形式有所转换之际，这一认知潜能就可以被社会运动所利用。也就是说，潜在有效的合理性结构，可能会被社会运动转换成社会实践，结果是它们最终得到了一种制度性的体现。④

这一关于社会学习和演进的理论，具体到多民族文学研究领域

---

① Jürgen Habermas, *Zur Rekonstruktion des Historischen Materialismus*, Frankfurt am Main, 1976, p. 188.

② Ibid., pp. 162 – 163.

③ Talcott Parsons, (1951) *The Social System*, London: Routledge, 1991, pp. 157 – 158, 160 – 162, 167.

④ Jürgen Habermas, *Zur Rekonstruktion des Historischen Materialismus*, Frankfurt am Main, 1976, s. 118. Also see: Jürgen Habermas, *The Theory of Communicative Action. Vol. 1, Reason and the Rationalization of Society*. Trans. Thomas McCarthy. Boston: Beacon Press, 1984, p. 314. & David S. Owen, *Between Reason and History: Habermas and the Idea of Progress. Chapter 2, Habermas's Conception of Critical Social Theory*, New York: SUNY Press, 2002, p. 63.

则意味着,在中国的社会转型的语境下,民族作家的文学书写、口头文学的传统与现实,以及对这二者的专题化学术研究,无论其是否自觉,它们都共同具有一种无法摆脱的社会功能:就民族—国家观念的更新与重建而言,它们都参与了个体在这个方面的认知潜能的构建,同时也为个体在社会转型和社会整合的过程中提供了思想取向和思想表达的可能,而这恰恰是建基于社会集体学习和文化再生产的社会演进之前提条件。因为,就社会而言,"生产力的发展和规范结构的变化分别遵循不断深入的理论认识和实践认识的逻辑。因此,集体学习过程,亦即世俗知识和技术的历史以及确保认同的解释系统的结构转型,所遵循的是可以用理性加以重建的模式;但这些模式只能解释可能发展所带来的必然逻辑后果。而实际的发展,比如创新和停滞、危机的出现、危机的有效解决或无效处理等,只能用经验机制加以解释"①。也就是说,作为中国现代性转型所面对的约束性条件,民族—国家问题要得到有效的思考与回答,就绕不开持续不断的社会集体学习过程——多民族文学史观,恰有可能为这种学习提供一种有益的能量。

如以阿来的文学创作为例,"在汉藏关系当中,阿来的言说并非只限于中间夹层,而还包含有深厚的另外两极,也就是自我和人类。……首先,作为藏传佛教的传承者,自我生命的救赎,在阿来作品中是始终呈现着的,从《尘埃落定》的'傻子'塑造,到后来《格萨尔王》对藏地诸神的改写,都有对生命自我的终极追问;而在另外一极,跳过自我乃至民族和信徒群体,阿来的表述进入了

---

① 哈贝马斯:《合法化危机》,上海人民出版社2000年版,第19页。

作为整体的世俗人类"①。也就是说,阿来对民族和国家的叙事,是处于两个叙事层次之间,即处于传统文化系统的生命自我追问与关于整体的人类命运关怀之间。但是,恰恰也正是这两个叙事层次所涉及的内容——文化传统与个体经验、个人的偶在性与人类的普遍性,构成了写作者个体的认知潜能,并为他提供了关于民族和国家的叙事的动力和方向。

再如第五届多民族文学论坛青年学者研究成果,则充分体现了在构筑并推进个人认知潜能与思想表达方面,专题化的学术研究所具有的力量与可能。"中国社科院的刘大先对'中国形象的多样性表述'进行分析、高荷红提出打通使民间文学与作家文学长期隔绝的学理之墙的问题;集美大学的夏敏把讨论中国多民族文学的视野扩展到海峡两岸,提出了大陆与台湾在故事传说上的交融和比较;首都师大刘珩和四川大学的李菲不谋而合,从民族志与民族文学的关联出发,探寻在人类学构架中阐释多民族文学的理论方法及价值意义。又比如川大的博士生王立杰。他这次提交的文章整个把已发表的多民族文学史观文章一篇篇地看,一篇篇地研究,分析里面的问题意识是什么,方法论是什么,材料是什么,问题在哪里,有没有重复的,有没有突破的,等等。……这其实都是在尝试对以往的历史作某种时段性分期,以便于为'多民族文学史观'及'多民族文学论坛'这样的从学理到现实的共同努力,划出一点新的平台和阵地。"② 就这些多民族文学的研究成果而言,它们首先是作为一种个体的学习过程之结晶而出现,并在通过话语可以兑现的有效性要求的引导下进行。

---

① 徐新建:《表述问题:文学人类学的起点和核心》,《西南民族大学学报》(人文社科版)2011年第32期。
② 徐新建:《汇集·扩展·宽容:第五届"中国多民族文学论坛"的观察和展望》,《重庆文理学院学报》(社会科学版)2011年第4期。

多民族文学研究公共性的边界与可能：
以多元一体论为核心

如上所述，多民族文学研究公共性诸层面，是要在中国现代性社会的展开与转型的历史语境与现实语境中才能获得理解的；并且其思想层面公共性，分别在三个方面——话语实践批判、生活世界的文化再生产、文学史观的重建——具有可运用性。在很大程度上，为这一可运用性提供理论保障的是，关于中国这个统一的多民族国家的"多元一体格局"论。

根据费孝通的解释，所谓"多元一体"或"中华民族多元一体格局"（the pattern of diversity in unity of the Chinese Nation），主要可以概括为三个要点。首先，民族认同意识的多层次论。在多元一体格局中，56个民族是基层、中华民族是高层。而"中华民族"是包括56个民族的民族实体，而不是把56个民族加在一起的总称。因为这些加在一起的56个民族已结合成相互依存的、统一而不能分割的整体。在中华民族这个民族实体中，所有归属成分都已具有高一层次的民族认同意识，即共休戚、共存亡、共荣辱、共命运的感情和道义。其次，形成多元一体格局的过程，是从分散的多元结合成一体；在此过程之中，汉族作为多元基层中的一元，成了发挥凝聚作用的核心。而形成的一体不再是汉族而成了中华民族，一个高层次认同的民族。最后，在中华民族的高层次上的认同，并不一定取代或排斥低层次的各民族的认同。不同层次可以并存不悖，甚至在不同层次的认同基础上可以各自发展原有的特点，形成多语言、多

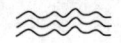

文化的整体。所以高层次的民族实质上是个既一体又多元的复合体，其间存在相对立的内部矛盾，是差异的一致，通过消长变化以适应于多变不息的内外条件，而获得这共同体的生存和发展。①

按照这种解释，多元一体格局既是对一个统一的多民族政治共同体的现实描述，同时更重要的又是一种关于多民族共同体之统一的政治正当性论证。就这种论证本身来说，其内部又可以划分为两个彼此相关联的层次："多元"所涉及的是，关于组建政治—命运共同体的参与者，其自身价值与意义的相关性论证；而"一体"所涉及的，则是对政治—命运共同体的稳定性论证。

就"多元"而言，民族层次上的集体认同，并非来自一些纯粹抽象的和普遍的规则和建制，而是奠基于族群的亚文化系统和生活世界本身的价值与意义。因此，多元一体论处理的问题其实是：如何在"生活世界"与"系统"之间建立合理的有机联系——这二者由"多元"与"一体"所分别对应。值得推敲的是第二个层面的论证，即"一体"所指涉的系统稳定性论证方面。

关于"一体"，有很多论争。② 以中国历史上多民族的文化融合或民族之间的历史联系，来强调56个兄弟民族的整体认同和相互不

---

① 参见费孝通《中华民族多元一体格局》，中央民族大学出版社1999年版，序言第1—13页，正文第3—43页。

② 参见徐杰舜、韦小鹏《中华民族多元一体格局理论研究述评》，《民族研究》2008年第2期。此外，王立杰在《起点与限度：对"多民族文学史观"讨论的思考》一文中敏锐地指出："中华多民族文学史观的讨论中缺少了一种以'文学属性'切入'文学'、透视'文学史'的视角。而这种视角的引入恰恰是认知'多元一体'之'多'与'一'的可能性径路。"这种以"文学性"为切入角度的方式，无疑为多民族文学史观和对文学审美领域的"多"与"一"的思考，提供了一种颇具价值和深度的思考进路。但值得商榷的是，这一思考进路可能会带来另一种危险，即对"多元一体格局"论本身意向所指的遗失。因为"多元一体格局"论，并非从"文学性"或审美的角度来为多元与一体提供论证，而是以"多元一体"作为论据，来证成实践领域中的民族—国家的政治—命运共同体之正当，并以此来为社会整合、国家统一与文化的多元之并行不悖提供理由。

可分割的实体,这样的思路具有双重危险。第一,它容易陷入乞题谬误(allacy of begging question)的循环:因为在某种程度上,这一论证是以已经成为事实的多民族国家统一体来作为论证中华民族"一体"之正当性的前提;第二,民族的文化融合与历史联系,无论它们在实证证据的支持下是多么真确,但终究只是涉及与经验性的事实和偶然性的历史相关的社会有效性,而并非规范的应然有效性——换言之,它们无法为"一体"涉及的系统稳定性提供可靠的论证保障。问题的关键在于,民族层次的认同,如果要与对更高一级政治共同体的认同相结合,那么它们必须获得一个稳定而有效的起点,这个起点能够为多民族国家与多元文化的存在提供一种基本理由。如果民族—国家只是在一种"想象的政治共同体"(an imagined political community)的意义上得到把握的话,那么现代国家的合法性根据的规范意义,则有可能遭到消解。对于民族层次的认同与国家层次的认同的结合问题,若我们不从特定的法共同体的角度加以解释,不从该特定法共同体所法定化的民族权利与宪法原则的角度加以观察和反思,那么,就有可能会造成在丧失了对"一体"的有效把握之同时,也失去了对"多元"进行论证的基础。[①] 也就是说,对于多民族国家的统一进行论证的话,必须建立在一种更强有力的现代政治共同体之原则的纽带上。

"现代民族国家的最重要的功能是确保其每个公民的基本权利,而在我们的时代,文化多元主义的事实和确保公民权利的任务这两方面,决定了民族国家层次上的整合力量只能是法:它既是文化和

---

① 关于民族认同和国家认同的划分,可参见 David Miller, *On Nationality*, Oxford: Claredon Press, 1995;关于公民民族主义和族群民族主义的区别,可参见 Anthony Smith, *National Identiy*, Reno, Nevada: University of Nevada Press, 1991。

种族方面各不相同的亚共同体之间的公分母,又是该民族国家中自由平等的公民的意志的体现。"① 在此意义上,无论是接续了"五族共和"理念的中华民国,还是将民族区域自治写入宪法的中华人民共和国,首先是作为现代意义上的共和国与法的政治共同体而存在。多元一体的"一体",在现代国家的条件下,首先应被把握为法的规范意义上的"一体",而不仅仅是在历史过程中榫合而成的、经验意义上的"一体"。

国家的宪法体现了一种社会契约的原则性,它是一切具体共识和妥协的基础:在多元化的社会中,宪法代表一种形式的共识,从而形成了一种规范意义上的正义或约法的应然有效性。而"民族和传统文化所形成的共同体是前政治性的共同体,它的成员的身份不是公民,而是民族或文化集体成员。现代意义上的政治共同体与民族或者传统文化共同体不同,它的维持框架不是自然的血缘或文化亲情,而是刻意构建,是非自然的社会公约。这个社会公约就是宪法。社会成员由宪法获得政治共同体成员的公民身份,承担起公民身份也就意味着把与此不同类的民族或文化身份搁置起来"②。

从某种意义上讲,中华人民共和国宪法所确认对民族区域自治的制度性认同,必须与宪法所确认的基于公民基本权利的制度性认同结合起来。这是多民族国家现代性转型之一体两面的内容,它必须做到的是民族权利与公民个人权利的并行不悖。正如哈贝马斯所说:

---

① 童世骏:《政治文化和现代社会的集体认同》,《二十一世纪》1999年4月号,第52期。
② 徐贲:《战后德国宪政与民主政治文化:哈贝马斯的宪政观》,《二十一世纪》1998年6月号,第47期。

宪法原则可以生根于其上的政治文化，根本不必依靠所有公民都共有的种族上、语言上和文化上的共同来源。一种自由的政治文化所培育的只是一种宪法爱国主义（constitutional patriotism）的公分母，它使人们对一个多文化社会的各不相同但彼此共存的生活形式的多样性和整体性这两方面的敏感性都得到加强。……以这种形式所作的特殊主义的根植，人民主权和人权这两个原则的普遍主义一点意义也不会减少。这一点是肯定的：民主的公民身份不需要根植于一个民族的民族认同之中。但是，尽管各文化生活形式的多样性，民主的公民身份确实要求所有公民在共同的政治文化之中经历的社会化过程。①

……政治共同体的认同主要依赖于根植于政治文化的法律原则，而不完全依赖于一个特定的伦理—生活形式。②

正是在此处，作为知识—文化再生产的多民族文学研究，遭遇到了它本身的逻辑性边界。这里所谓的逻辑性边界是指：多民族文学研究是一种基于文学研究的、关于相关领域的社会有效性的批判，它无法也不应涉及对约法或法共同体的规范式干预（interventions on the normative structure）。正好相反，只有首先在肯认这一约法的规范性有效之前提下，这种批判才有可能得到合理的理解与安排。

然而，恰恰也是由于这一逻辑边界的存在，多民族文学研究的公共性价值获得了一种可能，即：作为一种知识—文化再生产，在一定条件下，它可能会促进一种"政治文化"的更新和推进。这里所谓的政治文化（political culture），是在哈贝马斯的意义上来界定

---

① 哈贝马斯：《公民身份和民族认同》，《在事实与规范之间：关于法律与民主法治国的商谈理论》，童世骏译，生活·读书·新知三联书店2003年版，第664页。
② 同上书，第679页。

的。他认为，作为涉及民族层次，甚至超民族层次上的集体认同的"政治文化"，其地位介于政治意义上的认同和文化意义上的认同之间。这是因为，一方面，这种政治文化是"政治的"，所以它可以成为这种越来越文化的社会中的政治认同的基础，而这种政治文化同时又是文化的，所以它可以连接公民的动机和态度；另一方面，这种政治文化同主流文化传统相分离，从而对尽可能多的亚文化传统一视同仁，同时它又应具有足够的整合力，把一个多文化的政治共同体凝聚在一起。也就是说，真正稳定的国家统一应当体现为，公民们对一种共同的政治文化的认同与分享，而共同的政治文化则又必须成为既形成多元意识又培育多元社会共存感的宪法爱国主义共同标准。

在一定程度上，哈贝马斯的这种政治文化，是一种"同政治物相关的文化"，且与耶尔·塔米尔（Yael Tamir）关于民族的文化自决的观点相互补。塔米尔所认同的民族主义是与自由主义紧密相连的。自由主义的民族主义（liberal nationalism）倾向于放弃主权国家的诉求，而把重点转向文化差异性的保障，以文化自决来化解政治民族主义与文化民族主义之间的张力。根据塔米尔，民族自决有政治和文化的两条途径。文化途径的自决，要求的并非自我统治—管理（self – rule）意义上的政治主权自治，而是自我决断或自主意义（self – determination）上的文化自决。[1] 据此，正是在这种限定与可能之中，对于在多元一体格局框架下展开的多民族文学研究，我们就其公共性内容的谈论或者对其社会义务的设想，才是有效的。

---

[1] Yael Tamir, *Liberal Nationalism*, Princeton: Princeton University Press, 1993, pp. 8 – 9, 66 – 70.

以言行事与符号"仿真"

——民族与族群理论的实践话语

纳日碧力戈[①]

民族译名的讨论是中国民族研究特色,其中有自古以来"名正言顺"的传统影响。斯大林严格区分 Natsia 和 Narodnost,前者指资本主义上升时期的人们共同体,后者指"产生于部落之后的、奴隶社会和封建社会的人们共同体",其根据是他本人在《马克思主义与语言学问题》中的表述:"随着资本主义的出现……于是部族就变成为民族,而部族的语言就成为民族的语言。"[②](李立三译)其中的"部族",在俄语中是 Narodnost,"民族"是"Natsia"。新中国成立后,以名辨族、以名定族的任务相当紧迫,这也是国家分类体系所需要发展和加强的"施为句"功能。虽然当时中国的非汉族群体发展很不平衡,有的保持浓厚的"原始公社残余"也不符合斯大林的民族定义共同的语言、共同的地域、共同的经济生活、建立在共同心理素质上的共同的文化,这四个要素缺一不可;资本主义上升时

[①] 作者简介:纳日碧力戈,贵州大学教育部长江学者奖励计划讲座教授,复旦大学特聘教授,社会科学高等研究院专职研究员。

[②] 转引自马寅《关于民族定义的几个问题——民族的译名、形成、特征和对我国少数民族的称呼》,《冯寅民族工作文集》,民族出版社1995年版,第144—165页。

期形成久，但"他们已经处于资本主义上升以后的时代""已经不是古代社会范畴的人们共同体，而是现代社会的人们共同体，是现代民族的一种类型"。① 全球化的资本主义打破弱小群体的闭关锁国，强行把它们纳入国际经济体系中，争夺它们的原料和市场。新中国基于这样的认识，把领土内所有人们共同体统称为民族，并且识别出55个少数民族。

一

施为句亦称施行句，是英国哲学家奥斯汀（J. L. Austin，1911—1960）提出的术语，指"说出一个句子本身就是'实施'一个行动"，例如"我道歉""我答应……"等。② 在中国，领导层的"施为句"表现为政策指令、红头文件等，中央一声令下，全国雷厉风行，领导说话就"成事"。学者辩论民族译名，也反映他们的学术立场和民族观，同时也由于加入领导话语而不同程度地产生"施为"效应。"民族"本是西来概念，要让它植入中国话语，需要做两方面的工作：一是改造中国实际，使之适应这个西来概念；二是改造这个概念本身，让它符合中国实际。静观中国的民族话语及其实践过程，可以得出这样的结论：前半段是利用民族概念努力改造中国实际，后半段是努力改造"民族"概念本身。

1949年以前的半个世纪充满暴力和战争，先是清朝灭亡前后的

---

① 转引自马寅《关于民族定义的几个问题——民族的译名、形成、特征和对我国少数民族的称呼》，《冯寅民族工作文集》，民族出版社1995年版，第159页。
② 参见［英］戴维·克里斯特尔编《现代语言学词典》（第四版），沈家煊译，商务印书馆2007年版，第262页。

外战内乱，后有日本入侵，全民抗战。国共两党对中国前途最终没有达成共识，导致抗战胜利后的内战，共产党赢得中国大陆，国民党败退台湾。在这个漫长的战争过程里，中国共产党把统一战线作为首要工作，成功地得到包括少数民族在内的各界人士中多数的支持，为建立新中国奠定坚实基础。这是一个"施为句"时代，掌握统治话语权的中国共产党承认少数民族的自治权力，制定行之有效的自治政策，在反复协商的基础上承认少数民族的政治和文化地位，以名辨族，以族辅名，让少数民族精英看到民族希望，加入统一战线。① 作为最典型的例证，原来深受蒙古和苏联影响的内蒙古人民革命党在1946年"四·三"会议后，认识到国内外形势，接受中国共产党领导，宣布停止活动，其领导人特木尔巴根和哈丰阿转入和加入中国共产党了，并成为内蒙古自治运动联合会的领导成员。② 中共中央鉴于东蒙人民要求成立内蒙古自治政府，"国内舆论逐渐同情内蒙自治"，而且国民党势力已侵入内蒙古的形势，同意成立东西蒙联

---

① 早在1930年，内蒙古上层就向当时的国民党中央政府提出自治要求，锡林郭勒盟、乌兰察布盟和伊克昭盟的盟长、副盟长和各旗札萨克联名通电南京政府，要求允许"蒙古实行高度自治"，"并发出通知预定于9月28日在乌兰察布盟喀尔喀右旗百灵庙召开全蒙古王公札萨克、总管代表及旅外人士的大会成立自治政府"。许多报纸都刊载了这个通电，举国轰动。几经周折，国民党中央政府同意"蒙古地方自治"，并由蒋介石、汪兆铭提出，于1934年2月28日召开的"第三九七次中央政治会议"上通过"蒙古自治办法原则"。但由于"边省大吏"的阻挠，中央政令不畅，这种"自治办法"直到1949年国民党退走台湾也未能实施。参见札奇斯钦《我所知道的德王和当时的内蒙古》，中央文史出版社2005年版，第98—99、131、136页。由此看，共产党说的是"施为句"，而国民党说的是"无为句"，这两种句式的差别从一个侧面说明了国共两党各为主导中国命运而战的结局。

② 参见刘春《内蒙工作的回忆》，内蒙古自治区政协、文史和学习委员会编《内蒙古文史资料》第五十辑"内蒙古自治政府成立前后"，内蒙古政协文史书店1997年版，第58—64页。

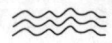

合成立高度自治的地方性政府。① 这种以指示、讲话和电告等形式出现的话语，实践了中国共产党的统战思想，本身就是行动，绝非无所指的符号。在这个民族实践话语中，东部蒙古族精英和中国共产党的代表进行广泛的政治协商，由坚持内蒙古人民革命党领导内蒙古自治、蒙古人管蒙古人，到放弃我族主义，接受中国共产党的统一领导，都主要是通过会议、谈判和争论实现的，这是典型的"施为"过程。当然，"施为句"的前提是"说话算数且有行动的支持"，也有索绪尔式能指和所指的高度一致。在国共两党决一雌雄，中国前途已经出现端倪的形势下，行事和说话合一，不容随意。无论是东部蒙古族精英，还是中国共产党的代表，只要对方说"我不同意"那就意味着事关重大，就意味着实际行动，就要坐下来耐心地再谈。当时的"我不同意"这句话很有分量。1946 年，中国共产党在内蒙古的代表之一刘春，与东蒙古人民自治政府的领导人哈丰阿和特木尔巴根谈判，提出取消内蒙古人民革命党和解散东蒙古人民自治政府，由中国共产党主持的内蒙古自治运动联合会统一领导，谈判充满施为话语和命名（任命）行为的张力：

> 原来我们建议联合会执行委员会增设一名副主席，由博彦满都担任。哈丰阿提出要由博彦满都来当主席，乌兰夫同志改任副主席。他的理由是东蒙不熟悉乌兰夫同志，博彦满都在东蒙有影响……
>
> 为了使谈判早日获得结果，改由我同哈丰阿、特木尔巴根个别交换意见。我说："博彦满都据说原来也是内蒙古人民革命

---

① 《中共中央关于考虑成立内蒙自治政府的指示》，内蒙古自治区政协、文史和学习委员会编《内蒙古文史资料》第五十辑"内蒙古自治政府成立前后"，内蒙古政协文史书店1997年版，第12页。

党，可是他毕竟跟着日本人走了这么长一段，而且是伪兴安总省的省长，怎么好同乌兰夫同志比拟呢……"经我这样一说，特木尔巴根首先表示："就由博彦满都当副主席吧！这样很好。"但是哈丰阿还有点保留，他说："我也没有什么意见，不过这要由博彦满都自己定。"这明显表露了他在争取联合会主导地位的打算不能实现以后，不那么满意。所以我说："这怎么好由他本人来定呢？还是你提出意见请他考虑，征求他的意见吧！"但哈丰阿坚持要博彦满都自己定。于是我说："那你们二位去跟他谈吧！我不便同他谈这个问题。"这样哈丰阿也不好推辞，当天晚上，他们就找博彦满都谈了。第二天早晨告诉我，博彦满都同意乌兰夫同志仍任主席，他当副主席。哈丰阿对此还表示惊讶，说："我也没有想到他答应得这么痛快。"我说："好啊！他自己都同意了，那这个问题就这样定了。"①

这里需要指出的是，奥斯汀的施为句"偏冷"，没有充分考虑感情和感情符号在施为句中产生的作用：

> 联合会成立大会刚刚结束。正在建立机构、布置工作的时候，内蒙古东部的包玉琨从王爷庙来到张家口……他带来了特木尔巴根写给佛鼎、云润、德勒格尔等三人的一封介绍信（人数和人名记不准确了）。乌兰夫同志看了介绍信以后，不知道特木尔巴根是谁，因为乌兰夫同志在苏联的时候，只知道特木尔巴根的汉名，而不知道他的蒙名……
>
> 我们和博彦满都、哈丰阿、特木尔巴根等一起从赤峰到承

---

① 刘春：《内蒙工作的回忆》，内蒙古自治区政协、文史和学习委员会编《内蒙古文史资料》第五十辑，内蒙古政协文史书店1997年版，第59—60页。

德后不久，乌兰夫同志也到了……乌兰夫同志一见特木尔巴根，就说："啊，是老张啊！你在信上写特木尔巴根，我还不知道是你呢！"原来特木尔巴根在苏联留学的时候叫张成。当时特木尔巴根在东方大学，乌兰夫同志在中山大学，后经共产国际派回国，乌兰夫同志在内蒙古西部工作，特木尔巴根在东部活动。双方原来都不知道谈判的对手是谁，没有料到老友重逢，久别之后，又会使在一起，都很高兴，这就为以后的谈判带来了有利因素。①

施为句的效用和感情有关，正是由于乌兰夫和特木尔巴根这段"苏联经历"让他们找到共同的感情符号，施为句的效用大增，使特木尔巴根容易和乌兰夫达成共识。这也是中国共产党的统战法宝：晓之以理，更要动之以情。② 奥斯汀仅从词汇分类着眼研究以言行事，没有考虑语境和情感，也没有考虑博弈过程和历史话语，因而

---

① 刘春：《内蒙工作的回忆》，内蒙古自治区政协、文史和学习委员会编《内蒙古文史资料》第五十辑，内蒙古政协文史书店1997年版，第41、54页。
② 红军长征中，刘伯承和彝族咕基家族首领小叶丹以"血酒"结拜兄弟，顺利通过彝区，是个著名的党史范例：小叶丹等人来到彝家海子边时，刘伯承已经在这里等候了。一见小叶丹，他们非常高兴地迎了上去。小叶丹见来者身材魁伟，后面跟着几个士兵，知是红军部队的司令员，连忙取下头上的帕子，准备叩头行礼。刘伯承一把上前扶住，不让他行此大礼。两人在海子边坐定，开始亲切、诚挚地交谈。小叶丹解释说："今天在后面打你们的不是我，是罗洪家。听说你们要打刘文辉，主张彝汉平等，我愿与司令员结义为弟兄。"刘伯承说："那些欺压彝民的汉人，也是红军的敌人，我们结义是为了反对共同的敌人。"接着，进行结盟。仪式按规矩简单而庄重：一位彝民拿来鸡，因没有带酒，用碗在海子里舀了一碗清水，一手持刀，一手拿鸡，割破鸡脖，鸡血滴在碗里，清水立即变成了殷红色。然后将"血酒"分作两碗，分别摆在刘伯承和小叶丹面前……一切准备妥帖之后，刘伯承与小叶丹虔诚地并排跪下。面对着蔚蓝的天空和清澈的池水，刘伯承高高地举起大碗，大声喊出誓言："上有天，下有地，我刘伯承与小叶丹今天在海子边结义为兄弟，如有反复，天诛地灭。"说罢，将血酒一饮而尽。小叶丹也端起大碗同样起誓："我小叶丹今日与刘司令员结为兄弟，如有三心二意，同此鸡一样死。"说罢，一饮而尽。当晚即住在先遣队司令部。（参见天戈《刘伯承彝海结盟传佳话》，《彝族人网》，http：//www.yizuren.com/article.asp? Articleid=2284，2005-5-20访问）。

需要有个案补充和视角修正。

内蒙古自治区成立后,一些地方实行土改,出现了"左"倾,分畜分地,"把不该斗的也斗了",时任东北局负责人的高岗发现扎兰屯已经没有牛奶可卖了,向内蒙古党委发电报,请他们派人检查。乌兰夫随即提出在牧区"不斗、不分、不划阶级、牧工牧主两利"的政策,纠正偏激,"保护了翻身农、牧民有意见的担任公职的蒙古族中上层人士和家属"[①]。这充分体现了在内蒙古自治区建立初期中共政策的"施为"力量。作为政策话语的"物化"呼伦贝尔盟没有进行土地改革,而在实行土地改革的地区,"分配土地时,在农业地区如果是户口地,中小地主一般不动;富农一律不动;在半农半牧区小地主、富家的土地不动;汉族农民和蒙古族农民分同样的土地,但是允许蒙古族农民多分一点"[②]。由于没有搞过激运动,内蒙古的生产生活基本正常,损失较小,即使在20世纪60年代的饥荒时期,"还向国家支援粮食,接纳内地的逃荒流民,乌兰夫亲自组织接纳上海3000名孤儿"[③]。当然,来自中央的这种"施为"政策,也有反面教训。1966年5月中共中央发出《五·一六通知》,标志"文化大革命"开始,民族政策被淡化,民族工作被扣上修正主义的帽子,5月到7月的中共中央华北局前门饭店会议,为乌兰夫罗织罪名,指控他"反党、反社会主义、反毛泽东思想",搞"独立王国""民族分裂"是"内蒙古党组织中最大的走资本主义道路当权派"。[④]"说话即行事。"口诛笔伐与身体摧残是二位一体关系,就像法官判处犯

---

① 刘春:《内蒙工作的回忆》,内蒙古自治区政协、文史和学习委员会编《内蒙古文史资料》第五十辑,内蒙古政协文史书店1997年版,第93—94页。
② 同上书,第93页。
③ 郝维民:《漫议西部大开发与蒙古族的发展——兼评少数族群"去政治化"和民族"共治"》,《蒙古史研究》(第八辑),内蒙古大学出版社2005年版,第398页。
④ 同上书,第399页。

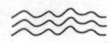

罪嫌疑人死刑，这人就死定了。这次会议导致多起内蒙古冤案，著名的有"乌兰夫反党叛国集团"案和"新内人党案"，受害者多达几十万人，致死万余人。在这样的"挖肃"话语中，内蒙古自治区的行政区域被分割：1969年将内蒙古自治区东部的呼伦贝尔盟、哲里木盟、昭乌达盟分别归属黑龙江省、吉林省、辽宁省；将西部的阿拉善左旗、阿拉善右旗、额济纳旗分别归属宁夏回族自治区和甘肃省。① 此时，以名辨族高度简化，"少数民族"等于"分裂主义"，民族区域自治即成立"独立王国"。当然，所有这些在"文化大革命"后都得到纠正。

康生等利用挖所谓"内人党"在内蒙古诬陷、迫害广大干部群众，破坏民族团结。1968年2月4日，康生说："内人党至今还有活动，开始可能揪的宽点，不要怕。"1969年2月4日，康生又说："军队也有内人党，这个问题很严重。"谢富治说："内人党明里是共产党，暗里是内人党，要把它搞掉。"在康生、谢富治的唆使下，内蒙古自治区因"内人党"等冤案，有三十四万六千多名干部群众遭到诬陷、迫害，一万六千二十二人被迫害致死。②

毛泽东意识到问题的严重性，批评当时内蒙古的形势："在清理阶级队伍中，内蒙已经扩大化了。"③ 这种批评很快形成中发〔69〕24号中共中央文件：

> 内蒙古自治区革命委员会，内蒙古军区党委：
> 中央同意内蒙古自治区革委会核心小组《坚决贯彻执行中

---

① 参见郝维民《漫议西部大开发与蒙古族的发展——兼评少数族群"去政治化"和民族"共治"》，《蒙古史研究》（第八辑），内蒙古大学出版社2005年版，第399—400页。
② 参见《1980年11月2日．中华人民共和国最高人民检察院特别检察厅起诉书》，《图们、祝东力、康生与新"内人党"冤案》，中共中央学校出版社1995年版，第2页。
③ 同上书，第232页。

央关于内蒙古当前工作指示的几点意见》。希望你们高举毛泽东思想伟大红旗,根据"九大"精神,团结一致,共同对敌,迅速纠正前一时期在清理阶级队伍中所犯的扩大化的错误,正确区分和处理两类不同性质的矛盾,稳定内蒙古局势,总结经验,落实政策,争取更大的胜利。①

"内蒙已经扩大化了。"毛泽东一语既出,打内人党运动戛然而止,避免了更高昂的生命代价,防止了冤案进一步扩大,足见"文化大革命"时期来自高层的"施为句"的分量。然而,在高度数字化和符号化的当今社会,这种"施为句"已经不能"施为""说话不算数"的现象随处可见,说话只是"说说而已"。可见施为句本身也会随着时代的变化而变化,同样的施为句,原来有效,现在变得"低效"或无效。当然,奥斯汀也间接提到施为句的效度问题,即说话人要有合适的身份,要有意向(即不是开玩笑之类),否则说了白说,只是他没有特别强调和突出这个前提条件。②

二

波德里亚认为,当下世界只有社会构成,没有象征(符号)交换,没有目的,主体、政治性、经济、意义、真理、社会事物、真

---

① 《1980年11月2日.中华人民共和国最高人民检察院特别检察厅起诉书》,《图门、祝东力、康生与新"内人党"冤案》,中共中央学校出版社1995年版,第242页。
② 奥斯汀指出,作为施为效用的前提条件,具体说话人的身份和说话环境要符合惯例,程序要正确,说话人要有这样的意图。参见 J. L. Austin, *How to Do Things with Words*, Cambridge, Massachusetts, Harvard University Press, 1975, pp. 4–11.

实事物都已消失，只剩下法则。① 用皮尔斯指号学（semiotics）加以分析，这是像符断裂，即征象（sign）和对象（object）相对于解释系统（interpretant）的断裂，即征象和对象"死亡"，只剩下释义（解释系统）。② 进一步推论，皮尔斯的拟象（icon 如人和自己照片的关系）——标指（index 如烟和火的关系）相对于符号（symbol 相当于语言任意性、约定俗成的关系）在波德里亚那里已经不再同时在场。③ 当然，深受索绪尔影响的波德里亚只关注西方中心城市的虚拟化，没有注意到西方世界生存环境的多样性（即存在大量非虚拟化生活），更没有注意到非西方地区生活现实。在活生生的社会生活中，与客观世界直接相关的皮尔斯"拟象"远没有"死亡"，它们很活跃；那里的"标指"也充满跃动。然而，在像中国这样一个飞速发展的国家，在批量制造符号的现代城市中，"像符断裂"毕竟在局部存在，为开会而开会，为写作而写作，为评职称而评职称，为活着而活着。最近几年主要出现在北京的民族和族群译名讨论热，表面上是20世纪50年代以来有关译名讨论的继续，实质上代表了全新形势下"像符断裂"的话语。学者们出于对国家安定和前途的

---

① 波德里亚认为，从文艺复兴开始，西方的仿真经历了三个序列，分别与价值规律的嬗变对应：（1）仿造是从文艺复兴到工业革命的"古典"时期的主要方式；（2）生产是工业时代的主要方式；（3）仿真是被符号主宰的目前历史阶段的主要方式，其中，第一序列的拟象遵循自然价值规律，第二序列的拟象遵循商品价值规律，第三序列的拟象遵循结构价值规律。参见 [法] 让·波德里亚《象征交换与死亡》，车槿山译，凤凰传媒出版集团2009年版。

② Gerard Deledalle, *Charles S. Peirces Philosophy of Signs*, *Essays in Comparative Semiotics*, Bloomington and Indianapolis, Indiana University Press, 2000, pp. 37–53.

③ 不过，波德里亚的概念体系和皮尔斯不同，波氏区分sign（相当于commodity）和symbol（相当于gift），而皮尔斯并无这样的政治经济学勾连。当然，波德里亚是否阅读过皮尔斯理论，也是个未知数。我们只在这里做跨理论体系的尝试，是探索，不是定论。关于皮尔斯"对象"三分，参见 Peirce Edition Projected, *The Essential Peirce*, *Selected Philosophical Writings*, Volume 2 (1893–1913), Bloomington and Indianapolis Indiana University Press, 1998, pp. 4–10.

关心，提出种种解决民族和族群译名的方案，试图淡化民族和族群意识，防止民族分裂，而这种话语热既没有引起政府部门的充分关注，也没有得到学界的广泛回应，更没有"当事人"（即被命名或改名的少数民族）的积极反馈。这是典型的"像符断裂"，是象征交换的死亡。

马戎教授提出"去政治化"论，认为新中国把民族问题政治化，把"模糊"群体"识别"为独立民族，强化了民族意识，增加了民族政治权力，使"民族分裂运动"有了基础。因此，中国要用"族群"代替"民族"，淡化其政治意义。①潘蛟著文认为中国过去把"民族"译成"nationality"是经过仔细斟酌的，是妥当的；相反，把五十六个民族换称为"族群"倒容易产生误会。②其实，中国的"民族"，在西文里是"无译"的，叫它 nationality 也好，nation 也好，ethnic group 也好，peoples 也好，多少都有些词不达义。因此，作为权宜之计，可以考虑绕过"族群"还是"民族"的译名"二元对立"把"中华民族"的"民族"译作 nation，把"五十五个少数民族"的"民族"译作 national minorities，"汉民族"的"民族"译作 national majority，"五十六个民族"的"民族"译 national majority and minorities。不过，这种讨论并没有强烈影响国内尤其是少数民族地区的话语使用，人们仍然用"民族"指少数民族，用"中华民族"指统一民族国家（国民国家、中国国民）意义上的中华民族，或多元意义上的"中国各民族"。中央民族大学的英译也从 Central University for Nationalities 改成 Minzu university of China，这个改动并

---

① 参见马戎《理解民族关系的新思路——少数族群问题的"去政治化"》，《北京大学学报》2004 年第 6 期。
② 参见潘蛟《"族群"及其相关概念在西方的流变》，《广西民族学院学报》（哲学社会科学版）2003 年第 5 期。

不影响该校的地位和形象，它依旧矗立在中关村南大街 27 号，依旧在海淀区，依旧是五十六个民族的高等学府，依旧是"中央民族大学"。关于民族和族群译名的讨论，仅限于部分城市学者，与民众生活，与国家领导层似无直接关联；这是他们的生活方式或生存方式，是他们知识生产和学术基因复制（例如指导学生，参加学术会议等）的过程。这类似于波德里亚式的第三级仿像（即后现代的仿真）①，社会面对的是概念的概念，符号的符号。学者们为了讨论而讨论，为了写作而写作，失去了讨论的社会意义，忽略了写作的生活对象。

如前所述，这种"仿真"现象，这种失去所指的能指虚拟，毕竟发生在局部，生活依旧是"身体"的生活，生命依旧是"物质"的生命。既然是符号就要有所指，没有所指的符号是"死符号"；只有规则，没有对象的规则，是"空规则"。恢复符号活力的前提是回归历史，回归现实，回归民间智慧；克服"符像断裂"的努力要建立在征象——对象——释义的同在之上，要建立在拟象——标指——符号的共生之上。在现实的"身体"生活和"物质"生命中，民族和族群常常和其他分类交融，并不是唯一的身份。族际通婚已经让"客观"的民族和族群分类失去意义。例如在蒙汉杂居、汉族人口占绝大多数的内蒙古呼和浩特市，蒙古族人口中蒙汉通婚的比例在增加，1984 年约为 53%，1995 年达到 65% 以上。② 当然，

---

① 波德里亚认为，自文艺复兴以来，人类社会经历了三级仿像：第一级仿像对应于"仿造"（古典时期的价值自然规律），第二级仿像对应于"生产"（工业时期的价值商品规律），第三级仿像对应于"仿真"（后现代社会的价值结构规律）；仿像，即文化与自然的复制关系。在第三级仿像时期，"社会已经成为'代码'的仙境。"参见［法］让·波德里亚《象征交换与死亡》译者的话，译林出版社 2006 年版，第 1—3 页。

② 参见纳日碧力戈、王俊敏《族际家庭与族际婚姻：呼和浩特蒙汉通婚》，李中清、郭松义、定宜庄编《婚姻家庭与人口行为》，北京大学出版社 2000 年版，第 109—124 页；王俊敏《青城民族——一个边疆城市民族关系的历史演变》，天津人民出版社 2001 年版，第 170—172 页。

前述第三级仿像意义上的民族和族群的符号分类仍然存在，甚至在当下还复兴起来。一些蒙汉通婚的后代开始定做蒙古袍，开始强调自己的少数民族身份，这并不仅仅是为了受照顾、得好处；在经济话语强势的压力下，少数民族身份能提供较好的认同，这里有物质优惠的考虑，有精神生活的需求。2004年11月26日，内蒙古自治区第十届人民代表大会常务委员会第十二次会议通过《内蒙古自治区蒙古语言文字工作条例》，规定"蒙古语言文字是自治区的通用语言文字，是行使自治权的重要工具"，"自治区各级国家机关执行职务时，同时使用蒙汉两种语言文字的，可以以蒙古语言文字为主"。在内蒙古这样的民族自治地方，关于民族和族群的译名讨论早已成为过去，"去政治化"的观点也没有引起广泛关注，一切都按照日常生活的节奏延续着。可见，我们面对的是比波德里亚所分析的还要复杂得多的"景观"，呼和浩特既有生动的现实生活，也有三级仿像意义上的认同强化，但这种三级仿像距离现实生活并不遥远，或毋宁说它与现实生活融为一体，形成新型超级生活模式，有点像俄罗斯思想家巴赫金的"杂语世界"。中国作为后发现代性国家，内蒙古作为后发现代性地区，"仿真"完全是一种奢侈；衣食温饱仍然是多数本土人关注的焦点，这里没有"仿造""生产"和"仿真"的断裂，西方经验送给当地人的是个三位一体的怪胎。

身居超大中心城市的学者们毕竟有些远离"边地"生活了。他们的符号已经失去所指，因而是"死符号"；他们的规则，已经没有对象，因而是"虚规则"。要让符号复活，要让规则变实，要让以名辨族有实际意义，就要拥抱多义、复线的历史，就要加入活生生的社会实践，就要呵护根植于民间的生存智慧和生命智慧，就要尊重百姓的情感空间。波德里亚的"死符号"和"虚规则"只属于多种

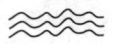

符号主体中的一个类型，即它只属于那些身处大都市的"符号思想者"①，而在其他类型的人群中②，符号并没有"死亡"或者并没有彻底"死亡"，规则也并不脱离实际。这些符号主体实实在在、勤勤恳恳地在符号及其所指之间按照真实的规则工作和生活，以丰富的身体记忆和体化实践把能指和所指融为一体，互动共生，充满活力。他们是"身体实践者"。虚拟生活的"符号思想者"要和真实生活的"身体实践者"交流，重新找回失去的记忆，战胜波德里亚简单化"仿真"理论带来的绝望，让失散的能指和所指重新结合，把符号和规则归还给真实生活。

---

① 如苦思冥想的知识分子、虚拟人生的网虫等。
② 如城市贫民、打工者、农民、牧民等。

人类学大视野中的故事问题

刘俐俐[①]

"讲述和倾听（书写与阅读）故事"是一种普遍的人类现象。如果对超越所有学科之上的人类学意义的故事有更准确的理解和把握，或将开启人文科学研究新的空间。

我们可以将故事看作"讲述和倾听（书写与阅读）故事"的动宾词组。按照现有学科体制，专门研究故事的学科是民间文学中的故事学。20世纪以来，我国故事学在民间故事类型索引、故事专题、体裁特征、故事家等研究领域，取得了丰硕成果。但实际上，故事不只是民间文学，更是一种普遍的人类现象。依此逻辑，则与人类相关的所有学科都可能涉及故事现象并有自己的故事问题。借此，各学科从其研究目的出发关注故事，就顺理成章地形成故事研究的人类学大视野。重要的是发现人类学大视野的自觉意识，并善于从中提出有价值的故事问题。

[①] 作者简介：刘俐俐，南开大学文学院教授、博士生导师。

文学内外的故事研究领域

故事研究的视野可以自然分为文学之内、之外两部分。

文学之内的故事研究领域主要有四类。一为民间故事学,其研究对象定位在民间口头故事。民间口头故事自然发生、流传和变异。民间故事学不负责解决它如何为"文学"的问题,一般不涉及审美和价值评价等问题。二为口头诗学,英文一般称为"口头程式理论"(Oral Formulaic Theory),诞生于美国,主要是一种民俗学理论,其研究对象主要是民间口传文学作品,特别是史诗类大型叙事样式。口头诗学的创始人是米尔曼·帕里(Milman Parry),其拓展者是阿尔伯特·洛德(Albert B. Lord);代表性著作为洛德的《故事的歌手》、理查德·鲍曼(Richard Baman)的《作为表演的口头艺术》等。口头诗学是民间故事学田野语境研究的分支,其主要特性与民间故事学基本一致。三为叙事学,其研究对象一般被认为是作家叙事文学,但叙事学的研究理路之一聚焦于故事、着力建构故事语法。其理论资源来自俄国形式主义,具体说就是普罗普的民间故事形态学。其所着力建构的故事语法来自民间故事,作家叙事文学与口头故事共有一个基本故事语法。四为中国叙事文化学研究,其研究路向定位为"解读中国叙事文学的故事主题",即追溯某个故事本事怎样从民间口头辗转进入作家文学如小说中,又如何从一篇小说衍化进入另一篇小说或戏剧中。

文学之外涉及故事的学科及研究领域主要有六类,它们原本与文学乃至故事无关,但为了解决自身学科的问题,其研究均在与故事、叙事、小说的关系中展开,且学科间边界模糊,常出现交叉。一为道德哲学、政治哲学等与故事和小说关系的研究。代表性著作为美国学者玛莎·努斯鲍姆（Martha C. Nussbaum）的《诗性正义：文学想象与公共生活》。该研究从小说虚构、想象的特性与读者阅读功能的关系角度入手，考察故事参与建设社会正义和司法标准的合理性和可能性。二为自由主义哲学等与故事和小说关系的研究。代表性著作为美国新实用主义哲学家理查德·罗蒂（Richard Rorty）的《偶然、反讽与团结》。三为后现代学术处境及其出路与故事和小说关系的研究。代表性著述为美国学者大卫·辛普森的《理论中的文性》。他在描述后现代学术语境的变化后，提出应重新思考文学中的文学性。四为社会实用理论系统与故事关系的研究。汤姆·凯利（Tom Keley）和乔纳森·李特曼（Jonathan Littman）合著的《决定未来的10种人——10种创新，10个未来》一书认为，决定未来的有十种人，其中一种即"说故事的人"。五为作为质性研究（qualitative research）之一种的叙事探究理论与方法，即以叙事为人文科学的基本方法。代表性著作为加拿大的D.简·克兰迪宁、F.迈克尔·康纳利合著的《叙事探究——质的研究中的经验和故事》等。六为叙事伦理学，其目的在伦理，而不在叙事。该研究领域探讨叙事与人类对精神寄托的寻找的关系。代表性著作国内有刘小枫的《沉重的肉身》等，国外有法国学者西蒙娜·薇依（Simone Weil）的《重负与神恩》等。

开启人文科学研究的新空间

由文学内外多个学科领域涉及和研究故事的事实，可以发现诸多有趣的现象和规律。首先，在文学之内，民间故事学是关于民间口头故事的系统理论与知识体系，口头诗学是民间故事学的田野研究的分支。口头诗学的诞生是由古典学研究中关于《荷马史诗》从何而来的问题所引出的，原本被认为是作家文学的《荷马史诗》实际上是口头史诗。考虑到叙事学的故事语法来自口头故事等事实，可以认为，故事贯穿于口头与书面文学始终。其次，文学之外各学科关于故事的思考，均将故事看作人之本性或本能，考察故事对各自研究目标的价值。故事从口头到书面，伴随人类进入各个社会形态和文化生活样态，这一事实本身证实了"讲述和倾听（书写与阅读）故事"是人类与生俱来的本能。文学之外各学科关于故事乃至文学的研究，重视文学想象尤其是小说中的文学想象，重视读者阅读故事，认为读者约定俗成地确认小说、故事的虚构特性，由此保持了"明智的旁观者"身份和姿态，从而具有对事物进行全面审慎的观察、判断乃至裁决的能力。所以，相关著述认为，应从人之本能出发，探讨虚构、想象、小说、故事等范畴与社会正义等问题相关联的内在可能性和合理性，认为不是因为需要人阅读，而是人需要故事和小说，才有了故事与小说。人的虚构、想象能力恰好与小说、故事的虚构、想象特质相吻合，小说由此可以参与到社会正义的建构中。也正由此，"说故事的人"在社会中广受欢迎。

由此带来的一个重要启示是，如果对超越所有学科之上的人类学意义的故事有更准确的理解和把握，或将开启人文科学研究新的空间。比如，文学研究领域涉及文学史观念、故事与小说之关系、小说作家身份与故事家身份的区别与联系、故事与当下人们文学生活之关系等一系列相关问题。就此而言，一些文学理论新的生长点会借对故事的人类学意义的理解和把握而诞生。

象征的类型

何星亮[1]

象征（symbol）在文化中占有十分重要的地位，西方有些学者甚至认为文化就是象征和意义的体系，人是使用象征符号的动物。例如，德国哲学人类学家卡西尔（Ernst Cassirer）在《人论》（*An Essay on Man*，1944）一书中认为，人与其说是"理性的动物"，不如说是"象征的动物"（anymal symbolicum）[2] 美国人类学家克拉克洪（Clyde Kluckhohn）也认为："从根本上说，人是运用象征的动物。"[3] 英国人类学家科恩（Abner Cohen）则认为，人既是使用象征符号的动物，也是政治的动物。[4] 当然，这些说法是否科学，尚可商榷，但象征是文化的重要组成部分，这一点则是无可置疑的。因此，

---

[1] 作者简介：何星亮，中国社会科学院民族学与人类学研究所研究员。
[2] 参见［德］恩斯特·卡西尔《人论》，甘阳译，上海译文出版社1985年版，第34页。译者将"symbol"译为"符号"，不准确，引文改为"象征"。
[3] 转引自史宗主编，金泽、宋立道等译《20世纪西方宗教人类学文选》（上册），上海三联书店1995年版，第195页。
[4] 参见 Abner Cohen, *Two-Dimensional Man: An Essay on the Anthropology of Power and Symbolism in Complex Society*, Berkley and Los Angels: University of California Press, 1974；［日］大谷裕文《アブナコーエン〈二次元的人间〉》，转引自［日］绫部恒雄编《文化人类学の名著50》，日本东京平凡社1994年版，第314—326页。

研究文化中的各种象征形式,对于理解一种文化具有十分重要的意义。

关于"象征"的定义,说法不一。西方人类学界的一般看法是:"象征的形式繁复,功能诸多,其范围从运用数字表示等值的物体,到用梦中的行为隐喻个人潜意识里受到压抑的各种愿望。""象征有如隐喻,它或者借助于类似的性质,或者通过事实上或想象中的联系,典型地表现某物,再现某物,或令人回想起某物。"[1] 美国人类学家格尔茨(Clifford Geertz,又译作格尔兹)则把"意义"与"象征"紧密地结合起来,在他看来,"象征符号是指作为观念载体的物、行为、性质或关系——观念是象征的'意义'"[2]。英国人类学家尼达姆(Rodney Needham)则说:"所谓象征,就是以一事物代表另一事物,就像王冠代表君主制、鹰代表美利坚合众国一样。"他还提出:"象征文化具有两方面的必要性:一是明确指出什么是社会的重要事物,二是使人们认同社会生活的价值并遵循价值规范。"[3]

简单地说,象征是指某种表达意义的媒介物(包括实物、行为、仪式、语言、数字、关系、结构等有形物和无形物)代表具有类似性质或观念上有关联的其他事物。换言之,象征就是用具体的媒介物表现某种特殊的意义。一个象征包括两个层次:一是某一具体的媒介物,二是该事物所表达的特殊意义。两者的有机结合便是象征。

如何将象征进行分类,是象征研究的重要内容之一。西方人类学中的象征分类研究主要是从结构上进行的,例如尼达姆在《象征

---

[1] 转引自史宗主编《20世纪西方宗教人类学文选》(上册),金泽、宋立道等译,上海三联书店1995年版,第195页。

[2] [美]克利福德·格尔兹:《文化的解释》,纳日碧力戈等译,上海人民出版社1999年版,第105页。

[3] Rodney Needham, *Symbolic Classification*, Santa Monica, California: Goodyear Publishing Company, 1979, pp. 3, 5.

象征的类型

的分类》一书中，主要就是从结构的角度进行分类的。他认为："在象征分类研究上，有可能有所突破的方法就是结构分析法。"① 他根据原始民族的象征资料，把象征类型分为二元、三元、四元、五元、七元和九元。② 另有一些学者是从功能的角度进行分类，例如，美国人类学家格尔茨把象征分为两类：一类是作为模式之模式的象征，另一类是作为思想和行动模式的象征。③ 谢丽·B. 奥特纳在《关键的象征》一文中，把象征分为两大类：概括性象征和阐发性象征。其中，阐发性象征又分为"根本的隐喻"和"关键的脚本"两类。所谓概括性象征，"从最广泛的意义上说，此类范畴本质上是神圣象征的范畴，它包括所有受人敬畏的对象和引发强烈情感的刺激因素，诸如旗帜、十字架、珠林枷、叉状手杖、摩托车等等"，"这种象征意味着系统是一个整体"。而阐发性象征是"在互为相反的方向上发挥作用，它为人们提供了把复杂的和混沌不分的情感与观念加以分类的工具，从而使之不仅变得自己可以理解，而且可以同其他人交流，还可以转化为有秩序的行为"④。英国人类学家利奇（E. R. Leach）则把象征分为标准化象征和临时性象征两大类，但他未做详细的分析和论述，只是笼统地说：在前者中，象征及其意义之间是"任意而又习惯的联系"；在后者中，象征及其意义的"联系极为任意，并且取决于发送者的奇思异想"。⑤ 另一位英国人类学家科恩继承了杜尔干的"圣俗二元论"，他在1974年出版的《双重性的人：复杂社会

---

① Rodney Needham, *Symbolic Classification*, Santa Monica, California: Goodyear Publishing Company, 1979, p. 58.
② Ibid., pp. 7–15.
③ 参见史宗主编《20世纪西方宗教人类学文选》（上册），金泽、宋立道等译，上海三联书店1995年版，第200页。
④ 同上书，第200—214页。
⑤ [英] 埃德蒙·利奇：《文化与交流》，卢德平译，华夏出版社1991年版，第14页。

权力与象征的人类学散论》一书中，把象征符号分为两种：一种是神圣的象征符号，用于宗教仪式；另一种是世俗的象征符号，用于世俗礼仪。人生活在象征与权力的双向度中，成为具有双重性的人。①

以上学者对象征所做的不同分类，所依据的资料主要是国外民族的资料。在中国各民族的传统文化中，文化象征资料十分丰富。本文主要根据中国各民族的象征资料，并参考国外相关资料，从功能的角度进行分类，把象征分为统合性象征、表达性象征、指示性象征、规范性象征、强化性象征五类。

统合性象征

所谓统合性象征，即统一、整合、凝聚全体社会成员的中心象征，也就是一个国家、一个民族、一个团体或一个宗教组织的象征物。它在本质上是综合性的、概括性的，它把一个复杂的观念系统地加以综合，以一个统一的形式将其高度概括。它面向全体成员，并为全社会成员所熟悉。它属于神圣象征的范畴，人们对它负有各种义务，也拥有各种权利，人们崇拜它和保护它，并有种种禁忌。它能激发人们的强烈情感，并使人们为之献出一切。统合性象征又可分为两大类：一是社会组织的象征，二是宗教象征。

---

① 参见 Abner Cohen, *Two-Dimensional Man: An Essay on the Anthropology of Power and Symbolism in Complex Society*, Berkley and Los Angels: University of California Press, 1974；[日] 大谷裕文《アプナコーエン〈二次元的人间〉》，转引自 [日] 绫部恒雄编《文化人类学の名著50》，日本东京平凡社1994年版，第314—326页。

象征的类型

社会组织的象征形式多种多样。在原始时代,主要表现为氏族、胞族和部落的象征。氏族社会的图腾,既是神或祖先的神圣象征,也是氏族的神圣象征,是氏族统一和团结的物质象征,是联结氏族成员心灵的纽带。当部落形成之后,部落内居主导地位的氏族或胞族的图腾就成为部落的图腾,并作为凝聚、整合部落成员的象征。[①]民族和国家形成之后,仍以某种动物或植物作为其象征。这种象征或是由核心部落的图腾演化为国家或民族的象征,或是以各部落共同崇奉的动物作为象征。例如,龙最初是太部落的图腾,后来演化为华夏族的标志和象征。自秦汉之后,随着国家的统一,汉民族的形成,它又演化为民族和国家的象征。再如,古罗马人的族徽最初是母狼,后改为独首鹰。东罗马帝国成立后,又改为双首鹰。德国继承了古罗马人的传统,以独首鹰为徽。俄罗斯建国之后,则继承了东罗马帝国的传统,以双首鹰为徽(前几年俄罗斯又决定恢复双首鹰的国徽图案)。南斯拉夫也是以东罗马帝国的双首鹰为徽。意大利则沿用古罗马帝国的鹰徽。英国11世纪以豹作为象征,后改为狮。法国的象征为雄鸡。波兰的象征为白鹰。美国独立后采用古罗马人的鹰徽,不过,改其为美洲所产的一种鹰(鹫),形状与罗马鹰有所不同。[②]

在现代社会,社会组织的象征形式主要表现为国家的国旗、国徽等,以及各城市、各企业、各单位的标志。这些象征都具有统一、整合和凝聚全体成员的作用。每一个国家的国旗、国徽都象征、代表自己的国家,具有高度的综合性和凝聚性。在重大仪式上都必须

[①] 关于图腾的类型,参见何星亮《中国图腾文化》,中国社会科学出版社1992年版,第326—342页。

[②] 参见卫聚贤《古史研究》第三集,商务印书馆1934年版,第284—285页。

升国旗，奏国歌。大多数国家还为国旗、国徽、国歌等立法，违法者将受到惩治。

英国议会大厦上院有女王王座，王座前有一较厚的红色大垫子，是从全国各地各取五磅羊毛制成的，它是英国团结、统一的象征形式之一。当女王发表演说时，由大臣在垫子前进呈演说词。如女王不参加上议院会议，则将女王的皇冠和权杖放在垫子上。①

宗教象征与社会组织象征一样，具有统一和整合的功能。世界各大宗教均有其统合性的象征，如基督教的十字架和《圣经》，伊斯兰教的《古兰经》，佛教的释迦牟尼神像等，这些既是神圣的象征，也是凝聚、整合的象征。国外有学者认为："宗教象征，首先是神圣的象征。正因为如此，对于信徒来说，它把人的信仰具体化了，或说它体现了人的信仰……宗教象征对于信奉它们的人来说，既具有理智的意义，又具有情感上的重要性。宗教象征的力量，亦非蕴含在用来表达它们的各种物体的具体属性里。相反，人们相信宗教象征的功效，亦即它们的'真实性'，用格尔茨的话来说，完全产生于非理性的'情绪与动机'。而这些情绪和动机是信仰的产物。""宗教象征能够唤起强烈情感的能力，来自两个方面，一是来自个人与社会的历史经验与社会环境；二是来自人类心理的共有素质。"②

统合性象征普遍存在于各民族中，是最为久远、最为典型的象征形式。

---

① 此材料是笔者 2001 年 10 月参观英国议会大厦时收集的。
② 转引自史宗主编《20 世纪西方宗教人类学文选》（上册），金泽、宋立道等译，上海三联书店 1995 年版，第 196 页。

表达性象征

表达性象征是用来表达观念、制度等的象征。与统合性象征不同的是，它在本质上是解释性或说明性的，没有统一、整合、凝聚人们思想的功能，也没有规范行为和指示信息的作用，纯粹是一种表达人们心理世界和社会制度的象征。此类象征在社会中普遍存在，且出现频率很高。它又可分为两种形式：一是表达观念的象征，二是表现制度的象征。

表达观念的象征主要是传达人们关于宇宙观、人生观、价值观、伦理观、宗教观、家庭观、婚姻观等观念的信息，同时也表达人们的意愿、祈求和希望。它所表现的是人与心理、人与社会、人与神、人与人之间的关系。透过这种象征，可以了解一个民族的观念世界。例如，求平安、稳定是中国人最基本的观念之一，因而在象征性行为和象征物中，关于求平安的就占有相当大的部分，表现在各个方面。中国传统社会的家庭中有摆放花瓶的习俗，"瓶"与平安的"平"谐音，摆放花瓶的目的就是祈求吉祥平安。许多地区的汉族婚礼中有跨马鞍和吃苹果等习俗，这些也是祈求平安的象征性行为。以农为主的中国人最重视生活平安、社会稳定，而在追求变化的西方文化中，就不会有这种象征物和象征意义。求福、求富观念在中国人的意识中也十分普遍，如春节在门上贴倒"福"字，以象征"福到"。鱼，象征年年有余，因而也是年画中的重要题材之一。追求功名利禄的观念在中国士大夫中根深蒂固，于是就以马象征马到功成，以鹿象征官禄。求长寿也是中国人的基本观念之一，人们以白鹤作为长寿的象征，给老人祝寿常常要送白鹤图。过生日则吃长寿面、寿桃等，以求长寿。多子多福和"不孝有三，无后为大"的思想也是中国人的传统观念之一，表达这一观念的形式多种多样。例如，中国人传统婚礼上的红枣、花生、桂圆、瓜子这四样食品，就是象征新娘早生贵子。山茶树的花为白色，而白色在有些汉族地区用来象征男性。山茶树一年四季开花，象征多生男孩。所以，不少地方的人在婚礼上都摆放有山茶花。例如，广东客家人在新娘出嫁时，娘家人必须带上开花的山茶树枝。其象征意义有两方面：一是希望新娘生男孩，以传宗接代；二是希望新娘像山茶树四季开花一样，一胎接一胎，这是多子多福观念的反映。"望子成龙"也是大多数中国人的一种观念，并有许多有关的象征行为。例如，"葱"与聪明的"聪"，"蒜"与计算的"算"，"芹"与勤劳的"勤"谐音。在许多汉族地区，如笔者家乡所在的广东客家地区，父母在新学期开学时，要做含有葱、蒜和芹菜的菜肴给上学的子女吃。在华北及中南某些地区的汉族中，人们在婴儿出世后，要在房前树上悬挂一把大葱，以象征新生婴儿长大后聪明能干。汉语"包粽"与"包中"谐音。在台湾汉族中，每当子女考大学、研究生时，做父母的都要包粽子。

　　数字象征也属于表达性象征。在汉语中，一些谐音数字就表达了中国人的美好愿望。例如，数字中的"8"与"发财"的"发"谐音，尤其是广东话的"8"听起来像"发"，因而它就成了发达和富裕的象征。许多人都希望自己的电话号码中有较多的吉祥数字，并不惜花钱购买。电话号码带有"8"的，索价往往很高，而带有多个"8"的，价格就更高。"9"是单数中最大的数，是完善的象征。汉语中的"9"是"久"的谐音字，在古代封建社会，除皇帝外，其他人是不准穿绣有 9 条龙的衣服的。"天子"周围到处都可见到与"9"相关的事物，如紫禁城有 999 个房间（一说为 999 间半），用 3 个"9"来象征皇权永久，江山万代。

宗教中的许多象征物也同样用来表达宗教的各种观念，例如，藏传佛教中的法轮，所表达的是佛教中的轮回观念。佛教认为，世界上的万事万物循环不已，流转无穷。人也一样，死后可以转生，转生的形态取决于他生前的行为（业），行善者得善报，行恶者得恶报，有的可以进入天道、祖道（人间），有的则堕入兽道，沦为畜生，这样轮回不止。

表达制度的象征是通过象征物或象征性行为，来反映社会制度的类型，表现人与社会的关系。例如，中国人在传统婚礼中，有许多祈求早生贵子的象征物或象征性行为，这表明中国人实行的是父系制，并实行男子继承的亲属制度。再如，大雁象征着一夫一妻制和妇女从一而终的婚姻制度。大雁有这样几种自然性质：一是成双成对地生活，由此象征一夫一妻；二是具有候鸟的特性，往来于南北之间，由此象征顺乎阴阳之意；三是一旦失去配偶，便开始独自生活，由此象征从一而终。在中国，妇女从一而终观念盛行于宋代以后，而在宋代之前，大雁主要是象征一夫一妻和夫妻和睦。宋代以后，又增加了一女不嫁二夫及从一而终的象征意义。

20 世纪 50 年代前，裕固族"帐房戴头婚"中的帐杆，既是丈夫的象征，也是母系婚姻制度的象征。裕固族在 20 世纪 50 年代前存在两种婚姻制度：一种是一夫一妻制；另一种是男不娶、女不嫁的婚姻制度，主要在西部裕固族中实行。姑娘长到 15 岁或 17 岁时，即被认为已经成熟了。如果此时她还没有订婚，就必须举行成年礼仪式，即将少女时梳的多个小辫子解开，再梳成三条大辫子。左、右各一条，另有一条垂于脑后，在发辫上系上"头面"。"戴头"的时间要事前由喇嘛占卜选定，由两位已婚妇女（多为姑娘的姑妈或姨妈）帮助"戴头"。头面由珊瑚、玛瑙、珍珠、银子等饰物制成，宽约五尺，长约三尺。姑娘"戴头"后，标志着已经由少女变成了成年妇人，获得了社交的权利，可以自由地结交异性朋友，同居、生育孩子也不受非议。"帐房戴头婚"最突出的特点就是女子没有真正的丈夫，无论是自家的女儿还是"娶"来的"媳妇"，成年后举行"戴头"仪式时，都是指帐杆为夫，帐房杆子是她的丈夫。在此之后，她就拥有了结交异性伙伴的权利，两厢情愿时，便可过或长或短的同居生活，所生育的孩子归女家所有，姓母姓或姓祖姓。以帐杆来作为丈夫的替代和象征物，带有隐喻的性质，具有象征意义。①

指示性象征

指示性象征是用以传达信息和区分群体的象征。它与前两类象征不同，既没有统合、凝聚的功能，也没有解释的功能。这类象征又可分为信息性象征和区分性象征。

信息性象征是向交流或互动的对方展示其意义，它具有文字和书信的功能，对方看到象征物便明白其意义。这种象征所表达的意义是全体成员约定俗成的，只有本群体成员才能理解其意义，其他群体的人无法解读。笔者 1986 年在云南德宏州景颇族地区调查时，

---

① 参见姚力《裕固族帐房戴头婚研究》，《民族研究》2002 年第 3 期。

了解到20世纪50年代前，景颇族的载瓦支系曾通过"树叶信"传递信息。树叶或其他物品被赋予某种固定的含义，约定俗成，众人皆知。树叶信在日常生活中用于互通信息，例如，树叶包上二指宽的肉条是准备格斗的通知，接到通知后应立即准备武器，随叫随到；树叶包上树根寄给亲友，表示思念，如再附加芝麻，则表示想念极深；树叶包上去掉皮毛的牛肉送给亲友，表示家中死了人；树叶包上苦果表示同甘共苦。有时也使用同音假借方式，如以与"到达"同音同名的树的叶子表示"我要到你那里"，以与"老"同音同名的树的叶子表示"白头偕老"等。树叶信最具特色的是表达青年男女的爱情，例如，男子用树叶包上树根、大蒜、火柴、辣椒送给某女子，表示自己的爱慕。树根表示"思念"，大蒜表示希望姑娘认真考虑，辣椒表示炽热的爱，火柴表示男方态度坚决。女方如同意，则将原物奉还；如不同意，则在原物上附加火炭；如还需要考虑，则加上奶浆菜。男方接到"要考虑"的信件后，即摘下栗树上的两片最嫩的叶子，将其面对面地合在一起寄给女方，表示愿意和她一起生活。如果树叶夹上苞谷、谷子、豆子，则表示要与女方建立家庭。女方同意了就收下，并以少许烟草回赠；如不同意，则把两片叶子翻过来，背对背寄回。如果女子同意，而父母反对，女子就用树叶包上含羞草、刺和火药枪子。如果男方约女方私奔，就用树叶包上蕨菜尖送女方。女方如同意，则用茅草叶送回，表示要小心点，要悄悄地逃。有些地区还把芭蕉叶包看作爱情的象征。用芭蕉叶包树根，外缠红、白、黑三色线，表示思念；包石灰，表示希望与情人会面。[①] 此种树叶信因能表示比较复杂的意思，故成为普遍使用文

---

① 以上资料除了作者本人的调查资料外，还参考了刘扬武的《景颇族的以物代信》一文（《民族研究》1980年第3期）。

字前的一种通信方式。

"草标"是苗族青年男女传递爱情的信物，流行于湘西土家族苗族自治州。草标形式各异，却很讲究。有的用几根小草，表示几天后相会；有的将草扎成圆圈，表示团圆有望；有的用青草夹黄草，来表示秋场再相会。

古代的卦象主要也是以某种形式指示信息。笔者在"文化大革命"时期曾看过家乡广东省兴宁县（现改为市）的一些巫师秘密为人占卜。巫师所用的卜器，有的为两瓣贝壳，有的为两个旧铜钱，以一条红丝绳连接。占卜时，桌上烧上香，桌面上铺一块毛巾，巫师用手拿起系有铜钱或贝壳的红丝绳，口中念念有词，在香柱上面转几圈，然后放下铜钱或贝壳，看铜钱或贝壳落到毛巾上的状态如何。如果是一阴一阳，则吉；如果两个均为阴或均为阳，则不吉。通常是卜三次，如果三次都是一阴一阳，则大吉。一阴一阳象征和谐吉利，两个阴或两个阳则象征冲突和不吉利。笔者当时对此感到很奇怪，无法解释这种迷信现象。近年来，从结构的角度研究中国传统文化的象征系统，才意识到民间巫师的卜卦乃源于先秦时期的阴阳观念，也真正意识到《周易·系辞传上》所说的"一阴一阳之谓道"的基本含义。卦象一阴一阳象征阴阳调和，所以是吉利的；两个阴或两个阳则象征阴阳不调，所以是不吉利的。

区分性象征用以向全社会成员展示某种意义或信息，它又可分为以下几类。

一是区分社会组织。氏族部落的图腾、民族象征、国旗、国徽、各民族不同的服饰、各兵种不同的军装，以及各企业的象征性标志等，均具有区分组织的功能。如德昂族中有红、花、黑三支，其妇女的服饰也以不同的颜色相区分，它除了具有区分不同支系的作用外，还有识别可否通婚的功能。

二是区分成年与未成年、已婚与未婚等状况。在许多民族中，头饰和服饰均有已婚、未婚之分，如在维吾尔和哈萨克等民族中，已婚和未婚妇女的头饰、衣饰均不相同，一目了然。在维吾尔族的传统习俗中，姑娘年满十六岁时，要举行梳小辫的仪式，一般由母亲为女儿梳。发辫的多少，不取决于年龄，而是根据头发的多少，但一般都在十条以上乃至几十条。婚后，则要把众多的发辫改梳成两条，因而从发式上便可以看出未婚与已婚的区别。

三是区分性别。据记载，中国古时，生了男孩，"设弧于门左"，左为"天道所尊"；生了女孩，"设帨于门右"，右为"地道所尊"。[1] 在客家人中，妇女生了小孩后，婆家必须派人给娘家送一壶酒报喜信，酒壶嘴上还必须插一朵花。如果生的是男孩，则插白花；如果生的是女孩，则插红花。不用说，一看酒壶上插的花就知道生的是男孩还是女孩。

四是区分凡人和僧侣。例如，佛教的和尚要剃头，道教的道士则要散发，其发式均与凡人不同。[2]

规范性象征

规范性象征是规范人们行为的象征，以便使每一个社会成员的行为都符合为社会所认可的秩序。"杜尔干（Durkheim）认为：任何

---

[1] 参见《礼记·内则》，（清）孙希旦撰，沈啸寰、王星贤点校《礼记集解》（中），中华书局1989年版，第761页。

[2] 利奇（Leach）于1958年出版了《巫术之发》一书，他在该书中过分夸大头发的象征意义，受到一些学者的批评。

一个社会群体,为了群体的稳定和延续,都必须使其成员拥有某种共同的价值规范,这种价值规范是社会感情的产物;但如果没有表达价值规范的象征,即如果没有代表这种价值的永久性事物,那么这种感情只能是一种不稳定的存在。"① 人与社会是一对矛盾,社会要求个人压抑自己,而个人总是希望不受任何限制,自由自在地生活。这就形成一种个人与社会的双元结构。为了使群体成员能够遵循社会规范,保障社会的稳定与和谐,于是便创造出各种象征形式以规范人们的行为,这就是规范性象征。规范性象征表现在如下两方面:

其一,社会组织的象征具有规范人们婚姻关系及性行为的功能。在氏族部落社会,氏族或胞族的象征——图腾——具有法的功能,能够约束、限制群体成员的婚姻关系。英人甄克思曾说:"图腾外婚,此人类最古之禁令也,凡蛮夷皆然。蛇不得与蛇合,鹳鹊不得与鹳鹊合……图腾不同,得嫁娶矣。"② 弗洛伊德也说:"几乎无论在哪里,只要有图腾的地方,便有这样一条定规存在:同图腾的各成员相互间不可以有性关系,亦即,他们不可以通婚。这就是与图腾息息相关的族外通婚现象。"③ 尼达姆在谈到象征与社会秩序的关系时也说:"在米沃克(Miwok)人中间,'水'男子必须与'陆'女子结婚,严格禁止与'水'女子发生性关系。另外,在卡列拉人(Kariera)中间,某个群体的男子有义务迎娶与自己群体的象征物相反的群体的女子。准确地讲,半族的名称、群体的名称,狭义上起

---

① Rodney Needham, *Symbolic Classification*, Santa Monica, California: Goodyear Publishing Company, 1979, p. 5.
② [英]甄克思:《社会通诠》,严复译,商务印书馆1981年版,第11页。
③ [奥]弗洛伊德:《图腾与禁忌》,杨庸一译,中国民间文艺出版社1986年版,第15页。

到了法律范畴的作用。在这一点上，它们相当于现代西欧社会的婚姻法。"① 在中国各民族中，也有很多图腾外婚的情况。直至20世纪50年代，还有不少民族实行图腾外婚制度。②

其二，象征系统具有规范人们日常生活的功能。例如，祖尼印第安人的象征秩序形成了"近乎成文法的东西"。象征秩序规范着人们日常的人际关系或行为。可见，象征体系在政治成司法制度等方面也发挥着作用。③

在古代中国，象征体系对社会生活也具有巨大的影响。例如，阴阳结构及其象征系统极大地影响着人们的意识和行为，并形成由阴阳观念所支配的行为规则。比如说，男左女右是中国古代文化中的基本对立结构之一。左为阳，属于男；右为阴，属于女。男左女右是古代社会的一种重要规则，男女两性的行为必须严格遵守这种规则。法国著名汉学家葛兰言（Marcel Granet）在《中国的尚左与尚右》一文中，以阴阳二元结构分析中国的尚左与尚右。他指出："与左和右相关联的行为有着严格的规范。它们必定与礼制有关。"④ 在一般的礼仪中，人们必须按男左女右的规范行事。例如在见面礼和吉庆仪式上，男女行礼的方式是不同的。男子躬身作揖时，必须将左手掌置于右手掌之上，遮住右手掌；而女子则是将右手掌置于

---

① Rodney Needham, *Symbolic Classification*, Santa Monica, California: Goodyear Publishing Company, 1979, p. 18.
② 参见何星亮《中国图腾文化》，中国社会科学出版社1992年版，第183—187页。
③ Rodney Needham, *Symbolic Classification*, Santa Monica, California: Goodyear Publishing Company, 1979, p. 18.
④ Marcel Granet, "Right and Left in China", In Rodney Needham, ed., *Right & Left*, pp. 43–58, Chicago and London: The University of Chicago and London, 1973.

左手掌之上。① 在坐禅练功，双腿盘坐时，男的要右腿在下，左腿在上；两手掌叠压，左手在上，右手在下，掌心向上，自然放于两腿之间，肚脐之下。女的与男的相反，左腿在下，右腿在上；右手掌在上，左手掌在下。

中国古代传统的三元结构及其象征系统也对人的意识和行为有很大影响。从中国的历史文献资料来看，关于三元结构的来源，有四种说法：一为"天、地、人"，二为"日、月、星"，三为"天、地、水"，四则与"新月三日成魄"，或"三月成时"有关。在中国古代传统的各种礼仪中，以"三"为数或与"三"相关的行为规则相当普遍。这在《仪礼》《礼记》等古籍中有很多反映。在祭祀时，祭品一般以"三"为数，例如，肉类一般以三牲为祭品。在先秦时期，天子祭祀用太牢，即一牛一羊一豕；大夫用少牢，即一羊一豕。民间在祭祀时一般都用三牲（即猪、鸡和鱼），此外还有饭三碗，酒三杯，茶三杯，再烧三炷香。这三炷香一般都象征天神、地神和祖先。在祭祀仪式上，通常要跪拜三次，一般是一拜天，二拜地，三拜神或祖先。

先秦时期的普通葬礼也含有三元结构的思维模式，如有三日而殡、三月而葬、三年戴孝的习俗。《礼记·檀弓上》曾记载："子思曰：'丧三日而殡，凡附于身者，必诚必信，勿之有悔焉耳矣。三月而葬，凡附于棺者，必诚必信，勿之有悔焉耳矣。丧三年，以为极亡，则弗之忘矣。'"《礼记·王制》载："天子七日而殡，七月而葬。诸侯五日而殡，五月而葬。大夫、士、庶人，三日而殡，三月

---

① 《礼记·内则》："凡男拜，尚左手……凡女拜，尚右手。"段玉裁云："右手在内，左手在外，是谓尚左手，男拜如是，男之吉拜如是……左手在内，右手在外，是谓尚右手，女拜如是，女之吉拜如是……"参见段玉裁《说文解字段注》（上册），成都古籍书店1981年影印版，第629页。

而葬。三年之丧……自天子达于庶人。"又载："父母之丧，三年不从政。齐衰大功之丧，三月不从政。将徙于诸侯，三月不从政。"此处谈到的天子与诸侯的丧葬较特殊，但这种特殊性是在普遍性的基础上形成的。先有平民百姓的丧葬规则，然后才有天子、诸侯的特殊规则，其主要目的是显示他们的地位与凡人不同。

强化性象征

强化性象征即通过象征物或象征性行为，强化事物的重要性。怀特海德（Whitehead）曾说："象征的目的就是要强化被象征物的重要性。"[1] "在杜尔干看来，所谓社会象征的功能，不仅仅单纯指明、强调被象征物的重要性，而且还在于唤起和维持人们对那些被认定为其社会集团中重要的事物在情感上的认可。从人类本来就不大愿意受社会约束这一点来看，此举就显得尤为必要了。"[2]

强化性象征主要表现在各种仪式上。人生礼仪、岁时礼仪，以及生产、战争及政治等仪式中的象征行为，均有强化其重要性的功能。尼达姆曾说："对来访的政治家鸣炮，是为了表示敬意，并不是要以其为攻击目标，装的也不是实弹；在西欧的葬礼上，人们穿黑色的衣服，但并不是说在葬礼上用黑色有什么实际的好处。所有这些场合，其行为都是象征性的，因为这些行为都是为了强调、指明问题的重要性：国家的权力、与别国的外交关系、因死亡而失去一

---

[1] 转引自 Rodney Needham, *Symbolic Classification*, Santa Monica, California: Goodyear Publishing Company, 1979, p. 40。

[2] Ibid., p. 5.

个人等。"①

人生礼仪即一个人从生到死所经历的各种重要仪礼。人的一生就像一根竹子，必须经过许多"节"，即诞生、成人、结婚、死亡等若干阶段。岁时礼仪或称岁时节日，它由来已久，源于古代历法和季节气候。人生礼仪是从过去状态向未来状态转移而举行的克服个人危机、保障平安的通过礼仪，而岁时礼仪则是因季节变化而举行的克服群体生活中一个个危机的强化礼仪。作为通过礼仪的人生礼仪，是建立在不可逆转的时间概念基础上的；而作为强化礼仪的岁时礼仪，则以年年反复的可逆时节为背景。这两种仪式中的象征形式，其目的在于引起个人、社会和神灵的注意，均具有强化的性质。

宗教仪式、生产仪式、战争仪式及政治仪式也一样，具有强化的功能。

以上五种象征类型，并不是各自孤立的，而大多是互相渗透、彼此关联的。如在作为仪式的强化性象征中，又包含有其他阐释性象征的内容；在规范性象征中，也包含许多阐释性象征。分类的目的，只不过是为了更好地理解象征的功能。

---

① 转引自 Rodney Needham, *Symbolic Classification*, Santa Monica, California: Goodyear Publishing Company, 1979, p. 4。

走进民俗的象征世界——民俗符号论

乌丙安[①]

引 言

人类生活在一个有声有色、光怪陆离的民俗文化象征世界中。自古以来,各个族群的人们便不停顿地用丰富的民俗符号交流着令人眼花缭乱的民俗文化信息,形成了各自不同的民俗文化传统;其中许多优秀的民俗文化已经成为全人类共享的物质和精神财富。事实上,传统的民俗文化并没有因为迅猛的现代化发展而全线崩溃;相反,它们却在文化法则的强力支配下,经过剧烈的变动,适应了现代化发展的需求,使这个民俗的象征世界依然鲜活生动。当民俗学即将步入21世纪的时候,深入解析这个象征世界,释读民俗符号传送民俗文化信息的规律,理应成为时代交给我们的科学任务。

---

① 作者简介:乌丙安,辽宁大学民俗研究中心教授。

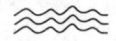

民俗符号的提出

任何一种或一个民俗事物和现象，都是经由人们用相应的表现体构成的。这些表现体，正是各式各样民俗元素的象征符号。如果人们在广阔而生动的文化环境中观察并体验生活中的日常民俗的话，便会立即发现那些民俗的象征代码在不停地传送着民俗特有的知识、经验和概念等多种信息。红双喜、红对联、大红毡、大红轿、新红礼服、红盖头、大红花、大红灯笼、大红请帖都在传送中国传统婚俗的喜庆信息；白孝衫、白头绳、白挽联、白胸花及近代出现的黑袖标都在传送中国传统丧礼的哀悼信息。用松、鹤、桃子传长寿，用牡丹传富贵，用荷花传清廉，用龙凤、鸳鸯传婚姻幸福，用桔、鸡传吉祥，用乌鸦、枭鸟传晦气，甚至用爆竹传春节，灯会与汤圆传元宵，五彩丝、雄黄酒、米粽传端午，月饼传中秋等。这都是中国民俗事象的表现体，并形成了中国特有的民俗象征符号。正是这些信息的传送，自古以来便确立了一种被俗民公认的，或被称为"约定俗成"的民俗传承法则。每当人们在民俗文化生活中相互交往和交流的时候，始终要受到一个个或一连串的象征符号的触动，从而感受到它们所指代的或所象征的民俗内涵，进而体味到那些民俗事象的价值所在。正因为有这样永不停顿的信息传送，才潜移默化地塑造了人们的民俗性格，才创造了凡有人烟处都有民俗信息的世界。于是，才不间断地培养并增强了人们的民俗文化归属感。

在我们所生活的充满了形形色色民俗的人类社会里，不仅有五花八门的民俗语言作为交流手段在俗民生活中起着根本的支配作用；更为重要的是，普遍流通在非言语领域的象征符号对于民俗文化信息交流起着具有制约力的支配作用。许多语言学家极力强调言语符号在人类生活中的无比强大作用，这当然是有理由的。但是，他们往往忽略眼前的大千世界中令人眼花缭乱的或奇声怪调的非言语符号对俗民生活的引导能力、暗示能力及武断的指示能力。从这个意义上说，我们所处的这个充满了人类生活经验的世界，其实是一个布满了民俗象征符号的世界。民俗学应当在其理论与实践的发展过程中，越来越成为趋向于阐释或解析这个民俗象征符号世界的科学。

在这里，我们强调：只有充满人类生活经验的世界，才是民俗象征符号的世界。这是有极其重要的人文科学特色和意义的。它是探索民俗符号理论的前提和出发点。它和一般的动物行为学对动物非言语符号代码的研究决然不同。因为，我们的民俗象征符号这一概念的内涵，具有严格的人类文化确定性。它的最次级的单一符号也和人类以外的其他动物交流行为的所有符号有所不同，它在传递着、交流着极为复杂多样的或明显或隐蔽的文化密码和信息。

（一）关于符号学的一般论述

在探索民俗象征符号时，我们必不可少地要联系和借鉴语言学中各种有关符号研究的论述。从瑞士语言学家索绪尔的著作中，早已阐明了"人类的天性不在于口头言语，而在于构造语言——不同的符号与不同的概念相符合的系统——的天赋"[1]。他把人类构造语

---

[1] Ferdinand de Saussure, *Course in General Linguistics* (1915), translated by Wade Baskin, New York: Philosophical Library, 1959, pp. 10, 11.

言的天赋看作"更为普遍的驾驭符号的天赋"①。在索绪尔以后的结构语言学在有关语言符号的研究中,把语言符号的研究与语言所属的文化背景之间的紧密关系结合起来,越来越深入地研究土著人部落及其成员的土俗文化生活。这时,结构语言学和人类学的联系密切起来。把通过语言的"编码"手段表现某种文化的这一观点做了很大的扩展,形成了更为广泛的含义。那就是"构成文化的整个社会行为领域,或许事实上也表现了一种按照语言的模式进行'编码'的活动。事实上,它自身可能就是一种语言"②。在这里非语言的社会文化行为被认定为也是一种符号的"编码"活动。

法国结构人类学家克劳德·列维-斯特劳斯把上述现代语言学的方法用来分析了非语言的材料,也就是说分析了社会的文化现象。他明确指出把那些文化系统中的某些部分表现,如亲属、食物、烹饪、婚姻仪式、政治的意识形态等,都可以看作一种巨大的语言。他在1962年出版的两部名著《图腾制度》《野性的思维》中,认为图腾的"代码"功能在一般文化中是作为进行交流的"语言"手段而存在的。在他的晚期著作中,极力证明原始人思维方式中那些神话和故事的虚构活动及其他形式,都具有"代码"功能的特征。甚至他还把这种特征推衍到"文明人",认为这是不分时间、地点和历史的,为我们所有的人共同的"代码"功能。尽管在事实上,它是潜伏在所有人身上的特征。正如英国结构主义符号学者霍克斯归纳的话所说:"我们把我们对世界的经验'编成代码',我们从而可以体验这种经验;在我们面前一般并不存在处于原始状态的经验。我

---

① Ferdinand de Saussure, *Course in General Linguistics* (1915), translated by Wade Baskin, New York: Philosophical Library, 1959, pp. 10, 11.

② 特伦斯·霍克斯:《结构主义和符号学》,瞿铁鹏译,上海译文出版社1987年版,第24、108、128页。

们知道，上述这些观点直接来自萨丕尔、霍尔夫和列维－斯特劳斯的著作。"① 这些观点尽管出于语言学的研究和发现，继而成为结构人类学的观点，但是，对于民俗象征符号的研究起到了重要的支持作用。

在我们提出民俗符号的象征研究时，不能不借鉴法国结构主义文艺批评家的代表人物罗兰·巴尔特在符号学方面的贡献。虽然他的主要贡献是关于文学作品文字背后"密码"所表达的"信息"研究成果，但是，他所表述的符号论却是颇有价值的。在巴尔特看来，符号系统的使用，不仅是形式上的排列，也是它所表示的内在意义的深刻性，甚至那些符号的排列组合也不是单纯的形式问题，更重要的是它所表示的一定"信息"，或者说是一定的含义。巴尔特在他1957年出版的论文集《神话学》② 中，分析了流传在民间的神话，说明了人类是怎样把自己的思想意识加工品形成编码和加给大自然界的。他在1964年发表的《符号学要素》③ 和1967年发表的《形式系统》④ 中，详细分析了妇女生活习俗的种种特点，并揭示了那些习俗所隐含着的"密码"。这对于我们研究民俗象征符号有直接的意义。1970年，他用两个法文字母为题出版了他关于文学符号的代表作《S/Z》⑤ 一书。在这部著作中他对法国现实主义伟大作家巴尔扎克的短篇小说《萨拉西纳》做了所谓"毁灭性"的符号分析。他用五种代码分析了全文所有的561个词汇单位的符号表现体（或叫表达层）。即A提出问题，制造悬念，发展故事，解决问题的讲故事

---

① ［英］特伦斯·霍克斯：《结构主义和符号学》，瞿铁鹏译，上海译文出版社1987年版，第24、108、128页。
② Roland Barthes, *Mythologies*, Paris：Seuil, 1957.
③ Roland Barthes, *Elements of Semiology*, Paris：Seuil, 1964.
④ Roland Barthes, *Systeme de la Mode*, Paris：Seuil, 1967.
⑤ Roland Barthes, *S/Z*, Paris：Seuil, 1967.

代码,叫作"阐释性代码";B 语义素代码,即各种词汇内含的、暗示意义的代码;C 象征代码,一种以不同方式或手段有规律的可重复辨认的结构,如某种图案;ID 行动的代码,即可以合理确定行动结果状态的那种代码;E 指称性代码,又叫文化的代码,是被确立为公认的权威的文化形式的代码。巴尔特所分析的五种代码,不仅对研究民间传说和故事的符号有意义,而且有的符号,如象征的、行动的、文化的代码,对于民俗符号的研究更有积极意义。1971 年以后,他还在其他论著中再次详述了他的符号论观点。他认为:人类社会所使用的种种符号都是表现人类心理深处潜意识的"密码";同时,在历史的发展过程中,人们又往往无意识地在密码中加入不同成分的"信息"。他的这种观点已经有了科学的历史唯物主义的解析特点。

霍克斯在他评述符号学的研究意义时说:"人类也借助非语词的手段进行交流,所使用的方式因而可以说或是非言语的,或者是能够'扩展'我们关于语言的概念,直到这一概念包括非言语的领域为止。事实上,这种'扩展'恰好是符号学的伟大成就。"他还指出:"没有一个人只是说话。任何言语行为都包含了通过手势、姿势、服饰、发式、香味、口音、社会背景等这样的'语言'来完成信息的传达,甚至还利用语言的实际含义来达到多种目的。甚至当我们不在对别人说话时,或别人不在对我们说话时,来自其他'语言'的信息也争先恐后地涌向我们;号角齐鸣、灯光闪烁、法律限制、广告宣传、香味或臭气、可口或令人厌恶的滋味,甚至连客体的'感受'也有系统地把某种有意义的东西传达给我们。"[①] 这番论

---

① [英]特伦斯·霍克斯:《结构主义和符号学》,瞿铁鹏译,上海译文出版社 1987 年版,第 24、108、128 页。

述在于强调非言语领域的符号如何传达有意义的信息。为了加深了解它的含义，不妨用下面的非言语的符号实例做出延伸的理解。像巫师跳神时的模仿动作，婚礼上赞礼人的手势，祭祀庙会上的钟鼓声，成人礼上少女穿的衣裙，丧礼守灵的孝子服饰，火锅汤里的麻辣味，寺庙香火飘散的烟雾，彝族节会上的火把，满族祭祖供的香碟，婚礼上新人交换的礼物，小孩剃头留下的一撮头发，饭馆门前悬挂的招幌，出门路上听到了喜鹊叫，闲居家坐突然眼跳等，都是用不同的代码构成特有的民俗符号在传达多种信息。同样，在许多人群集聚的场合，锣鼓喧天、篝火通明、笙管齐奏、鞭炮雷鸣、歌舞欢腾的场面，也都是用特有的非言语符号系统把有重大意义的节庆民俗信息传达给人们的标志。从十分丰富多样的民俗生活领域考察，这种种不一定用言语说话的手段传送信息的方式，对人们的交往交流来说可以认为是更重要的或第一位的。

可见，现代国际符号论的成就，对我们探索民俗符号学有着重要意义和直接应用的价值。尽管它们的主要成果并不是针对民俗文化现象的具体解析，但那些一般性原则是可以借鉴的。

（二）关于民俗符号学的一般原则

在确定研究众多符号系统的方法时，似乎首先应当确立一般的原则。如果把人与人之间的"交流"作为前提来探讨符号理论的话，那么就应当把"交流"确立为最基本的原则。事实如此，只有交流，符号才有了最实际的意义和价值，才发挥符号特有的功能。语言学所以抢先研究了语言代码，是因为语言学的研究者们认为人类社会中，语言是最明显的、被普遍公认的、占支配地位的交流手段。但是，无论是语言学家还是后来的结构人类学家，终于"扩展"了他们关于语言的概念，进入了非言语交流的领域。这就是说，只有基本原则的"交流"这一基础，已经远远不够了，还需要确立各个研究领域的一般原则。这就是语言学、人类学、文艺美学（包括小说、戏剧、诗歌、音乐、美术、建筑艺术及文艺批评的研究在内）都有其特定的符号编码。研究这些特定的符号编码，就不得不确定不同学科符号理论的一般原则。研究众多民俗符号系统的方法，似乎也应当首先确立一般的民俗符号学原则。它们显然与语言学的或文艺学的各系统符号研究有所区别，与人类学的符号研究又互有交叉，形成自身相对独立的原则。

简言之，民俗符号学的一般原则，至少包括以下四个方面。

第一，在人类社会普遍的交流活动中，每一个信息都是用符号构成的。因此，民俗文化事物和现象的信息交流，只能由民俗的特殊符号构成并进行，而不是任何符号都可以是民俗符号。

第二，在人类社会的民俗信息交流中，有言语的和非言语的民俗信息交流。这其中，言语的和非言语的民俗符号系统的特殊性，正是民俗学研究的主要内容。

第三，在人类社会的信息交流中，积累着并流传着大量的、多种多样的民俗信息，构成所有民俗信息的民俗符号，也分属于不同的种类。也可以说，在民俗符号系统的特殊性中，也包括了用不同种类的民俗符号构成的不同民俗信息的特殊性。

第四，民俗符号在俗民的实际生活中，有其在实际应用中的种种特殊性。

以上从四个方面对于交流民俗信息和运用民俗符号的特殊性的考虑，应该是确立民俗象征体系研究的出发点和方法准则。因为，民俗符号系统的客观存在，并不是任意地把符号学的所有方法向民俗事象的研究机械移植的结果，也不是人为地编造，而是俗民生活中鲜活生动的民俗事物和现象本身固有的结构原则。这种原则在俗民日常生活的民俗实践中，从来就不是以抽象的概念直接显示的，恰恰相反，它们都是以具体生动的形象的形式展现的。这些具体生动的形式一经出现，便立即显示出它们特有的醒目的民俗象征性。

在我们认识民俗符号这个研究对象时，我们不能不遗憾地指出，20世纪符号学的创立者们在语言符号的成功研究之外，终究没能比较直接地涉及十分普遍的丰富多彩的民俗符号特殊领域。当然，我们感谢他们在发现文化符号一般法则方面的贡献中，已经论证了言语的和非言语的符号的普遍意义。这当然对于民俗符号的确立无疑起到了有力的支持作用。同时，我们已经看到，民俗学的创立者和开拓者们虽然也不同程度地关注俗民生活中大量的民俗象征事物和现象，但是，他们始终还没有把这些象征符号作为民俗本体内部构造的规律性要素来对待，往往只停留在民俗的外部表现形式或手段的表层理解上，像关于形容、比兴、隐喻、双关等手法的解析，大略如此。至于结构人类学对于图腾制度、亲属制度、神话和原始思维的"代码"研究，至今也还没有直接延伸到民俗学的所有领域中。

在议论民俗符号学的一般原则时，不妨借鉴美国早期符号理论研究者皮尔士的主张[1]。他在索绪尔强调符号的科学结构是受规律支配的这种见解之后，公开论断符号学是带有必然性的学说。他还认定逻辑学就是符号学的别名。因为逻辑形式独立于推理和事实而存在，所以符号学的基本原则并不是公理，而是来自符号本身的性质

---

[1] Charles Sanders Peirce, *Collected Papers* (8 Vols.), Harvard University Press, 1931–1958.

和功能。他把符号所以等同于逻辑，就因为符号有科学的一般必然规律。民俗符号也不例外。它作为民俗表现体，是用某一个民俗事物做代表，来表现或表示它所能表示的对象，最后还要由相应背景中的人们对它做出公认的解释，也就是指明它的含义或概念。这便是在符号化过程中，由表现体（representamen）、对象（object）、背景（ground）、性的概念（concept）三个要素的关系之间作用而成的规律。在这个规律中，作为表现体的事物，所表现的对象和显示概念的事物，都应当而且必须是民俗性质的事物，这便是民俗符号三要素结为"三位一体"的逻辑规律。如果说语言学的符号研究证明了语言的生成是有严密规律的话，民俗学的民俗符号研究也一样，风俗习惯的形成与发展也受到严格的民俗规律所制约、支配。一个民俗共同体，总是恪守民俗传统的规则，像一个语言共同体遵守语言规律那样。民俗文化的沿流和语言沿流一样几乎完全可以比较，它们的符号化过程是有规律性的。

如果用常用的民俗来说明这种民俗符号三要素结成"三位一体"的逻辑规律，那便是以下的形式：（例）

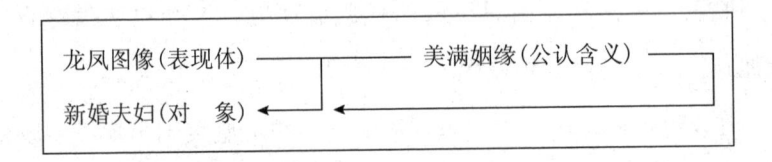

```
龙凤图像(表现体) ────────── 美满姻缘(公认含义)
新婚夫妇(对  象) ◀─────────┘
```

例中的"龙凤"图像或图案，或言语代码"龙凤相配""龙凤呈祥"，都是有代表功能的事物，它们指代的对象只能是处于新婚关系中的男女双方，即新郎和新娘。最后，是在中国传统民俗的背景下，对此做出的相应的解释，即"美满婚姻"的祝吉概念。龙凤两个民俗形象代码结合成一个特殊的民俗符号，用来标志某一对新婚夫妇的关系，在传统民俗的背景下显示了祝贺美满婚姻的吉庆含义，为俗民所共识。这便是民俗符号传送信息的一般规律。在演示这一规律时不能不指出，中国民俗符号无论是言语的还是非语言的，不仅异常丰富多彩，而且还十分典型。

（三）关于《中国符号词典》①

在近 20 年的民俗符号学的探索中，中国民俗文化的象征符号才引起了国际学术研究的注目。应当看到爱伯哈德编著的《中国符号词典》在 20 世纪 80 年代的出版，起到了积极的推动作用。众所周知，沃尔夫拉姆·爱伯哈德作为社会学和中国学博士，美国加利福尼亚大学社会学教授，从 20 世纪 30 年代以来，他的主要贡献是对于中国文化史和中国民间故事类型的研究。他对于中国民俗文化符号的研究成果，是他多年积累后晚些时候的贡献。这部词典的原书名有一个副标题，最能代表他对中国文化符号的认识深度，那便是"隐藏在中国人生活与思想中的象征"。尽管这部符号词典只解说了中国常见到的 439 种符号，这在中国多民族的象征符号中只不过是九牛一毛；但是，在中国学人至今还没有编著出同类符号词典的情况下，它已经从多方面展示了中国民俗文化符号的象征特色。这部词典同时还揭示了中国传送民俗文化信息的某些规律，展现了民俗信息交流的重要功能和意义。尽管爱伯哈德对中国民俗符号的形式和内涵有某些不可避免的误解，但是，他所做的向西方世界介绍中国民俗文化象征符号诸系统的努力是颇有价值的，他对丰富民俗符号学的国际研究做出了十分可贵的贡献。

爱伯哈德在这部词典的导论《中国的象征语言》中，首先论述

---

① 该词典德文版于 1983 年在科隆出版，英文版于 1986 年分别在伦敦、纽约出版。中文译本书名为《中国文化象征词典》（陈建宪译，湖南文艺出版社 1990 年版）。

了中国语文符号的特点,他写道:"中国人的'词'基本上由一个不变的音素组成——大约有四百个这样的基本音素。两个或更多这样的音素,可以组成一个新词;此外,由于中国北方话有四声,使得这些音素的含义扩大了四倍。不过,即使将这些都考虑进去,同音异词的数量仍非常多。另外,与西方语言的复杂形态结构相较,中文显然简洁多了。"① 他在介绍汉语同音词汇的局限性时,着重谈到了汉字字形结构的符号特点。他说:"中文词汇是不能'拼音'的。假如一个中国人发现他在谈话中使用的某个词汇别人不明白,他就以食指写出这个汉字。所有汉字基本上都是图画,因此诉诸视觉。只有很少的汉字—大约二百个左右—是简单地描画自然物;其他所有汉字(一个受过教育的中国人会使用八千个汉字)都是复合符号。概括地说,每个符号都可分为两个部分:一个是图解部分(描画一个男人、女人、树、鱼等),一个是语音部分,说明这个汉字如何发音。它的语音音素,是通过一个公认的发音符号来表示的,这符号本身的内在含义已被忽略,它在这个符号中,只充当一个纯粹的语音角色。例如:我们一看见某个特定的汉字,就可以明白两种东西:首先,从图解部分可以看出它指的是某种作物,即它不是树、人或其他东西。其次,从语音部分,能够对它的读音做出推测。"② 这就是一位以西方语言和拼音文字为母语的学者对中国语文象征符号的明确理解。尤其是他对汉字的符号解读,较为精辟。他向西方读者导读了汉字形声字的符号结构特点,着重展示了中国汉文化发源时创造的象形文字符号的传统;突出介绍了汉字图解部分

---

① [美] W. 爱伯哈德:《中国文化象征词》,陈建宪译,湖南文艺出版社 1990 年版,第 2—3、5、9—10 页。
② 同上。

的看图取义的代码特点,这种视觉文字符号与所有拼音文字的听觉文字符号有根本的差异,对符号学的发展有其独具的特色。爱伯哈德对汉字的符号特点做了一个生动的概括:"让我们再强调一次,中国人是'爱用眼睛的人',对他们来说,每个字都是'象征'而不是声音标记,象征才是书写的基本功能。"①他在论述中直接引用了古斯塔夫·荣格关于"象征"的简短定义:"如果对某个词或某幅画一瞥,就能从中领会更多的东西,那么它就是象征。"②

在这部词典中,爱伯哈德着重强调了象征的间接表现。这是符号最值得研究的表现,因为在现实生活中有许多存在的东西,由于种种特殊的原因,无法用语言来表达,但是,人们却能够运用其他象征符号把它们间接地表现出来。他为此借用了费迪南德·莱森的话说:"中国人的象征语言,以一种语言的第二种形式,贯穿于中国人的信息交流之中;由于它是第二层的交流,所以它比一般语言有更深入的效果,表达意义的细微差别以及隐含的东西更加丰富。"③

在词典中,他还介绍了西方汉学家们对中国绘画和书法中的象征研究。他们认为中国绘画中的大自然景物,如天上的云、地上的岩石、动物和植物等,不仅表现出它们本身的形象,更重要的是表现了它们所意味的东西。那些用隐喻象征出来的东西,并不是那些自然物自身所有的东西,但是,却能在接受者的意识中清楚地显现出来,最后还能得到解释。即使如此,这些解释中往往还有许多信息是无法用语言表达清楚的。这样的象征由于是采取绘画和书法的独特形式表现的,所以,对它们的解读就只能以两种方式进行:一

---

① [美] W. 爱伯哈德:《中国文化象征词》,陈建宪译,湖南文艺出版社1990年版,第2—3、5、9—10页。
② 同上。
③ 同上。

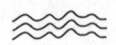

种是从赏心悦目的艺术品的欣赏角度得到美感；另一种则是从它们所包含的其他意味中接收的别的信息。例如，叩拜长寿，恭贺新婚，祝愿早生贵子等，令人得到精神与心理上的更大欢欣和满足。这后一种信息，显然是从比较隐蔽的象征符号中间接表达出来的。

在阐释隐喻形式的象征时，他特别分析了中国人对于"性"的信息传送带有更多的隐蔽形式这个突出特点。有关"性"的表达总是"通过一种最巧妙的迂回形式，运用神秘和间接的象征，既不直截了当提及，又要使接受者能明确了解它的含义。对这种信息的发送者来说，看看接受者究竟能否明白其中隐藏的意义，总是一种特殊的乐趣。这些性的象征，多以一些双关的对应词组成。"① 他比较敏锐地抓住了中国民俗文化符号独具特色之处，从信息交流常见的隐喻和双关表达中，看到了俗民生活中随处可见的那些间接表现的象征符号。

该词典导论中的第三层解析，是作者对中国象征符号的分类。他除了不断关注汉语同音词的双关谐音所构成的听觉象征符号外，还特别提出："大多数象征，都是中国人可以用眼睛看到的东西，这些我们可以归纳为形式的象征。""有的象征还诉诸嗅觉和味觉。直到最近，我们才发现触觉对于中国人来说多么重要。……对这后一类象征，我们可以称之为'性质的'象征；一定的性质归属于一定的物体，特别是动物……"② 这是符号学最常用的分类方法，较为明显地把俗民生活中能感觉到的事物，差不多都赋予象征符号的意义。爱伯哈德对于中国象征符号的研究成果，无疑对于研究其他国

---

① [美] W. 爱伯哈德：《中国文化象征词》，陈建宪译，湖南文艺出版社 1990 年版，第 2—3、5、9—10 页。
② 同上。

家和民族的民俗象征符号都有借鉴意义。同时，中国民俗符号的特殊性中蕴含一系列具有普遍性规律的符号结构特点，对丰富民俗符号学的内容及推动它的发展有重要的价值。

民俗符号的结构

尽管民俗符号可以被认为是分解为三个要素结合为"三位一体"的关系，但是，在民俗信息的交流过程中，或叫作在民俗符号化的过程中，实际上任何一个民俗符号都是由两个方面相互作用而形成的。一方面自然是前面所说的第一个因素，即表现体；另一方面则是前面所说的第二个因素，即所表现的对象和第三个因素，即相应背景中的那个含义或概念的结合。于是，可以确认，任何民俗符号都是由一个或多个民俗表现体和它（们）所表现的具体的民俗对象与抽象的民俗含义或概念结构而成。也可以说是由民俗表现体和它所表现的民俗内涵这两方面的关系，成为民俗符号的基本结构。在这里，符号结构中的那两个方面是十分重要的，它们应当被看作构成民俗的两个最基本的民俗元素。任何民俗事物和现象，离开了这两个最基本的最原始的元素，将不会被认作属于"民俗的"事象。

当俗民们接收到某种民俗信息时，立即会经过听觉、视觉或其他感觉收到一个可以直观或直感的东西，这便是民俗符号表现的第一个元素。这个表现出来的物象，叫作民俗符号的"指符"。"指符"通常有表示、指示的意思，在国际流通的同一词语多使用 signiters，或 signitant、signant；这种充作表示或指示的东西只能是形象的（或影像的、具象的）；在言语领域的民俗符号"指符"是听觉形象，在非言语领域的民俗符号则是视觉形象或其他感觉到的具象的东西。"指符"一词有的又叫作"能指"，也是为了表明它能够表示出或指示出所要传送的那个对象和含义。所以，它只是显示出符号所有密码中属于物象的那一部分。因此"指符"只完成了符号传送信息的一半任务。

与此同时，当上述"指符"表现出一个个可以感觉到的民俗事物形象时，民俗符号的第二个元素便紧跟着与那个或那些物象密切联系，构成一个个可以被认识的所表达的民俗对象及其含义、概念。在这里，那一个个被推知、被理解或被联想到的民俗含义或概念，就是民俗符号的第二个元素，叫作民俗的"所指"，即那些指符所能指代的民俗对象的含义和概念；换个说法就是民俗事物现象被人们解释了的民俗内涵或外延。通常在流通的学术语词中多将 signified 或 signifie、signatum 译作"所指"，它实际上包含"所表示""被表达""所象征"的词义。"所指"显示出民俗符号所有密码中属于民俗含义或概念那一部分；正因为有了民俗符号的"所指"，才最后完成了传送民俗信息另一半的重要任务。为了便于理解民俗符号的"指符"与"所指"的结构关系，我们不妨把"指符"通俗地叫作"形符"，以解释它的形象表现体特征；也不妨把"所指"通俗地称为"意符"，以解释它所象征的意味、含义或概念这一特征。"形符"和"意符"合二而一才构成了符号。民俗的形象，即民俗事物、现象的表现形象，是在它和所表现出的民俗概念这个意符相统一，才产生了民俗符号。如果我们用简单的图形说明民俗"指符"和"所指"两元素结成民俗符号的道理，大致是这样：大红灯笼是指符，所指则是吉庆，构成一个传送庆祝民俗节会的符号；红盖头是指符，所指则是求吉除邪，构成一个新婚礼仪符号；红色火焰是指符，所指则是火烧旺运，表达了一个民间俗信的符号；大红对联是指符，所指则是除旧迎新求吉驱秽，传达出春节过年祝吉的符号；红腰带（或红内衣裤）是指符，所指是祝吉运驱凶煞，表现了本命年禁忌习俗的符号。如果由此而引申，现代文化中的红信号灯是危险符号；鲜血是牺牲的标志；红旗是革命的象征等，也都是由指符和所指，或形符与意符相结合成的民俗的或文化的符号。如图：

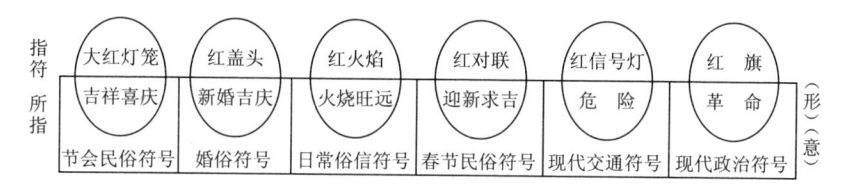

指符	大红灯笼	红盖头	红火焰	红对联	红信号灯	红旗	（形）
所指	吉祥喜庆	新婚吉庆	火烧旺远	迎新求吉	危险	革命	（意）
	节会民俗符号	婚俗符号	日常俗信符号	春节民俗符号	现代交通符号	现代政治符号	

这里用"红"色的一组民俗符号来解析多种多样的指符和所指，同时和现代文化符号相应对，以便了解指符与所指相结合的密切关系。对此，我们往往有一种习以为常的感觉，以为民俗指符与所指的民俗这两个元素的两个方面，其实是"一个"众所周知的简单习俗理解。但是，我们必须强调：正是在这种习以为常的理解中包含民俗构成和民俗信息交流的规律。民俗指符是民俗符号被人们直接感觉到的民俗层面，民俗所指则是民俗符号被人们推想而知道的民俗层面；它们是民俗符号不可能分解为二单一存在的统一体。正是它们之间关系产生的多种作用才形成了种种民俗符号结构的基础。

言语系统的民俗指符

了解了民俗符号结构中指符和所指关系后，立即会明白民俗指符在民俗文化编码中的绝对重要意义。只有当民俗指符显示了它的表现或传达功能时，才可能传送出意符的内涵。在民俗符号的编码中，即民俗文化的符号化过程中，民俗指符又分为两大方面，即言语系统的民俗指符和非言语系统的民俗指符。

　　这里所说的言语系统的民俗指符，是指能表现某个民俗概念或某种民俗意味的某个或某些声音形象，又叫作听觉映像。它是用语言代码表达民俗的物象，又被译为"能指"或"能记"。这种声音形象只要能够经过联想指引出一个民俗的意义或概念时，就构成一个民俗符号了。在这里，我们必须说明一点，民俗符号并不是由任何一个声音形象构成的语词和它所指的对象构成的。比如，当看到"枣"读出"zǎo"这个字音时，声音与枣的形象相联系，构成一个语言符号，最后联想到这种可吃的果实，得出一个通常的食物符号。但是，当俗民们把"枣"和"栗子"这两种果实食物的语言代码"zǎolizi"的读音连成一个俗语词时，它便和"早立子"的声音相谐。这时，枣、栗子与同音词语相联系，使枣、栗子失去了它们本身的概念，转而做了潜在的民俗含义的替代物，把原有的声音形象隐去，显示出"早生贵子"概念。这便构成了一个言语的民俗符号。例如，俗民传统婚礼中的《撒帐歌》，由一位"全福人"（妇女）念诵"一把栗子，一把枣；小的跟着大的跑"；同时一手托果盘，一手将盘中的枣子、栗子撒向新婚夫妇的床帐中。这里是由两个系统的两组符号完成的民俗行事，一是用手撒帐的枣、栗实物形象，很显然是非言事系统的一组隐喻的民俗象征符号；二是用口头短谣表述的言语系统的祝"早生贵子""子孙满堂"的民俗语言符号，正是巧妙地利用同语音的双关、转喻修辞手段，使之形成"聚合关系"的（paradigmatic）民俗概念。

　　言语系统的民俗符号形成的聚合关系，是民俗指符常见的代码特征，也是民俗指符独具特色的表现体系。民俗指符的代码往往只是某个聚合关系的一部分，这部分代码在民俗话语出现以前，先通过相似和相异的比照，与同义词、反义词、同音字词、近谐音词相联结，使替代物和所指事物形成一种聚合关系，产生隐喻、转喻、双关的效果，甚至产生一种不受限制的民俗语言的"超模拟"（Semiosis）语境，那就是民俗指符比喻的表意过程。很显然，枣、栗子作为民俗指符的语言代码正是这种聚合关系的一部分"超模拟"的民俗替代物。

在中国民间文学的口头歌谣中，自古代记录下来的《诗经》《乐府》文本到现今各民族民间口头传唱的情歌，都拥有大量言语的民俗指符。比如，歌谣的比喻、比兴、起兴、双关、隐喻、转喻等修辞手段，使歌中的禽鸟、草木、瓜果等语词的声音形象与婚恋习俗信息相联结，形成了多种多样的聚合关系，展现了这些"超模拟"的民俗指符的指代功能，传送出歌谣中相恋、相思的民俗信息。

有关歌谣和史诗中的语言民俗指符，理应在歌谣学或史诗学中做系统的解析。那应当是十分繁复而有趣的言语系统的民俗符号专题研究，这里仅作如上概述。以下，试以民间俗语、谜语为对象，对言语系统的民俗指符做一些剖析。

(一) 关于俗语、谜语的民俗指符

言语系统的民俗指符，在俗民生活中是大量存在的。在俗民的信息交流中，就十分擅长运用言语系统的指符来传达民俗信息。其中俗民惯用的俗语，包括歇后语和谚语，还有特殊的语言艺术民间谜语，都有十分丰富的民俗符号。它们的指符都有鲜明生动的民俗特色。

俗语中的歇后语最有代表性。歇后语是由假托语和目的语结构而成。假托语是这种俗语的表现形式，是一种"超模拟"的形象表义过程的表现体。它们大量运用了夸张、比喻、双关、谐音等修辞手段，表现俗民生活的民俗事物，造成反常的、矛盾的、幽默的语境，指引接受者做广泛的联想，从而去解读假托语所指的目的语，即所指的含义。这个假托语所表达出来的声音形象，正是民俗指符。像"大水冲了龙王庙——一家人不认识一家人"这一句俗语。其前半部分的假托语，正是最明显的民俗指符。在俗民信仰中，龙王庙供奉的龙王是主司人间旱涝的水神，但当大洪水袭来时却把这尊水神庙冲毁；这是一个发生了矛盾的民俗情境，这个由一连串声音形象形成的指符，所引出的联想则完全是另一个含义，即"一家人不认识一家人"。在这个语境中，"大水"与"龙王"本是"一家"，大水"冲"了"庙"，造成了反常形象，这是原民俗的"几个语词组合的"反义编码，发送了自嘲彼此误会或讽喻翻脸不认人的民俗礼仪信息。

又如，"黄鼠狼给鸡拜年"这样的假托语，更具有"超模拟"的表现特点。这个声音形象的指符，同样是先引出一个发生了矛盾的民俗情境，然后联想出另外的含义——"没安好心"或"不怀好意"。这个指符同样也用了原民俗的"拜年"这个语词，与"黄鼠狼"和"鸡"是食物链天敌的民俗认知的两词语组合在一起，构成一个反常的语境，吃鸡的小兽居然给鸡拜年贺岁祝吉，于是引出"没安好心"的结语，这是由一个童话式故事叙述的语词组合构成的指符，传送了俗民生活交往中的信息。其他如"猫哭老鼠——假慈悲"也具有同样的语词组合关系，最后构成一个声音形象的语境，引出"假慈悲"的含义。

在一个歇后语的指符中，首先由两个以上的相关语词形成一个民俗情境的组合关系，然后经过比喻、转喻、隐喻或谐音、双关等"超模拟"的联想过程，引出另一个含义或概念，使指符中的语词部分与所指出的含义部分形成聚合关系，这便是歇后语的符号在俗民生活中发挥的交流民俗信息的功能。正因为如此，歇后语在俗民使用过程中，目的语常常被省略，只说前面的指符做替代，后面的语义便自然明了（又一说歇后语是"谐后语"，这个谐后正是前面的指符对后面含义的转喻）。

民间谜语是由言语系统的民俗符号语言创造的民俗文艺形式。谜语由谜面和谜底两部分结合而成。通常又把谜底称作猜谜语的"本体"，即所指的对象或答案；把谜面称作答案事物的"喻体"。这喻体就是隐语代码构成的民俗指符部分。通常这种喻体都是形象的描绘，或以拟人化的修辞手段创造出一幅"图像"，形成声音形象指符，指示接受者联想隐藏在喻体中的事物本体，即另一个概念的答案。

例如："黑船装白米，送进衙门里；衙门八字开，黑船转回来。"这是一组由整饬的格式和韵律与一连串的民俗语词构成的声音形象。它表现的是一幅中国古代江南水乡的稻农向官府缴纳米粮的风俗画，形成了一个复杂的民俗指符。表面看来，这似乎是民间歌谣式的描述，在于叙说稻农向官府纳粮的事，但是，它是谜语，是隐喻的"图像"；它是用若干语词代码显示出一个隐喻的情景，暗示出一个与图像毫不相干的事物，才能求出答案。这里同样有一个"超模拟"的过程。如代码中的"黑船装白米"隐喻"黑"瓜子和"白"瓜子仁；"送进衙门里"隐喻把瓜子"送进""牙"（谐"衙"音）口里吃；"衙门八字开"隐喻吃掉瓜子仁后张"开"口；"空船转回来"隐喻"空"瓜子皮被吐出来。这个指符中的声音形象不仅要用一连串众多相关的语词形成组合关系，而且还要用若干隐喻的修辞手法间接表现另外的事物。这种间接表现的聚合关系是谜语指符的重要功能。又如，答案是"竹篙"的谜面是："在娘家青枝绿叶，到婆家面黄肌瘦；不提起还则罢了，一提起泪洒江河。"也是类似的民俗指符。它是使用封建社会做媳妇苦的民俗情境的一连串语词组合成隐喻的指符，最后指引出在江河中撑船"提"上"提"下的"竹篙"为答案，形成了"超模拟"的民俗象征符号。这种言语系统的民俗指符大体上也可以表达各种民间抒情歌的含义，只是它们的"答案"是概念或意味，而不是谜语的谜底。

（二）关于神话的民俗指符

在言语系统的民俗指符中最有特色的是神话的声音形象及其象征代码。人类虽然早在20万年前就已经用言语交流信息了，但是，通过言语系统对宇宙、大自然和人类自身进行有体系的认知，那还只是距今5500年到3500年间的事。这就是对宇宙的神话思维所形成的大量的口传神话。其中尤其是最古老的开天辟地的创世神话，都是些奇异的诸神形象或神性的英雄形象，用神奇的手段创造了世界万物，也包括创造人的故事。是原始人的思维在交流中创造了形象生动、离奇怪诞的神话故事，表现出他们对大自然的认识与解释。神话所叙述的言语代码，在这里并不仅仅是语词的声音形象组合关系构成了指符，而是神话故事中有情节的内容所包含的若干情节单位的组合关系的复杂指符，从而发送了神话所指的信息。

1. 神话素的排列组合形式：神话符号在言语系统中显示的若干情节单位组合，被视为"神话语言"的象征。这种象征并不是指神话故事中的那些最小单位的语言代码象征。所以列维－斯特劳斯才断言说："神话是在一种很高层次上活动的语言，在这一层次上，意义成功地'离开了'它赖以滚滚前进的语言基地。"① 可见，原始神话对世界或大自然的解释，不在于它具体的讲述言语，而在于它隐藏在讲述背后的神话意义。

神话的象征符号有两个特点值得注意：一个是神话的意义并不是孤立地包含在形成神话的那些单一的神话素中，而是只存在于那些神话素的整体排列组合之中；另一个是神话素整体排列组合形成的"神话语言"是神话思维形式，它高于或大于神话口述言语的代码，是更为高级的一种象征符号。从这两点出发，可以认为，神话符号的指符是许多神话素的排列组合形式，也只有一个神话的所有神话素的完整组合，才能够引导并联想出这个神话的深层意义。比如，盘古化身天地万物的创世神话说：宇宙间首生盘古，死后化身为万物，气化作风云，声音化为雷霆，左眼变日，右眼变月，四肢五体变为四极五岳，血液化作江河，筋脉化为地理，肌肉化作田土，须发变成星辰，皮毛化为草木，齿骨变成金石，精髓变成珠玉，汗水变成雨泽，身上的小虫，风化成人群。② 这是有代表性的世界同型尸体化生宇宙神话。它的最小单位的言语代码在这里只是最小的角色；然而，它的神话素却一个个排列组合起来。巨神尸体化生是一个最大的情节，其中包括了十四个并列的情节单位，即十四个神话素在内，形成一个完整的"神话语言"的指符，用它表达了一个宇宙起源的原始思维观念，与神力开辟制造世界的意义不同，突出传送了化生世界的含义。

2. 神话思维的联想方式：了解了"神话语言"的特征，就不能

---

① Claude Levi-Strauss, *Structural Anthropology*, London: Penguin Books, 1972, p. 210.
② 参见（清）马骕《绎史》卷一引《五运历年记》，（清）永瑢、纪昀等编《文渊阁四库全书》（史部 123 纪事本末类），第 365 本，第 69 页。

不探讨神话运用想象的思维方式；正是它的独特的思维方式构成了神话的指符。这方式正是不自觉的联想方式，即原始人处于较低级思维状态下的联想，或者可以叫作"原始联想"。它们显然都是非科学的，但却似乎像"逻辑"那样自成体系。也正是这些貌似逻辑形式的联想，构造成了一个个的神话素，然后再形成神话素的组合关系，构成神话象征符号的指符。

神话象征符号中神话素的联想方式大约有四种类型：原始的相似联想，原始的相近联想，原始的对比联想，原始的因果联想。

（1）原始的相似联想：这是把本来并不相同，但却与某些类似的事物联系起来，构成神话素的一种联想。运用这种联想形成神话素的声音形象，作为神话语言的指符。例如，把日、月说成是某巨神、巨人或巨兽的左眼和右眼，是出于日、月外形及光照与人兽双眼形状及目光的类似。"羲和浴日"神话中太阳之母羲和为儿子"日"洗浴，是把日出东海与婴儿出浴的相似形象联想而成。"雷神龙形"是从雷前闪电的形状与爬行动物的相似联想成龙。"雷神鼓其腹"是从腹形与鼓形相似、雷声与鼓声相似联想而成。"大地飘浮"的神话或"浮岛""流岛""钓岛"的故事，也都是从海上漂浮物、海中巨型动物漂游联想而来。"海上三神山"的思考，也是从海市蜃楼的幻影联想而来。创造神话的古人，把这些联想形成编码，组合成一个个神话素的声音形象，成为神话语言符号的指符，从而使接受者再联想出这些神话蕴含着的信息。

（2）原始的相近联想：这是一种把时间上相接近的事物或空间上相接近的事物相互联系起来，构成神话素的一种联想，并把这种联想的声音形象作为神话语言的指符。比如，阿尔泰语系信奉萨满教的各民族，在神话中把高大的巨树说成是通往天界的梯子的联想，是从大树和蓝天在空间上接近而来的。希腊神话中诸天神都被认为居住在奥林匹斯山上；中国神话中的诸大神也被认为居住在昆仑山巅或蓬莱山顶，也都是由高山与蓝天接近联想而成。神话中把日、月、星、风、雨、雷、电、虹、霞、云、霓之神，都说成是"天帝"周围的大神，完全是因为这些天体、天象本来就在空间上与"天"极接近的缘故。在神话中把雷鸣闪电联想成雷公电母配偶神，也是出于雷电在时间上先后相依相近的关系联想而成。希腊的太阳神追逐黎明女神的神话，也是从黎明在先，日出在后的时间接近上联想而成。

（3）原始的对比联想：这是一种把各种相互对立、对应、对等的事物特征加以对比对照构成的联想，产生神话素，形成神话语言的指符。远在神话时代，人类的思维活动在实践中便产生了对立、对应、对等的对比联想。在神话中出现了男神和女神、日和月、昼和夜、早和晚、水和火、天和地、生和死等对比故事。并由此联想出了善神和恶神、美神和丑神、神和魔、人和鬼、光明与黑暗、天堂与地狱、喜和怒、哀和乐、爱和恨等神话的声音形象。像古神话中水神共工与火神祝融的大战；星神话中"参"与"商"二星兄弟阋墙的故事，都是对比联想构成的神话素指符。

（4）原始的因果联想：这是一种把本来没有因果关系的事物，按照因果关系联想起来，构成神话素，再组合成神话语言的指符。例如，神话中有华胥踏了雷泽的足迹后，孕生了庖羲；姜嫄履大人足迹生弃，简狄吞燕卵生契；佛库伦神女吞了朱果，孕生了布库里雍顺等神话素。在这里，"履大人迹""吞燕卵"和"吞朱果"作为因，其结果却是诞生了半人半神的氏族首领人物，这便是原始联想的因果"逻辑"。又如，《淮南子·天文训》中的神话说：远古的共工"怒触不周之山，天柱折，地维绝"，造成了天倾西北，地不满东南，日月星辰西移，江河水潦东流。这是一则典型的用因果联想而成的神话。把天体运行和地理地貌的成因，联想出以山擎天的天柱被大神触折后，造成了天塌地陷后果这样的神话素，形成了解释自然神话的指符。

以上四种联想方式在形成指符时，常常是相互衔接、互相补充的，所以使神话素能构成完整的复合形式的指符，从而使神话语言的指符更多地联想出传送的神话信息和意义。

神话语言的指符来自神的类比思维。这种思维显然是从天文的、地理的、气象的、动物的、植物的、原始技艺的、原始宗教的、原始人自身的多个层面上，对周围环境做出多重意识的反应，进而动用各种联想，编织成一幅幅精美的神奇图画，传达出原始先民所展示的世界相和所有神话语言隐喻的意义。

从神话符号的指符可以推及口传故事其他门类的符号构造。它们都应当属于"在一种很高层次上活动的语言"。它们都有独具特色的言语系统的民俗指符。

非言语系统的民俗指符

非言语系统的民俗指符在俗民生活中更是大量存在。尽管它们常常和言语系统的民俗指符相伴而生，但是，在更多的民俗信息交流中，非言语系统的民俗指符几乎遍及人类可感的外部世界。上文所述的神话语言符号中所传送的天地万物的世界相，其本体原本就独立于言语之外，都是进入民俗生活的可听、可视、可感的非言语的指符。

非言语系统的民俗指符包括以下可传送、可接受的代码：听觉的声音代码中，除去语言学的声音形象代码和音乐学的声乐、器乐音符代码已经成为专门的听觉符号研究对象外，其他所有的民俗声音形象，包括民间仪礼中的一般性民俗歌乐声响，都可能成为民俗符号的代码。视觉的标志、图像及多种实物象征代码中，除去专用的手势语、旗语和专业舞蹈"语言"代码外，所有的可视事象，包括民俗仪礼中的俗民舞蹈形象"语汇"，都可能被摄入民俗符号作为代码。视觉领域的指符在民俗符号中占有压倒一切的优势，用眼睛交流民俗信息几乎是民俗符号世界最重要的方式。此外，嗅觉领域的气味代码和味觉领域的滋味代码，以及触觉领域的多种感觉产生的代码，都分别可以作为指符来交流民俗信息。

（一）听觉的音响指符

在非言语系统的符号中，和听觉的言语系统符号接近的就是非言语的声音代码，这当然首先泛指各种大自然的声响，特别是这些声响直接引出俗民习俗心理上的各种感受时，那些声响的民俗指符特点就显示出了民俗情境的联想。比如在特定的民俗环境中，闪电雷鸣声或地动山摇声会在俗民的信仰心理上增添恐惧。狂风暴雨声会给农民祈求风调雨顺的心愿上增加焦虑。某些畜兽的嚎叫或禽鸟的啼鸣声也都会成为预报吉凶的指符。兽蹄的狂奔声会传来不安的预警。城乡集市上非人声的各种响器声，传达出某些行业的专卖信息。锣鼓喧天、鞭炮齐鸣成为传送喜庆的指符；哀乐伴着哭号传达了悼亡的信息。人们在有声的世界里接收千奇百怪的声响，在感受中会产生悦耳动听的，或震耳欲聋的，或鼓舞精神的，或令人哀伤、恐惧、狂噪不安的不同反应，于是，俗民们在经验中把各种声响引进生活。作为传送民俗信息的象征符号，甚至还把某些声响作为支配民俗活动的指示信号。

比如，前面提示的动物鸣叫声的符号作用。自古以来就被俗民关注到了。自然灾害发生之前的动物征兆中，都有反常的嘶吼啼鸣声出现，于是，经验使人们以为这是神奇灵异的灾难预报，从此这些动物发出怪异的叫声便成为民俗指符，指引人们躲灾避难。古人根据犬吠马嘶的声音指符，预测了日月食，采取了救日月的习俗行动。还有，公鸡啼鸣为报晓，是吉祥的象征；母鸡啼鸣被当作不祥之兆，乌鸦叫、猫头鹰"笑"，都与死丧、不吉相联系，使这些鸟类的鸣声成为巫俗占卜的指符，判断吉凶。清晨喜鹊叫被认为大吉的符号至今还起着安定人们心理的俗信作用。

人们在民俗生活中大量利用了大自然天籁的声音作为传送民俗信息的指符，但同时也制造了许多发声的器物，包括原始的响器在内。作为传递民俗信息工具，这些器物发出的声响便成为当然的民俗符号了。其中，鼓、号、哨等古老的发声器物的声音，常被用来作为信号使用。

鼓击的声音，早在原始部落中的木鼓或兽皮鼓产生时便成为传递信息的信号了。它弥补了人的呼喊声和手势语的不足，用各种节奏的快慢缓急和声音大小，制定了鼓语（Drum Language）的编码，使部落成员人人都懂这些信号。在非洲、拉丁美洲、大洋洲、亚洲的印度、中国西南山区等地的土著民中，一直有使用鼓语的民俗传统，甚至有的鼓语能传送百种以上信号的含义，几乎所有鼓语都和生产、生活密切联系。鼓在民俗发展的历史过程中，与其他乐器相结合，扩大了它民俗指符的功能。在中国，锣鼓喧天至今仍是激动人心的声音符号，它在多种民俗节会礼仪中仍然占据强势地位。

和鼓语相似的民俗指符，还有古老的"哨语"（Whistle Language），即用口唇吹响的哨、号角、螺号、竹号等传送民俗信息的指符。在中国西南山区的少数民族中有吹竹号报丧的习俗，不同的竹号声传出不同的信息。碧江怒族村中人死后，立即吹响竹号，如吹响一支竹号，表示死者未婚；吹两支的号声表示死者有妻子儿女；吹响三支表示村寨头人死亡；死者是巫师则吹响四支；妇女儿童死丧不吹竹号。村人听到不同号声，便采用不同方式前往吊丧。

有狩猎生产习俗的村民使用了火枪后，又多了一种发送信号的工具，产生了鸣枪报信的民俗。西南地区的纳西族、景颇族、佤族都有鸣火枪或放土炮报丧的习俗，有的放三声；有的男死按偶数鸣放，女死按奇数鸣放；有的男死放枪，女死敲锣，据传有为死者开路的含义。所有以声响联系民俗活动的象征，都构成了声音指符。

（二）视觉的标记指符

简易的标记、标识大多数在视觉的非言语指符中具有民俗意义。最醒目的莫过于全球通用的古老"箭头"标记，箭是古老的狩猎习俗或战斗习俗中的武器，但同时也用它做指示方向、路线的标记。它的指符是一支真箭，或是刻画的一支箭的图形记号。又如食指指向标记，也是常见的符号，它是从人的手势符号中模拟出来的图形记号。图示为直伸食指，握紧其他四指的指向动作。这已经是常见的标记指符和非民俗活动中也通用的记号。

在视觉民俗符号中，"十"字形符号是常见的标记。"十"字形标志并不是从基督受难的十字架才开始有的，而是早在史前，即公元前两千年左右，在美索不达米亚的一枚圆筒形印章上就刻有两条直线直角相交的"十"字形符号。这种被称为希腊等臂"十"字的符号还早在古钱币或徽章等饰物上出现过，它代表太阳光或天神。

基督教传播的"十"字架符号出现后,这种三臂相等,下臂明显偏长的拉丁"十"字形符号便广为使用。在教堂和墓地到处可见,成为基督教的象征和耶稣受难的标记。早在古埃及还出现了带环柄的"十"形(♀)记号,出现在公元前1500年前后的《死亡书》中,它叫作"卡"(ká),是人的灵魂标记,被认为是主司生育、再生之神与太阳神之母结婚的象征,是繁殖力的符号,又被称作"生命钥匙"(Key of life)。中世纪才又出现了马耳他骑士章上的"十"形纹样。代表军事团体和慈善医疗等。

同时,在佛教文化圈中,被称作"万"(卐)字形标记的符号也广为流传。它的读音来自印度梵文"Swastika"原意是良好和幸运。最早有两种形纹:一种是向右折旋转纹做标记,代表阳性、太阳、光明、生命、荣耀、善良、仁慈、智慧;另一种是向左折旋转纹做标记,代表阴性、黑暗、死亡、毁灭、丑恶、残暴、野蛮。前者是白色光明男神的符号,后者是黑色黑暗女神的符号。事实上,这个标记早在公元前三千年至前一千年间就在埃及、希腊、印度广为流传,当时所指的含义已经趋向"吉祥"了。在古陶器、青铜器和古钱币上随处可见,早已成为常见的民俗指符了。

(三) 视觉的纹饰、图像指符

在民俗文化的传承中,有大量的纹饰和图像作为指符,表现了丰富的民俗内容和多种民俗含义。这些纹饰、图像的指符,在民俗形式上及所表现的民俗内容方面,都较之标志指符更加丰富多彩,形象生动逼真,含义深刻,细微周详。在传送民俗文化信息方面占有绝对优势地位。

1. 纹饰指符:在俗民生活中,自古以来就创造了无数生产生活器物,它们本身就已经构成了民俗符号,表现出各时代的文化风貌;

更重要的是这些器物同时又成为历代民俗文化符号的载体，转载了历代丰富而精美的象征纹饰，除了美学价值以外，它们的民俗文化史的意义也都由无数纹饰真实地保存下来。

上古彩陶上的鱼纹、蛙纹、鸟纹、鹿纹，鲜明地留下了原始渔猎的民俗代码，表现了原始"图腾"制度的痕迹。青铜时代的钟、鼎、角、觚、尊、觥、錞上的蟠螭纹、夔龙纹、龙纹、饕餮纹、凤鸟纹、龟纹等符号，记录了当时神兽灵禽的崇拜。那些虎纹、犀纹、象纹、牛纹、鹰纹等符号，展现了古代尊贵、威严的象征意义。南方各族的古代铜鼓上的太阳纹、云雷纹和蛙纹符号，显示了节日祭天，崇拜太阳、雷雨神及雷神之子青蛙的信仰含义。汉代铜镜上和汉瓦当上出现的青龙纹、白虎纹、朱雀纹和玄武纹，传达了汉代崇拜四方神灵的符号内涵。汉画像石与石刻上出现的四方神图纹，各种星座纹，伏羲女娲蛇身人首交尾图纹，都是当时信仰生活的民俗符号表现。在以后的器物上，如玉器、金银器、瓷器、漆器和建筑物上，大量出现了吉祥的龙凤纹、鹤鹿纹、狮虎纹、麒麟纹、蝙蝠纹、石榴纹、桃纹、莲花纹、牡丹纹、菊纹、葵花纹及梅纹、竹纹等，逐渐由简单的单一性质的纹饰指符向复合多义的指符扩展。中国古往今来丰富的纹饰符号在民俗生活中点缀成一部生动精美而又鲜活的民俗纹饰大词典，传播着深远的民俗文化理念。

2. 图像指符：上述成形的纹饰，早已逐步发展成图像。龙纹与龙的画像、塑像、刻像、绣像、陶釉像并行发展，形成了广泛的龙崇拜民俗。不仅皇家雕造龙壁、龙柱、龙车、龙椅、龙床等象征君主的器物，在民间也有二龙戏珠图、望子成龙图、鱼跃龙门图、龙凤呈祥图等图像符号的指符，象征着祥和吉庆和进取成功的概念。

人们还编制出许多隐喻、双关的图画，参与民俗礼仪活动，发挥其符号代码的功能，传达吉祥、长寿、幸福、富贵、儿孙满堂等民俗祝愿的信息。龙凤呈祥图、比翼鸳鸯图、喜（鹊）上眉（梅）梢图、松鹤延年图、五福捧寿图、百事大吉图、榴开百子图、连（莲）生贵子图、年年有余（鱼）图等，都成了俗民生活中惯用的民俗指符，表达人们彼此间的良好祝愿，成为中国民俗符号的一大特色。

在民间图像符号的指符中，民间多神信仰的各种神灵图像，尤其是民间巫傩习俗中的鬼神造像，都成了表现迷信巫俗的指符，正是这些指符传达出民间根深蒂固的传统信仰观念。北方萨满教巫俗中，鄂伦春族供奉的一组部落神"玛鲁"，就是由十二种神灵的许多个神偶组成的群体神。其中主神"舍卧克"的神偶造像，因各个氏族而不同。人们只要看到神偶的差异，就能知道这是某氏族的主神。比如，巴亚吉尔杜立哈特氏族的主神像是男女一对偶像、男神用松木制一市寸方圆的人脸型，裹一层狍皮，加熊皮毛胡须；女神用薄铁皮剪成同大人形，缀在绿色布条上而成。西拉那莫他氏族的主神则是供奉三层共二十一个人形，木偶像三个包狍皮，在上层，薄铁皮制像九个在中层，黄铜铸像九个在下层。这些不同的主神像指符不同，其所指的含义也有了变异。

神灵偶像的符号特点证实了俗民信仰中使用泛指指符与特指指符的差别。五花八门、形形色色的杂神偶像都具有泛指的崇拜、祭祀的指符，从来不是任意描画雕塑的图像就可享受香火。同时，所有神像神偶又都分别有其特指的神格、神性、神职的指符，或不同民族族属的神灵指符，否则其符号的所指不能被俗民认同。也可以说，神像不仅有一般的神灵崇拜的形象代码，也有其局部、细部的民俗代码，于是才发挥了它传送民俗信仰信息的功能。比如，女娲娘娘、观音菩萨、碧霞元君、妈祖天后四女神，其造像有共性，又都突出了各神的特征，俗民立即从特指指符中辨认出他们所熟悉的神灵。十八罗汉、五百罗汉的造像同样都展示出了他们的泛指指符和特指指符。俗民不会认错了长眉罗汉、降龙罗汉和伏虎罗汉，是因为在指符中有长眉、龙、虎的符号形象。同样，希腊神殿中七男五女大神的造像也是以它们的共性与特性的指符为依据，可以识别出诸神的不同的崇拜意义。

（四）视觉的实物象征指符

在民俗指符的构造中，大量的实物被用来作为表现体，形成以实物为代码的指符特点。它们和上文所述的图像品物为指符不同，图像中的物，如画的橘子、画的橘子只是虚像，是实物的代码，是绘制成的代表符号。实物指符不同，它是实有的物，是桃、桔，用它直接做指符。用它们去象征长寿、吉祥。如果实物可以去充当象征角色的话，它本身的使用意义便随之转变了。所以，实物象征符号也要经历一个转喻的"超模拟"过程。桃子、橘子的本来食用价值已不是第一义的，第一义已被"寿""吉"的喻义取代了。因此，实物成了民俗指符。

以满族婚礼中的民俗项目为例：新娘下轿后怀抱一个花瓶，从一个马鞍上跨过，这是婚礼的第一个程序。花瓶和马鞍是两件实物用具，在礼仪中，它们都被用来转喻"平（瓶）安（鞍）"的祝吉含义，做了民俗礼仪祝贺平安大吉的指符，在典礼上它们分别失去了摆设和马具的使用意义，转借来有了婚礼上的实用意义。这大体上可以解释实物做指符的形成特征了。

除了用实物转喻民俗事象的指符特征外，实物的专指指符特征

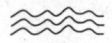

也很明显。许多实物本来就是专为某种民俗行事使用的，它便当然地成为该民俗符号的指符，而不能充作别的民俗指符使用。即使像前面所说的用来转喻的花瓶与马鞍，一旦被拿来转借为指符，约定俗成后，它们也就成为专指指符，同时，俗民也不会认同其他任意替代花瓶与马鞍的实物。这种专指的民俗指符，往往来自独具民俗特色的民俗文化本身。比如，婚礼的喜车、花轿、婚纱、红盖头，丧礼的灵车、棺材（或骨灰匣）、寿衣、孝服等，都是专指指符，是专用的实物符号代码。一旦没有了这些代码，就意味着失去了民俗特色或被别的符号所替代，改变了固有的民俗结构。又比如，节日民俗里的实物，有年夜饭的饺子或年糕，元宵节的汤圆，端午节的粽子，中秋节的月饼等，都是民俗的专指指符，不可替代或缺少。还有市商招幌中的实物招幌更是不得取代的指符。

　　实物指符的另一个特征是：它可以是单一实物做指符，但在特定的复杂的大型的民俗事象中，往往还需要许多相关的实物组合成配套的综合指符，才能表现出一个完整的民俗信息。比如，"筷子"可以作为单一指符用来象征中餐；"刀叉"可以用来作为单一指符标志西餐。但是，要想全面了解中餐的民俗特色，就需要展示更多的中式餐具、中式餐桌、中式各系菜肴等多种实物（食具、食料、食品等）的编码系统，形成复合的指符，表现出中餐的内涵。同时还要调动嗅觉的、味觉的气味代码及中国饮食礼仪习俗的编码，才能构成完整的符号系统，传送出关于中餐饮食民俗文化的全面信息。

　　以此类推，所有的民俗实物专指指符和用来转喻的其他实物指符，只有在民俗文化的发展中综合、归纳，形成庞大的民俗符号系统，才有可能更好地交流民俗信息。

（五）视觉的色彩象征指符

人类生活在一个五彩缤纷的世界里，色彩是构成民俗象征符号的重要元素。自古以来各族群在观察大自然色彩及人身色彩的经验中，逐渐形成了各自的色彩观念体系。人们从自然的色彩变化中，感受到了美丑、吉凶的区别。中国早在公元前 11 世纪就逐步确立了对色彩的崇拜，渐渐形成了与阴阳五行相对应的赤、黄、青、白、黑的五色观。如下表：

五色	五行	五方	五帝	五德	四宿	四季
青	木	东	青帝	木德	青龙	春
赤	火	南	赤帝	火德	朱雀	夏
白	金	西	白帝	金德	白虎	秋
黑	水	北	黑帝	水德	玄武	冬
黄	土	中	黄帝	土德		

古代把五色符号与帝王兴衰相对应，于是标志了黄帝兴时土气胜，尚黄色；夏禹兴时木气胜，尚青色；商汤兴时金气胜，尚白色；周代兴时火气胜，尚赤色；代周而兴者必水气胜，尚黑色。这便是古代"终始五德"循环的色彩符号指符。

五色符号在民俗文化的发展中，逐渐丰富了各自的内涵。赤色是崇高、尊贵、吉祥的象征，它有代表太阳精魂的"赤乌"（三足乌）；有帝朝的代表"赤帜"，汉宫殿阶涂以红漆为"赤墀"；帝王穿红色礼鞋"赤舄"。古代传说中主司婚姻之神月下老人有"赤绳系足"结姻缘之说；传有"红鸾星"神主司婚姻，对后来红色代表喜庆影响很大。红色也有反义，古代罪囚号衣为红色；满门抄斩称"赤族"，是屠杀的标志。但是，红色主要仍是吉庆代表色。

黄色是尊贵的色彩，黄帝的代表色，中央中华的土色。皇帝宫门称"黄门"，帝王车盖为"黄屋"，皇家文告称"黄榜"，殿试后榜文也称"黄榜"。隋唐以来皇帝穿黄袍，臣民穿黄袍以谋叛论罪。清代皇族宗室称"黄带子"，高级禁卫将军着"黄马褂"，皇帝赐赏大臣的贵礼也是"黄马褂"。古代军事上中军营帐、黄龙大旗一律为黄色，其余分用另外四色。皇家宫殿、陵寝一律饰以黄琉璃砖瓦等。黄色成了中华民族的本色。西方色彩观中排斥黄色；从19世纪以来把低级趣味的新闻、报纸都称为"黄色"，渐渐与中国的黄色观发生冲突。爱伯哈德在他的《中国符号词典》中也记载："与西方思想形成鲜明对比的是，黄色在中国被看作极好的颜色。"[①]

青色最早也是高尚颜色和吉祥的标志。唐代以后，青色成为卑贱的色彩。白色象征洁净与圣洁，代表阳光。但在大多数民俗生活环境中白色为死丧的标志，把丧事称白事。白色为孝服色。汉代以来，把稀有的白色禽兽叫作"白祥"，视为不祥。但后来隋唐又有"白祥"为吉兆之说。黑色为凶色、黑煞的象征。

五色观至今还影响着色彩符号的编码，红白大事依然是民俗色彩符号传递着的重大信息。

（六）其他感觉的象征指符

听觉的、视觉的指符虽然是民俗符号系统中存量最大的指符；但是，嗅觉的、味觉的、触觉的和其他各种感觉的符号代码也是重

---

① [美] W. 爱伯哈德：《中国文化象征词典》，陈建宪译，湖南文艺出版社1990年版，第361页。

要的。比如气味代码直接关联民俗生活的方方面面，它会诱发人们对衣、食、住、行、用的物质追求，也会指示人们在精神生活方面的享用。饭菜香与花草香的多样指符，都为民俗文化积累了财富。疾病与创伤的痛感造成的指符，也会导引出生理的或心理的民俗文化需求。

梦中出现的影像活动自古以来便成为独立于视觉之外的幻象指符；它的影像构成了传统民俗文化中的"梦兆"符号系统。人们运用了和"神话语言"符号的"原始联想"几乎完全相同的方法，去解释梦的符号所指，不断在梦的谜底中寻找吉凶的民俗答案。

人们不仅通过感觉符号接收到香、臭之气和酸、甜、苦、辣、咸的五味，还能感受到精神上的喜、怒、哀、乐、爱、恶、欲，从而交流更深广的民俗文化信息。

简短的结语

世世代代的俗民们，从不停顿地徜徉在民俗文化的象征符号世界里。他们从外部世界和内在世界里自由地采集丰富的动听声音和生动形象做代码，创造性地编制出难以计量的民俗符号，从而极大地丰富了民俗文化的内涵，并扩展了它的外延。有些符号随着它的产生基础的消失而淘汰，有些符号随着产生基础的演变而更新。民俗文化因此而代代传承。

当代民俗学阐释这个鲜活的民俗符号世界，探索它在 21 世纪发展变化的轨迹，应当责无旁贷。

从符号学的角度看民族头饰艺术的美学特色

管彦波①

具象母题：表现各种自然物象的母题

自然界的广博，其本身就是一部形象而生动的教科书，为人类无私地提供着造型与装饰的原型和借鉴物。在我国丰富多彩的头饰艺术母题中，从最为久远的绘面、文面的图案花纹及母题选择来看，就有许多是表现各种自然物象的具象母题。如昔日傣族的"文身图谱"中，就绘有各种奇鸟怪兽、人像神图；"蛮夷"的雕题文身就系为"避蛟龙之害"，才仿其生物花纹而加以雕饰自身，从而产生了一种"残酷的护身艺术"。

模拟象生性自然物的造型和装饰纹样是头饰艺术的一种最基本

---

① 作者简介：管彦波，中国社会科学院民族学与人类学研究所研究员。

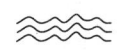

的表现手段。仅帽饰一项，以动物形象为直接的模拟对象的帽子就有"狍头帽""牛角帽""鱼尾帽""凤凰帽""喜鹊帽""鸡冠帽""马尾帽""猫头帽""狮子帽""猴头帽""虎头帽""兔子帽""老鼠帽""熊头帽""尾巴帽""鹦嘴帽""狗头冠"等数十种，以植物形态为造型母题的帽子就有"木头指""樱花帽""荷叶帽""花帽"等，直接或稍加仿照自然物某一形态而制作的帽子更是举不胜举。这些形态各异的帽子，冠之于人类的头部，在头饰文化中既是一个大写的文化符号，又是一组颇为逼真、形象而生动的头饰美学母题。再从头饰中的发式与发髻来看，我国各民族发髻中的"灵蛇髻""堕马髻""螺髻""牡丹头""荷花头""凤髻""角髻""翠眉惊鸿髻""蝴蝶髻""孔雀髻"等数十种发髻形式，亦是模拟自然物象而统理成的发式。这些发髻形式在整体上凸显了头饰艺术美。

下面，再让我们看一看我国各民族头巾、冠帽等头饰物上的装饰图案所呈现出的具象母题。

我国新疆的维吾尔族人民，不论男女老少，不分春夏秋冬，都有佩戴花帽的习俗。这种做工考究的小花帽，图案丰富，种类繁多，形式多样。常见的图案形象多为花卉、果实、飞禽的造型。具体如桃花、杏花、石榴花、棉花、雪花、豆角、麦穗、葡萄、鸟雀、鸡鸭、蚕、蝶、星月等。[①] 东北以狩猎为主要生计手段的鄂伦春族装饰造型艺术甚为发达。其装饰艺术具体可分为兽皮工艺和桦皮工艺两大类。其中，兽皮工艺中的各种皮帽，桦皮工艺上的桦皮帽盒"茂力春"上常被刺或刻上各式各样的图案。这些图案的内容绝大部分

[①] 参见谢凯《维吾尔族花帽图案》，《丝绸之路造型艺术》，新疆人民出版社1985年版，第326页。

是鄂伦春人根据自然界的花鸟、树木、云朵、波浪加以变化而创造的。装饰的纹样有团花、边沿花、单独纹样、角偶花等几种，非常具有代表性。①

哈尼族婴幼儿所戴的小布帽颇具民族特色，均以青蓝色相间的六片直式土布片缝制而成。帽顶上饰有珠牙、海贝、虎爪、穿山甲麟壳等物和一枚野生植物果。②居住在贵州的布依族，民间工艺以色彩鲜艳的蜡染、图案多变的刺绣、编织精美的"仲家布"为最。其中，蜡染的花纹图案，或描龙画凤，或绘刺梨花，或以蝴蝶、花枝、兰草为主要题材，刺绣有平绣、绉绣、编绣、缠绣、挑绣等，花纹图案以各种人像、花卉、鸟兽为主，常见的有麒麟、狮子、凤凰、孔雀、锦鸡、荷花、金银花、牡丹、芍药等。这些蜡染布和刺绣作品上的花纹图案，常常是巾帕冠帽等头饰上的具象母题。③畲族的民间工艺美术以刺绣、编织、剪纸为主。其中，巾帕帽饰上刺绣的具象母题有梅花、牡丹花、莲花、桃花、菊花、竹花、兰花、喜鹊、凤凰等，编织的斗笠上面有斗笠燕、云头、虎牙、斗笠星等几种相间的花纹。④彝族服饰艺术独具风格，做花工艺有桃花、贴花、穿花、锁花、盘花、滚花、补花、刺绣等多种，装饰的具象母题及纹样有日月星云、彩虹、波浪、羊角、火镰、鸡冠纹、环纹、浪纹、人字纹、齿纹等几种，直接取材于大自然。⑤

由上所述，从各民族的巾帕冠帽乃至发式与发髻的装饰图案、纹样及整体形态来看，我国少数民族头饰美学符号——具象母题的

---

① 关于鄂伦春族的装饰艺术，参见陈兆复《狩猎者鄂伦春的装饰艺术》，《美国史论》1984年第1期；许以僖《鄂伦春族的装饰艺术》，《民族学研究》第3辑。
② 参见毛佑全《哈尼族服饰文化特质及内涵》，《中南民族学院报》1992年第2期。
③ 参见讯河编著《布依族风俗志》，中央民族学院出版社1989年版，第100页。
④ 参见施联朱编著《畲族风俗志》，中央民族学院出版社1989年版，第97—100页。
⑤ 参见巴莫阿依嫫等编著《彝族风俗志》，中央民族学院出版社1992年版，第223页。

题材是十分丰富的。总体而言，有动物题材，如龙、蛇、虎、豹、鸡、狗等；有植物题材，如花卉中的牡丹花、马樱花、山茶花、粉团花、迎春花等；有人物题材和日月星云、水火虹山等自然物象的题材。且这些题材，大都是由于受自然物、自然现象或人工物启示的结果，来源并服务于生活，但又高于生活。

抽象母题：直接取材于自然物象的几何形花纹

线和面的组合构成图案，图案用于装饰自身和物品则产生了装饰艺术。在我国少数民族的头饰艺术中，有很多不直接取材于自然物象的几何形花纹和图案。其中，常见的有云雷纹（回纹）、陶纹、锯齿纹（狗牙纹）、人字形纹、菱形纹、万字纹、并头云纹、棋盘花等。且这些几何形花纹，有的是从古老的原始陶器和青铜器上继承下来的传统母题，有的是直接或间接引入的，而大多则是从社会生活的实践中提炼和总结出来的。具体到各民族的头面装饰行为中，可以从纹面习俗及其面部纹素结合起来加以考察。

纹面是面部装饰的一种古老手段，应属于最直接的人体装饰艺术，其实质是用刺破皮肤掺加染料使身体永久存留花纹。据载，我国的许多民族历史上有文面的习俗，且面部纹素图案有很多是抽象的几何形花纹。如旧时海南黎族面部纹素图案有图案化（或变形）的写实纹饰、似字非字的符号纹饰和几何形纹饰三类。[①] 台湾的高山族泰雅人、赛夏人等民族群体，在额部、颈部或颊部刺上花纹，俗

---

① 关于黎族文身的几何形图案，参见马沙《黎族文身探索》，《江海学刊》1992年第6期；刘咸《海南黎人文身研究》，《民族学研究集刊》第一集。

称"黥面"。一般说来,"妇女黥面惯例刺上额与两颊,但赛夏人妇女仅刺于上额。图案款式与男子一样,在前额中央刺成短条状栅线纹,雾社、万大、木瓜三族群间,有刺三条至五条,甚至多达八条的;道泽、土鲁阁二群亦有刺三条的,道泽群中央刺一条或三条长形的,两侧外加短形平行横纹,远视全纹构成十字形"①。文面的目的和动机是多种多样的,但有一个不容忽视的事实是:纹面对于原始民族来说有着强烈的美饰效果。

绘面、涂面是文面的继续和发展,采用巾帕冠帽等各种饰物来装扮头面,又可以说是头面妆饰的进一步深化。故,我国各民族头饰艺术中的抽象母题,大多还是在帽子、巾帕、额带、斗笠等头饰物中得到了充分的体现。如新疆维吾尔族人民的小花帽,种类甚多,但以"奇依曼朵帕"和"巴旦姆朵帕"两种最具风采。"奇依曼"意为繁花似锦之意,是一种色彩斑斓、鲜艳夺目的花帽,帽子上就有十字对称纹样。又如和田地区格子架绣女式花帽,以几何形纹样组合的一种彩色丝线满地平绣图案,纹样严密紧凑,形状扁平,四角突起,远销各地。②乳源瑶族常在男式的头巾、女式的头帕及小孩帽子的周围绣上各种花纹图案。这些花纹图案可分为人形纹、动物纹、植物纹、圆形纹和象征纹五大类。其中的圆形纹有两种,一种表示女人形,另一种表示日常生活中常见的建筑物和日常生活用具,如锯齿花、城蝶花、门头花、旗花、豆腐格花、街砖花、天星花、柱花等。③再如在台湾土著民族服装上的花纹中,常见的就有人像纹、人头纹、人头与蛇形纹、蛇形纹、百步蛇纹、鳞纹、三角形及

---

① 陈国强、林嘉煌:《高山族文化》,学林出版社1988年版,第184页。
② 参见谢凯《维吾尔族花帽图案》,《丝绸之路造型艺术》,新疆人民出版社1985年版,第326页。
③ 参见陈启新《也谈乳源瑶族服饰上的刺绣图案》,《广西民族研究》1987年第3期。

菱形纹、太阳纹、船形纹、八角花叶纹等。① 这些图案花纹中，有一些是属于抽象母题的。畲族妇女头巾上刺的几何纹饰有锁同、万字、云头、云勾、浮龙纹、山头、大耳、马牙纹、书宝、拈叶纹、柳条纹等。② 土家族姑娘擅长绣花，她们常在手巾、布帕、枕巾、被面上亲手绣上各种花纹图案。在众多的花纹图案中，取材于物体的几何形图案有：悟于大小石块嵌叠为墙的几何形，有悟于云彩的云钩，水波的曲钩，拱桥的弯钩，小块纹样方格的"粑粑架钩"，长方形为主要纹样的"椅子花钩"，六方八方形为主要纹样的"桌子花钩"，以及"小白梅花钩""交山梅花钩""马必花钩"等。③ 西南地区的彝族也是一个善于刺绣的民族，他们的服饰艺术中，几何形纹样数量最多，流行最广，内容最丰富。常见的有二方连纹、回纹、弦纹、格纹等几种。④ 苗族的装饰艺术也颇具特色。他们擅长用挑、绣、织、染等工艺手段把一些几何形图案表现在头帕、枕套、背带等日常生活用品上。常见的有枝纹、坨纹、角纹、边纹、方纹等几种。⑤

上举诸多实例告诉我们这样一个事实，不直接取材于自然物象的几何形花纹在我国少数民族头饰美学符号中占有十分重要的地位。这些花纹图案以各民族丰富的社会生活内容为基础，体现着不同民族的审美情趣。

---

① 参见《台湾土著民族服装上的花纹》，《民族译丛》1991 年第 6 期。
② 参见施联朱编著《畲族风俗志》，中央民族学院出版社 1989 年版，第 97—100 页。
③ 参见杨昌鑫编著《土家族风俗志》，中央民族学院出版社 1989 年版，第 138 页。
④ 参见巴莫阿依模等编著《彝族风俗志》，中央民族学院出版社 1992 年版，第 223 页。
⑤ 参见龙炳文、麻明进《论苗族装饰艺术的风格特点》，《苗族文化论丛》，湖南大学出版社 1989 年版。

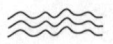

意象（象征）母题

意象母题是指在审美实践活动中，审美对象被审美主体的审美意识所反映、加工成审美意象，并引起的一种审美体验，即是说，审美意象是审美主体的特殊心理状态和对审美心理事物的规定，表现为审美对象的色彩、线条、头饰符号所引起的复杂而又和谐的内心体验，在审美主客体的意象性结构中，有一整套艺术符号来暗示某种观念、哲理或情绪，那就是具有强烈象征意义的象征性符号或意象性符号。

象征性符号或意象性符号，作为各民族社会生活中表达、交流、储存和传达各种文化信息的媒介，与其他任何艺术符号一样，有着形式要素和意义要素等两个层面的关系结构。这种关系结构，在符号学、语言学中则分别用能指（signifier）和所指（signified）、语形和语义来表示，象征文化体系中则用本体和象征意蕴来表示。所以，这里所探讨的头饰美学符号——意象（象征）母题，其本身与"本体"是相对应的，而母题的意义要素，就是我们所说的"象征意蕴"。

从我国少数民族头饰符号形成的心理背景和文化背景来看，源于自然崇拜、图腾崇拜、宗教信仰（特别是以类呼类的巫术观念）、历史人物、传说人物、神话人物、风俗习惯等社会生活诸多方面并具有象征意蕴的母题是非常丰富的。且这种象征性母题常以如下三种形式表现出来。

第一，以各种头饰物作为最直接的象征母题。如生活在红河一带的哈尼族奕车姑娘,喜欢戴一顶白布做的三角头巾。巾以宽约一市尺、长二市尺的小白布缝制成尖三角状,将尖顶内侧正罩头顶,好像一座奇妙的尖顶白塔。这种白色三角头巾是他们民族洁白心灵的象征。① 云南景颇族的白包头象征纯洁善良。苗族银帽上的银佛象征神佛保佑,左右圆片象征太阳的温暖,七个响铃驱魔除邪,使儿童健康成长。拉祜族成人的圆形帽由九片青蓝布组合缝成,帽顶系一红色顶子。九片青蓝布象征民族和睦相处,红色顶子象征拉祜族强悍、勇敢。小孩圆形帽由三片布组合缝制,顶有红色顶子象征意义与大人的相同,但三片布则象征古时三十名英雄。苗族的银刺梳,据说是苗族妇女在被野兽袭击和强悍男性侮辱时用以护卫的器物,象征护卫(自卫),也象征华贵和神圣不可侵犯。西藏珞渝西巴霞曲流域珞巴族巴依部落,常在帽盔上装饰大小适中、外观好看的苏门羚角,用以象征勇武和对敌人的震慑。侗族在芦笙踩堂时,常在吹笙者的头上插上锦鸡尾羽,象征男子英武,故侗族有"父造鸡羽插头,母造暖布遮身"的古语。

第二,以头饰的形体形态、图像、纹样作为一种最直接表达意象的饰物。有如:广西全州一带瑶族,头巾长一丈二(四米),象征一年十二月月月事事如意。又在布依族的"假壳",头饰艺术中,花帕的一段绣有牛、羊、鱼、龙等,布依语叫"万私",即象征着万贯金银;另一段叫"答令",上面绣有太阳花、海波浪等,象征兄弟团结、民族团结。② 又乳源瑶族男式的头巾、女式的头帕、年轻女子和小孩的帽檐、巫师的帽子上,常常刺上"人形纹""动物纹""植物

---

① 参见刘锡诚、王文宝主编《中国象征辞典》,天津教育出版社1991年版,第12页。本部分后面所引材料未见出处者,均见此辞典。
② 参见杨芝斌《镇宁布依族服饰》,《中央民族学院学报》1984年第2期。

纹""回形纹"等各种图案。其中,有象征意义十分明显的表示瑶族史前氏族首领或家族长的形象图案,有表示瑶族神话传说中的男女祖先和吉祥观念的图案。①

第三,以某种特殊的头饰或举行"改头换面"的仪式,以便从中产生头饰本身"象"所具有的"意"。这里的特殊头饰,大多都是具有象征事象的事物（饰物）。如滇池附近有一种自称"大花苗"的苗族,外族人称他们为"独角苗",因为大花苗妇女的发髻十分特别,黑发在前额附近盘成一个很大的尖角,形如犀角。其实,据她们解释,这不是角,而是古代迁徙时,跋山涉水,为保护粮种,便把玉米棒子缠在头上,使其在过河涉江时不被弄湿发霉。为了纪念那一段往事,或是日久成习,直到现在,苗族妇女还喜欢梳一个独角发髻。这种"藏粮种"的发髻,正是游耕民族写在头饰上的象征母题。与此相似,贵州贞丰布依族妇女戴的类似牛角,人称"牛角帕"的头帕,邓启耀先生认为,靠"住水头"安身立命的布依族仿牛角而饰,实际上体现了拜水民族的某种微妙心理或感情。农业与水利的关系,已化成牛与水源合体象征并"符号化"在头饰上。②纳西族原始宗教东巴祭司所用法器中最大的神器,即一顶篾编的斗笠。帽上插有鸡毛,象征雏尾,表示神圣;插有铁角,饰有一对鹰爪,作为镇鬼驱魔的象征物;铁角上的两个圆点,象征日月,意为白天太阳照道,晚上月亮照路;铁角两边各插一把刀,用以驱鬼,刀两侧插有豪猪箭,是驱邪镇鬼的象征物;帽檐上贴一圈牦牛毛,象征威力。又如布依族姑娘出嫁前的梳发辫仪式,怒族的"剪发定

---

① 参见陈启新《也谈乳源瑶族服饰上的刺绣图案》,《广西民族研究》1987年第3期。
② 参见邓启翅《民族服饰:一种文化符号——中国西南少数民族服饰文化研究》,云南人民出版社1991年版,第256—259页。

亲"，宁蒗等地彝族的"盘红头绳"，德昂族的领取包头仪式，元阳哈尼族的顶头帕编双辫等与头饰相关的礼俗与行为，都具有十分明显的象征意义和强烈的暗示力，或为求吉避邪，或寓美丽、吉祥、幸福。

如上三种不同形式的象征母题，使民族头饰这种最大众化的艺术形式更具美学特色。

语境、过程、表演者与朝向当下的民俗学
——表演理论与中国民俗学的当代转型

杨利慧[①]

表演理论（Performance Theory）无疑是 20 世纪末叶以来影响中国民俗学最为显著的理论和方法之一。自 20 世纪 80 年代中期以来，近 30 年的时间里，表演理论在中国学术的土壤里移植播种，并逐渐成长壮大。如今，"表演理论"一词已较普遍地为国内民俗学及其他相关学科的学者所知晓，参考、运用、评论者都不少，[②] 教科书中也有专门的章节介绍。[③] 尤为重要的是，在其直接和间接的影响及推动

[①] 杨利慧：北京师范大学文学院民俗学与文化人类学研究所教授。

[②] 据笔者有限的目力所及，除本文将重点提及的多篇著述外，中国学人有关表演理论的运用和评论性著述尚有许多，例如容世诚《戏曲人类学初探》，（台北）麦田出版社 1997 年版；蒋斌《口述历史的舞台》，"文化展演的人类学研讨会"会议，"中研院"民族学研究所主办，台北南港，1997 年 6 月 6—7 日；李亦园《民间文学的人类学研究》，《民族艺术》1998 年第 3 期；黄向春《自由交流与学科重建》，叶舒宪编《文化与文本》，中央编译出版社 1998 年版；胡台丽《文化真实与展演：赛夏、排湾经验》，《文化展演与台湾原住民》，联经出版社 2003 年版；韦晓娟《民间口承故事的表演性研究》，《长春师范学院学报》2004 年第 3 期；夏洁《苏州评弹"表"的本质与分类——从鲍曼口语表演理论出发》，硕士学位论文，上海师范大学，2008 年；李竟《再论苏州评弹的"表"》，硕士学位论文，上海师范大学，2008 年；左宁、胡鸿保《"表演"的跨学科比较——试析戈夫曼、特纳及鲍曼的表演观》，《贵州大学学报》2010 年第 3 期；段静《民俗学表演理论核心概念探析》，《北方民族大学学报》2010 年第 5 期等。

[③] 例如万建中《民间文学引论》，北京大学出版社 2006 年版；刘守华、陈建宪主编《民间文学教程》，华中师范大学出版社 2009 年版；杨利慧《神话与神话学》，北京师范大学出版社 2009 年版。

下，当代中国民俗学的研究范式出现了一些重要转变，涌现出了一些新的研究取向——"语境""过程""表演者"等逐渐成为近30年间中国民俗学的关键词，长期占据主导地位的"向后看"视角（backward-facing）逐渐为"向当下看"所取代，对当下各种语境中发生的民俗实践（the doing of folklore）的考察和探究已成为当代民俗研究的主流。

作为改革开放以后传入中国并产生重要影响的西方理论，表演理论的传播和发展与中国新时期的社会文化背景密切相关，与本土民俗学发展的内在需求相适应，并与其他诸多理论思潮一道，共同推动了中国民俗学研究范式在当代的转型。在表演理论传入中国近30年之际，梳理其得以传播并被接纳的内在因由，检视中国学者在其本土化过程中的实践与贡献，反思其对中国民俗学当代转型产生的影响，检讨其目前存在的问题并对未来的发展做出展望，无疑是中国民俗学者应做的工作，这对表演理论自身的发展及中国民俗学的进一步建设，都具有非常重要的理论和现实意义。

在开始本文的论述前，还应该说明一点：本文的梳理以表演理论为对象，但并不忽视其他各种理论思潮对当代世界及中国民俗学产生的影响。因为，一方面，表演理论的形成本身便是多学科融合的产物，它为民俗学带来的革命性影响实际上也体现了整个人文社会科学界一种共同的理论转向；另一方面，表演理论在中国的传播和影响，与同时期在中国学术界产生重大影响的后现代史学尤其是"传统的发明"观念、布尔迪厄（Pierre Bourdieu）的实践理论、反思人类学、口头程式理论等的共同推动均有着密切关系。不过，为避免过于枝蔓，这里的梳理将主要限于表演理论。

表演理论得以传播的内在因由

表演理论在中国的文化旅程最早始于 20 世纪 80 年代中期。1985 年，阎云翔在《民间故事的表演性》一文中，较早地对这一理论做了简明扼要的介绍。[①] 此后，高丙中、蒋斌、李亦园、黄向春、朝戈金等分别在其著述中进行过稍多的介绍，[②] 与此同时，一些学者（例如江帆、柯扬等[③]）也开始尝试借鉴相关的概念和视角来进行民间故事和民歌等的研究。尤其是 21 世纪以来，民俗学界对表演理论的兴趣越来越浓厚，参考、译介、运用和评论者日众，表演理论逐渐发展成流行之势。纵观这一发展历程，会发现该理论所以为中国学界传播并吸纳，显然与其契合了新时期中国的社会文化背景及本土民俗学发展的内在需求密切相关。

20 世纪 80 年代以来，随着狭隘封闭的极左思想的松动及改革开放政策的不断深入，中国学术界日渐开放，对新思想和新理论的渴望十分强烈——摆脱"文化大革命"时期众口一声、古板教条的"阶级斗争"视角，寻求新思想和新视角带来的启示和洞见，成为整

[①] 参见阎云翔《民间故事的表演性》，《民间文学》1985 年第 7 期。
[②] 参见高丙中《民俗文化与民俗生活》，博士学位论文，北京师范大学，1991 年，中国社会科学出版社 1994 年版；蒋斌《口述历史的舞台》，"文化展演的人类学研讨会"会议，"中研院"民族学研究所主办，台北南港，1997 年 6 月 6—7 日；李亦园《民间文学的人类学研究》，《民族艺术》1998 年第 3 期；黄向春《自由交流与学科重建》，叶舒宪编《文化与文本》，中央译出版社 1998 年版；朝戈金《口传史诗诗学：冉皮勒〈江格尔〉程式句法研究》，博士学位论文，北京师范大学，2000 年。
[③] 参见江帆《口承故事的"表演"空间分析——以辽宁讲述者为对象》，《民俗研究》2001 年第 2 期，该文后经较大补充，收入江帆《民间口承叙事论》中；柯杨《听众的参与和民间歌手的才能——兼论洮岷花儿对唱中的环境因素》，《民俗研究》2001 年第 2 期。

个社会的强烈诉求。"与国内政治、经济环境的开放、搞活相应的,是思想文化领域里逐步形成的宽松和民主的氛围,僵化、封闭的'大一统'模式开始向四项基本原则指导下的多元化方向发展。新学科、新学派、新思潮、新方法不断涌现,学术界广泛出现了'百家争鸣'的现象。"[①] 在此情形下,国外新鲜的理论和学说被大量地译介进来,担负起新时期里冲击涤荡狭隘封闭思想、重新开启民智的任务。正是在这样的渴求新视角的社会文化背景下,表演理论被引进中国,成为丰富本土社会文化研究的众多理论视角的一种。

但是,更为直接的是,作为当代世界民俗学领域卓有影响的学术流派,表演理论的传入和被吸纳与中国民俗学自身的学术积累和发展需求密切相关。

早在20世纪70年代末期,许多中国民俗学者即"痛感民间文学的搜集、研究中教条主义、简单化、庸俗化倾向的泛滥"[②]。20世纪80年代以来,随着各地民间文学普查和各项专题调查的开展,尤其是民间文学三套集成工作中积累的认识,以往单纯注重文本的"忠实记录"的采录原则受到了反思,民俗学界不仅呼唤新的、对生动鲜活的表演活动进行全面描述的方法,同时,来自田野和研究实践中的经验和认识积累也呼唤着整体性研究范式的出现。

20世纪80年代初,段宝林即立足于"民间文学的调查搜集实践与研究工作的实践",提出了"民间文学的立体性"的概念,以后又对这一概念做过许多补充。他在1985年发表的《论民间文学的立

[①] 杨利慧:《新时期我国民俗学复兴的社会背景》,中国民俗学会编《中国民俗学研究》第一辑,中央民族大学出版社1994年版,第298页。
[②] 刘锡诚:《20世纪中国民间文学学术史》,河南大学出版社2006年版,第742页。

体性特征》①一书中，从六个方面论述了民间文学与作家文学的不同之处，其中特别论及表演性和即兴创作的特点，指出"民间文学不只是单纯的语言艺术而往往是既有音乐又有舞蹈，既有表情又有说白和动作的带有综合性的艺术"；"民间文学的表演者实际上就是创作者，表演中有创作，表演的过程，也是创作的过程，二者是紧密结合着的"；"许多民间文学作品即兴创作的成分很大，往往是触景生情创作出来的……歌词与眼前的环境密不可分"。作者因此倡导对民间文学应进行"立体描写"——不只记录民间文学这条"活鱼"，还要连同它生活的环境——"水"——一并搜集起来。在1991年发表的《论耿村故事的立体描写》一文中，他对"立体描写"做出了比较具体的要求："我以为对重点故事要注意以下几点，并详加描写：第一，故事的由头——在生活中、谈话中是什么因素引起他讲这个故事的？第二，故事的讲述场合——在干什么活或进行什么活动时讲此故事的，听众的成分如何？第三，故事的社会功能——起了什么作用，要有具体事例。第四，故事的表演情态——讲述时的风度、表情、手势，可用插叙、插注将描写用括号插入本文之中……第五，故事的动态变异——各种异文的并列（不同的人、时、地所讲同一故事的变异，此故事在曲艺、戏曲与歌谣中的变异）记录、记述其变异的原因（歌手、故事家为什么会如此变动？）。第六，故事的接受情态——听众、观众的反应（情绪上的变化或评论等）可用插注在文中描写，亦可在附记中说明。"②

段宝林提出的"立体描写"方法与表演理论对语境及表演的新

---

① 参见段宝林《立体文学论——民间文学新论》，高等教育出版社2007年版，第1—9页。
② 原文发表于1991年的《河北日报》上，参见段宝林《立体文学论——民间文学新论》，高等教育出版社2007年版，第23页。

生性的强调有许多契合之处，尤其是力图在书面记录中立体地呈现民间文学的表演性特点，与民族志诗学（Ethnopoetics）的追求颇有异曲同工之处，[①]不过遗憾的是，这些可贵的探索最终止步于对民间文学作品记录方法的倡导，未能发展为系统性的理论阐释框架，而且，像中国学术界诸多富于创造性的见解一样，由于缺乏后继者的不断阐释和建构，未能形成富有解释力和可操作性的理论体系。

1984年正式启动的民间文学三套集成工作，是中国当代民俗学史上的重大事件。在普查和搜集工作中，面对着活生生的讲述场景、讲述过程、讲述人和听众，以往注重文本分析的文艺学方法显得捉襟见肘，对新的、能够阐释生动鲜活的表演过程的理论视角的期待顺理成章地产生了。多年从事辽宁地区民间文学集成工作的江帆，在谈及表演理论对其研究工作的启示性时说："近年来，由于民间文学普查成果的推动，我国的民间叙事研究有了较大的发展，呈现出活跃的态势。然而此间多数研究仍然是对已有的集成资料文本进行带有推断、概率式的案头研究；或是走向田野，在普查的基础上，展开有关叙事传承活动的调查与研究，并且这类研究多数囿于对讲述者的叙事类型、传承线路、讲述风格、作品数量等进行归纳、分析与探讨，对叙事情境中的一些其他重要因素关注较少……表演理论这一'他山之石'，对于拓深我们的研究确乎具有工具的作用，不仅可以激活思考，使我们获得更为开阔而积极的理论视域，甚而，一种新的理论观念与研究方法的加盟，对我国的民俗学学科是否还具有一定的知识社会化和学科生存与发展上的战略意义，也是我们

[①] 有关民族志诗学的更多介绍，可参见杨利慧、安德明《美国当代民俗学的主要理论和方法》，周星主编《民俗学的历史、理论与方法》（下），商务印书馆2006年版，第595—638页。

关注和期待的。"①

1988年，从中芬民间文学联合考察（1987）中深受启迪的刘锡诚，提出了要对民俗进行"整体研究"的倡议。他认为："任何一件原始艺术作品、民间口头创作和民间艺术作品，作为文化的一个小小组成因素，都不是孤立存在的，而是与一定的文化环境相联系的。当我们研究这些作品时，只有把所要研究的作品放到它原初的生存环境中去，才能真正了解它、阐明它。"他引用马林诺夫斯基在《巫术科学宗教与神话》中阐述的主要观点："我们在这里关心的，不是每个故事怎样一套一套地说，乃是社会的关系。说法本身自然十分要紧，但若没有社会关系作上下文，作布景，便是死的东西。"刘锡诚由此指出：

> 研究老百姓讲述的故事必须将在什么场合、什么季节（时刻）、当着什么听众（男、女、老、少）、听众反应情况、有无巫力、当地风俗习惯与文化传统等多种因素综合考虑，进行整体研究。如果置上述诸文化因素于不顾，只将记录下来的故事本文进行一般文艺学的研究，那就会使人无法了解故事文本背后的深层意义，甚至带来错误的印象，因此是绝对不可靠的。②

这里提出的不能只注重文本而要注意将故事讲述的场合、时刻、听众、风俗习惯与文化传统等一并加以整体考虑的提法，与表演理论所主张的在语境中细察文本的观念十分契合。不过这一提法也止步于此，并没有做进一步的提升，也未结合大量的研究实践做更系统的阐发，但是这一倡导及许多同类主张在中国民俗学界逐渐催生了一种共

---

① 江帆：《民间口承叙事论》，黑龙江人民出版社2003年版，第131页。
② 刘锡诚：《20世纪中国民间文学学术史》，河南大学出版社2006年版，第761—762页。

识：应当注重文本之外的讲述场合及多种相关文化要素对文本的影响。这一观念逐渐普及开来，为表演理论的传播和发展奠定了基础。

这一"整体研究"的主张在高丙中于1991年完成的博士学位论文《民俗文化与民俗生活》中得到了全面、深入的论述。高丙中综述了国内外民俗学150年的发展历史，对当代中国民俗学转向的迫切性提出了重要的建议。作者指出，民俗研究有两种取向：一是民俗事象研究，二是民俗整体研究，前者"把活动中的人和情境从民俗事件中抽取出来，或弃之不顾，或悬而不论，或仅作参照，也就是把事件抽象成事象，记录成单纯的文本，然后，探讨它的文化性质和意义"，而后者"重新恢复被事象研究抽掉的人和情境的本来位置，它关心整个民俗事件，把民俗过程中的各个因素看作一个整体进行研究。它着眼于生活中的人和人的生活来研究民俗。它依靠田野作业直接观察并参与到民俗事件中去获得资料，全面掌握事件中各个因素以及它们的相互关系和意义"[①]。作者认为：以上两种学术取向是彼此互补的，但由于事象研究在以往的民俗学研究中占据绝对优势，"造成了严重的问题"，因此"特别需要以生活整体研究关注民俗主体、民俗模式和具体情景的互动，把它们纳入统一的过程来看待"；另外，由于"现在民俗学迫切需要面向当代，面向现实生活，所以我们需要用取向于生活的整体的研究来带动民俗学的这一转变"，"我们现在有必要特别强调整体研究"。在本书中，表演理论被作为"整体研究"的范式代表得到了热情肯定和强调，并被赋予了带动民俗学转向的重任。此书在国内民俗学界产生了广泛的影响，不仅对中国民俗学的当代转型起到了一定的启蒙作用，而且也

---

① 高丙中：《民俗文化与民俗生活》，中国社会科学出版社1994年版，第7—8页。

在较大程度上推进了国内学者对表演理论的接纳和借鉴。

笔者对表演理论产生兴趣也直接受到了国内民俗学上述观念的影响。20世纪90年代初，当我开始研究女娲神话时，已经注意到民间流传的鲜活的女娲神话，并力图将女娲及其神话的理解置于特定社区的民间信仰语境中加以探讨。但是，对于如何运用民族志的方法深入地考察那些现实生活中鲜活生动的神话讲述事件，当时依然心有困惑，因为那时候国内的相关研究很少，而世界神话学史上的诸多理论似乎也都不擅此道。对于表演理论，当时国内已有约略介绍，虽然不是很详尽，但从那些简要的介绍中，我感到这一理论视角对现代口承神话研究将会有重大的启示意义。2000—2001年，我与安德明去美国访学时，便有意识地选择了表演理论的代表人物之一理查德·鲍曼（Richard Bauman）所任教的印第安纳大学民俗学与民族音乐学系，以具体深入地了解表演理论。事实证明，我们的选择是正确的：对于表演视角的进一步理解和借鉴，为我的现代口承神话研究打开了新的天地。①

---

① 参见杨利慧《现代口承神话的民族志研究·总沦》，杨利慧、张霞等《现代口承神话的民族志研究——以四个汉族社区为个案》，陕西师范大学出版社2011年版。这里有必要补充说明一下我和安德明对表演理论的译介过程，对读者了解该理论在中国的传播历程或有助益。2000—2001年，我们夫妇前往印第安纳大学民俗学与民族音乐学系做访问学者，目的之一便是深入、系统地了解表演理论。其间，我们旁听了鲍曼讲授的研究生课程，阅读他开列的书目并参与课堂讨论，拟订了最初的翻译计划，还对他进行了几次访谈。访谈后以"理查德·鲍曼及其表演理论"为题，发表于《民俗研究》2003年第1期。回国后，我们通过课堂教学、学术讲座和研究，一边继续学习、探索和宣介相关理论，一边翻译鲍曼《作为表演的口头艺术》一书。2005年，鲍曼教授访问北京，先后在北京师范大学、中国社会科学院和北京大学举行学术讲演，对表演理论的重要概念及其在相关问题上的新思考，向中国同行做了集中而简约的介绍，我们也把他的讲演稿翻译、发表了出来（《美国民俗学和人类学领域中的"表演"观》，《民族文学研究》2005年第3期；《民俗界定与研究中的"传统"观》，《民族艺术》2006年第2期），以飨国内同行。2008年，我们翻译并编订的鲍曼《作为表演的口头艺术》中译本由广西师范大学出版社出版。这些工作为国内同行比较深入、系统地了解表演理论提供了一定便利，对该理论的传播起到了重要的推动作用。

由以上梳理可以看出，表演理论得以传入中国并被接纳有着多方面的内在因由。一方面，它既与新时期中国社会的改革开放形势相适应，在渴求新视角之启迪的社会文化背景下得以引进，但更为直接的内因是，从本土民俗学的调查与研究实践中萌生了与表演理论相契合的观念与做法，为其传播与被接纳奠定了基础；另一方面，经过调查与研究实践的积累，新时期的中国民俗学正需要对生动鲜活的表演活动进行记录和对民俗进行整体性研究的范式，"迫切需要"（高丙中语）相应的理论带动，表演理论就此传入，并帮助推动了这一转变的发生。

当然，传入和接纳的过程并非一蹴而就。事实上，直到21世纪初，相关的译介、实践和批判方始较多出现，表演理论在中国的传播也逐渐进入更深和更广的境地。

本土化的实践与反思

目前，国内对于表演理论的实践和反思都有不少，限于篇幅，这里仅就笔者目力所见，略谈民俗学者的重要实践成果及相关反思。需要指出的是，在实际运用中，许多学者往往并不囿于表演理论一说，而往往结合了其他理论视角的助益，尽管如此，表演理论依然在其中起着显著作用。

2000年，笔者主持的教育部课题"现代口承神话的传承与变异"开始着力借鉴表演的视角来研究中国现代口承神话。在随后的六年时间里，我和四位研究生一道，对所考察的四个汉族社区的现代口承神话进行了民族志研究。表演理论被用于考察如下一些在以往的神话学史上很少被探讨的问题：现代口承神话的传承和变异是如何在一个个特定的社区中发生的？神话的变迁与特定情境及社区的历史、社会、政治语境之间存在的关系怎样？古老的神话如何在新的语境下被重新讲述（再语境化）？在神话的表演事件中，讲述人、听众和参与者之间是如何互动交流的？讲述人如何根据具体讲述情境的不同和听众的不同需要而适时地创造、调整他/她的故事？如此等等。四篇民族志成果，分别完成于2002年（两篇）、2005年和2006年。如今，这一项目已经以《现代口承神话的民族志研究——以四个汉族社区为个案》[①]为题，即将正式出版。

2003年，彝族学者巴莫曲布嫫在其博士学位论文《史诗传统的田野研究：以诺苏彝族史诗"勒俄"为个案》中，对四川凉山诺苏彝族的创世史诗"勒俄"的民间叙事传统进行了深入、细致的调查与分析。通过对一位传统的史诗演述人学艺过程和表演实践、地方史诗观念及其传统法则、史诗的演述场域及其"克智"口头论辩传统等一系列问题的系统考察，论文着力检讨了"民间叙事传统的格式化"存在的种种弊端，并提出建立观察与捕捉口头叙事的本质性表现的研究视界。论文的一大贡献，在于从史诗田野研究的具体个案中，总结提炼出了"五个在场"的田野研究操作模式，包括史诗传统的在场、表演事件的在场、演述人的在场、受众的在场，以及研究者的在场。[②]论文对于史诗表演事件、演述人与听众等的分析明显受到了表演视角的启迪，其对"五个在场"的田野研究模型的归

[①] 参见杨利慧、张霞等《现代口承神话的民族志研究——以四个汉族社区为个案》，陕西师范大学出版社2011年版。

[②] 参见巴莫曲布嫫《史诗传统的田野研究：以诺苏彝族史诗"勒俄"为个案》，博士学位论文，北京师范大学，2003年。亦可参见廖明君、巴莫曲布嫫《田野研究的"五个在场"》（学术访谈），《民族艺术》2004年第3期。

纳，既借鉴了表演理论对于"语境"的认识，同时也为语境研究（contextual studies）提供了一个可资操作的分析模式。

2005年，《民间叙事的表演》发表，此文的撰写目的有二：其一，针对当下国内对于表演理论实践的弱点（缺乏对特定情境中发生的具体交流事件的细致考察和分析），力图在民族志基础上，对特定语境中发生的某一表演事件和实际动态交流过程的细致描述和微观考察，展示民间叙事的动态而复杂的表演过程和文本化过程，展示民间叙事的文本与语境、传统与创造、讲述人与参与者之间的交流与互动的过程；其二，力图立足中国神话的民族志研究，反省并突破表演理论的局限。论文提出在研究中国的民间叙事时，应结合多种视角和方法的长处，运用"综合研究法"（Synthetic Approach）以进行更深入和全面的探讨。

2006年，彭牧发表了《作为表演的视觉艺术：中国民间美术中的吉祥图案》一文。与国内常见的运用表演理论来研究口头艺术的做法不同，作者从"表演"的视角出发，将中国吉祥物图案的鉴赏视为一个隐含的表演过程。与口头艺术不同的是，由于实际表演者的缺席，"欣赏者和图像的关联"就构成了表演的全过程，而这种关联沟通只有在欣赏者和图像具有共同的期望值和胜任性（competence）时才能完全实现。论文进而从"内在的表演"与"外在的表演"双方面，考察了语言/声音要素如何融入实际的表演过程，也就是日常生活场景中"欣赏者和图像彼此关联"的过程。[1]

除此而外，借鉴表演的视角，祝秀丽、张霞、陈岗龙、李红武、

---

[1] 参见彭牧《作为表演的视觉艺术：中国民间美术中的吉祥图案》，吕微、安德明编《民间叙事的多样性》，学苑出版社2006年版，第109—128页。

林继富、张丽君等对表演者进行了研究,① 张士闪、黄旭涛、王杰文等对竹马表演、秧歌,以及二人转艺术传统进行了多方面考察。②

中国民俗学者对表演理论也提出了值得注意的批评意见。例如,周福岩在《表演理论与民间故事研究》一文中,指出了表演理论的三大局限:第一,表演理论的分析过程太过琐碎,因而"使故事分析几乎无法操作并有陷于琐细短视的危险";第二,表演理论把讲述者的活动完全看成是有意识的表达,即逻辑行为,仿佛表演者一切行为都是别有深意的,致使研究陷入对互动细节的无休无止的捕捉上,这样不仅给田野作业带来无穷压力,而且也是有悖学理的;第三,表演理论在批评以往的传承理论的同时,也过分夸大了变异在民俗活动中的作用,从而陷入了另一个极端。③

彭牧的《实践、文化政治学与美国民俗学的表演理论》一文,则通过追溯表演理论兴起与形成的社会历史和学术背景,揭示了表演理论作为美国民俗学的一种学科理论与 20 世纪六七十年代美国社会历史与文化经验的内在关联。该文认为布尔迪厄的实践理论是与表演理论相关,但对民俗学更具潜力的理论框架。④

---

① 参见祝秀丽《辽宁省中部乡村故事讲述人活动研究——以辽宁省辽中县徐家屯村为个案》,博士学位论文,北京师范大学,2002 年;张霞《讲述者与口承神话的变异—重庆市走马镇工农村神话变异的个案研究》,硕士学位论文,北京师范大学,2002 年;陈岗龙《蟒古思故事论》,北京师范大学出版社 2003 年版;李红武《现代民间口承神话演述人及其神话观研究——以陕西省安康市伏羲山、女娲山演述人为个案》,硕士学位论文,北京师范大学,2005 年;林继富《民间叙事传统与故事传承》,中国社会科学出版社 2006 年版;张丽君《都市民俗旅游口头表演研究——以什刹海胡同游的三轮车夫为考察对象》,硕士学位论文,北京师范大学,2009 年。
② 参见张士闪《乡民艺术的文化解读:鲁中四村考察》,山东人民出版社 2006 年版;黄旭涛《祁太秧歌表演传统的田野考察》,博士学位论文,北京师范大学,2006 年;王杰文《媒介景观与社会戏剧》,中国传媒大学出版社 2008 年版。
③ 参见周福岩《表演理论与民间故事研究》,《鞍山师范学院学报》2001 年第 1 期。
④ 参见彭牧《实践、文化政治学与美国民俗学的表演理论》,《民间文化论坛》2005 年第 5 期。

语境、过程、表演者与朝向当下的民俗学

检视至此，本文应该回答一个重要问题：中国民俗学者在其本土化的实践中对表演理论的丰富和发展做出了什么贡献呢？笔者以为，上面提及的多篇著述俱各有所长，但其中主要的贡献也许突出体现在如下几点：

第一，多种理论视角的融合。

中国民俗学者在本土化实践中，许多并不囿于表演理论本身，而往往能自觉地兼采多种相关理论和方法，取长补短，以求得对研究对象更深入的把握。例如张霞在对重庆市九龙坡区走马镇的现代口承神话进行民族志研究时，既考察了同一个讲述者在不同情境下讲述的同一类型神话的文本变化、变化原因及其意义，也考察了不同讲述人对同一类型神话的不同讲述的比较。这一分析视角和分析模式，同时受到了鲍曼和芬兰民俗学家安娜－丽娜·斯卡拉（Anna–Leena Siikala）的启发。① 在分析现代口承神话的实际讲述情况和变异规律，特别是讲述者在口承神话变异中的角色和作用时，作者还借鉴了美国民俗学家琳达·戴格（Linda Dégh）"以表演者为中心的方法"（performer–centered approach），以及斯卡拉对于讲述者"传统取向"（tradition orientation）的研究。而李红武在其对陕西安康地区的现代口承神话进行的田野研究中，除借鉴表演理论的视角，注重在特定情境下对特定演述人及其故事演述的分析，同时也

---

① 鲍曼在他的《故事、表演和事件：口头叙事的情境研究》一书中，曾对同一个讲述人艾德·贝尔（Ed Bell）在前后15年间于不同情境下讲述的同一类型故事的文本进行比较，来探讨情境变化与叙事作品变异的互动关系，参见 Richard Bauman, Story, Performance and Event – Contextual Studies of Oral Narrative (New York: Cambridge University Press 1986)。而安娜－利纳·斯卡拉在其著作《口头叙事的阐释》中，也比较了同一讲述者对同一故事的不同讲述文本及不同讲述者对同一故事的不同讲述文本，旨在通过这种比较，探究讲述者与故事的稳定和变异的关系，进而探讨故事、讲述者与社区文化之间的联系。Anna Leena Siikala, Interpreting Oral Narrative (Helsinki: FF Communications No. 245, 1990)

借鉴了阿兰·邓迪斯（Alan Dundes）等人强调讲述人世界观的视角。王杰文在前引《媒介景观与社会戏剧》一书中，以民俗学的民族志研究为基础，同时借鉴了文化研究、文学批评、大众传播及社会学的研究方法，重新思考了"语境与文本"这两个核心词语，把这两个关键词与戴尔·海姆斯（Dell Hymes）所谓"传统化"，以及霍布斯鲍姆（Eric Hobsbawm）与兰格（Terence Ranger）关于"传统的发明"的思想结合起来，论述了二人转艺术从民间广场向都市剧场，再向大众传媒转变的过程中发生的变化。

第二，对历史维度的强调。

表演理论并非完全不注重历史维度——在鲍曼对于"语境"的划分中，"历史的"语境虽然被放入注释中，但也在考虑的范畴之内。[1] 尤其是在鲍曼后来的研究中，历史的维度得到了强调。[2] 但

---

[1] 鲍曼曾经在"The Field Study of Folklore in Context"一文中，对语境作了非常细致的划分。他认为民俗是存在于一个相互关联的网中，个人的、社会的和文化的因素会赋予民俗以形态、意义和存在，因此我们应该研究语境中的民俗。他把语境划分为两个大层面：文化语境（Cultural Context），理解文化需要了解的信息，主要指意义系统和符号性的相互关用和社会语境（Social Context），主要指社会结构和社会互动层面，并进一步划分为6个小层面：1. 意义语境（Context of Meaning），理解"这意味着什么"需要了解的信息，例如人们的生活方式、信仰和价值观、符号和隐喻关系；2. 风俗制度性语境（Institutional Context），例如政治、宗教、亲属关系、经济，乃至邻里关系、开张、庆祝等，主要回答文化各方面如何相互关联、如何相互适应的问题；3. 交流系统语境（Context of Communicative System），主要回答"一个文化中的特定民俗形式如何与别的形式相关联"问题；4. 社会基础（Social Base），回答"该民俗关联到何种社会认同的特点？"需要了解的信息包括地域、族群、职业、年龄、家庭和社区等方面的社会性组织原则；5. 个人性语境（Individual Context），包括个人生活史、个人语料库的结构和发展等；6. 情境性语境（Situational Context），例如交流事件——妇女座谈会、家庭聚会、布鲁斯表演，甚至电话交谈等。事件的结构是由许多情境性因素的相互作用而产生的，其中包括物质环境、参与者的身份和角色、表演的文化背景原则，互动和阐释原则，行动发生的顺序等。这些因素将决定选择什么来表演、表演的策略、新生文本的形态及特定情境的自身结构。另外，鲍曼在注释中还指出，历史性语境（Historical Context）也应该被包括在内。Richard Dorson, ed., *Handbook of American Folklore*（Bloomington: Indiana University Press, 1983），pp. 362 – 386.

[2] 参见鲍曼《十三世纪冰岛的表演与荣誉》，《作为表演的口头艺术》，广西师范大学出版社2008年版，第七章。

是，就表演理论最具影响力的观念而言，更注重在特定的情境（称情境性语境）中，各种因素即时互动的交流过程及其中呈现出的新生性，对于具体时刻（the very moment）的彰显不免使历史维度受到一定程度的忽视。正因为如此，琳达·戴格才批评道：像表演理论那样仅仅通过精细的记录和微观的描述并分析表演行为的技巧和策略是不够的，如果缺乏对讲述者的个性、教育、艺术、社会文化实践等的全面和长期的调查，就可能导致研究者凭印象得出推测性的阐释。[1] 前引周福岩批评表演理论过分夸大了变异在民俗活动中的作用，也主要是就此而言。针对表演理论的这一弱点，巴莫曲布嫫在"五个在场"的语境研究模式中，明确增加了"传统"的维度，对其做出了纠正和补充。拙文《民间叙事的表演》更加明确地指出："历史视角和历时性方法特点的形成，是与中国悠久的社会文化传统分不开的，它是中国学者在分析中国文化事象上的一个特点和长项，也是认识事物本质的一个有力的途径。"有鉴于此，该文力图突破表演理论的局限，探索一条"综合研究"之路：把中国学者注重长时段的历史研究的长处与表演理论注重"情境性语境"（the situated context）和具体表演时刻（the very moment）的视角结合起来；把宏观的、大范围的历史—地理比较研究与特定区域（community）的民族志研究结合起来；把文本的研究与语境的研究结合起来；把静态的文本研究与动态的表达行为和表演过程的研究结合起来；把对集体传承的研究与对个人创造力的研究结合起来。当然，这一主张尚在探索之中，有待进一步完善，但它对表演理论忽视历史的倾向是一个自觉的修正。

---

[1] Linda Dégh, *Narratives in Society: A Performer-centered Study on Narration*, Helsinki: FF Communications No. 255, 1995, p. 8.

第三，对文本与语境关系的重新思考。

"语境"是表演理论的核心概念，注重文本在特定语境中的动态形成过程是表演视角的革命性主张之一。但是，语境对于民俗的传承与变迁到底有多大影响？对此，国内同人在本土实践的基础上提出了不少疑问和思考。刘晓春在《从"民俗"到"语境中的民俗"——中国民俗学研究的范式转换》一文的结尾，不无担忧地提醒道："当我们执着于多样的民俗个案研究，是否意味着我们对于民俗事象的整体解释能力正在弱化？是否意味着告别以民俗事象为中心的'民俗'研究范式？'民俗'研究范式真的不具有学术阐释的力量了吗？"[①] 笔者在《现代口承神话的民族志研究》一书中，进一步明确提出了"有限度的语境"这一概念。因为我与合作者在研究中发现：一方面，神话文本的形成与变迁，尤其是神话的讲述场合与传承方式、讲述者与听众的构成与规模、神话的功能与意义等因素，的确受到语境的较大影响，因此在一定程度上，神话确可被视为"不断变动着的现实民俗"[②]，它们和人们的现实生活息息相关，并且经常由人们根据自己当下的需要和目的而被重新塑造和改变，处于不断变迁和重建的动态过程之中，换句话说，其内容、形式、功能和意义等往往植根于由文化所限定的各种语境之中。但是，另一方面，语境对神话传统的影响并非毫无限度，尤其就文本而言，语境的影响显然具有一定的限度。笔者通过对兄妹婚神话的考察发现：尽管该神话在每一次表演中的细节和母题组合都有大大小小的

[①] 刘晓春:《从"民俗"到"语境中的民俗"——中国民俗学研究的范式转换》，《民俗研究》2009年第2期。

[②] 杨利慧:《神话的重建——以〈九歌〉、〈风帝国〉和〈哪吒传奇〉为例》，《民族艺术》2006年第4期。

差异，但是神话的类型和核心母题的变化很小。①张霞比较了魏大爷13年间讲述的5则异文，也发现：即使不同异文中的情节和主题有一定程度的差异，大禹治水神话的核心情节并没有发生大的变化。仝云丽通过比较20世纪30年代以来不同社会历史阶段中人祖神话的讲述，发现外力（主要是社会主义国家）的作用对神话文本的影响相对有限——1934年采录到的兄妹婚神话与21世纪采录的同类型文本差别不大，神话的类型和核心母题变化很小——这说明神话情节结构具有强大的稳定性。由此可见，与许多民俗事象不同，口头艺术文本的确有一定的自足性，在一定程度上，它们有自身独具的、独立于语境的内在形式和意义，因此语境对它们的影响是有限度的。从这一点来说，以往诸多文本分析理论并未完全失去其合理性，而目前中国民俗学界盛行的追求语境描写、忽视文本的分析，甚至流于"为语境而语境"的做法，无疑有跟风之嫌，存在很大的盲目性和片面性。②

表演理论与中国民俗学的当代转型

表演理论是当代世界民俗学领域里最富有影响和活力的方法之一，它"并非只是又一种理论的花样翻新，它更代表了一种思维方式和研究角度的转变，它的应用所带来的是对整个民俗学研究规则

---

① 参见杨利慧《民间叙事的传承与表演》，《文学评论》2005年第2期。该文全文后以"民间叙事的表演——以兄妹婚神话的口头表演为例，兼谈中国民间叙事研究的方法问题"为题，收入吕微、安德明主编的《民间叙事的多样性》一书中，学苑出版社2006年版，第233—271页。

② 参见杨利慧、张霞等《现代口承神话的民族志研究——以四个汉族社区为个案》，《长江大学学报》（社会科学版）2015年第5期。

的重新理解"①,"是一场方法论上的革命"②。由于表演理论的影响,加上其他一些相关理论和方法的共同推动,促成了美国民俗学界以至世界民俗学领域从 20 世纪 60 年代以来几个大的转向:从对历史民俗的关注转向对当代民俗的关注;从聚焦于文本转向对语境的关注;从对普遍性的寻求转向民族志研究;从对集体性的关注转向对个人特别是有创造性的个为的关注;从对静态的文本的关注转向对动态的实际表演和交流过程的关注。③

中国的情形与此大体相类:由于表演理论的直接和间接推动,中国民俗学在近 30 年间,尤其是自 20 世纪 90 年代中期以后,逐步发生了诸多转向。具体而言,表演理论为中国民俗学研究范式向下列维度的转型提供了重大助益。

(一)语境

与以往盛行的以文本为中心(text-centered)、以抽象的、被剥离了语境关系的民俗事象为中心(item-centered)的视角不同,表演理论是以表演为中心(performance-centered),关注文本在语境尤其是情境(situation)中的动态形成过程及其形式的实际应用,强调民俗表演是情境化的,"其形式、功能和意义都植根于由文化所规定的背景或事件中,这些背景或事件为行动、阐释和评价确立了富有意义的语境"④。

虽然关注语境在人类学与民俗学中都有很长的传统,但在以往

---

① 李靖:《美国民俗学研究的另一重镇——宾夕法尼亚大学民俗学文化志研究中心》,《民俗研究》2001 年第 3 期。
② John McDowell 教授的访谈。杨利慧、安德明,2001 年 6 月,印第安纳大学民俗学与音乐文化人类学系。
③ 参见杨利慧《表演理论与民间叙事研究》,《民俗研究》2004 年第 1 期。
④ 理查德·鲍曼:《作为表演的口头艺术》,广西师范大学出版社 2008 年版,第 87 页。

的研究中，无论如何强调语境，文本的中心地位都是不可动摇的，而表演理论则"彻底颠覆了民俗研究中文本的中心地位。那些因为要与书面传统具有可比性而被学者们构造、抽象、剥离出来的文本/事象，被重新放回到它们原生的土壤中。文本消失了，取而代之的是一次次的事件、一个个的过程、一次次的交流行动与实践"[①]……

在中国民俗学领域，长期占据主导地位的，也是以"以文本为中心的"、关注抽象的、往往被剥离了语境关系的民俗事象的方法。这一点已为许多中国学者所指出。前引刘晓春文就明确提出："这种超越民俗传承的具体时空、以民俗事象为中心的研究范式，在20世纪90年代中期以前，一直是中国民俗学研究的主流范式。"90年代中期以后，中国民俗学逐渐从研究"民俗事象"向研究"语境中的民俗"转变，"强调田野调查，强调在田野中观察民俗生活、民俗表演的情境、民俗表演的人际互动、民俗表演与社会生活、社会关系、文化传统之间的复杂关联等等，呈现出民族志式的整体研究取向"。在这一转向过程中，表演理论及口头诗学理论、民族志诗学理论，以及人类学、社会史学、现象学、后现代文化批评等，"则为中国民俗学研究的范式转换提供了理论资源"。至于这一转向所呈现的具体维度及在具体研究成果中的体现，刘文中已有比较细致的论述，这里不再赘言。需要说明的一点是：本文与刘文有许多相同的学术旨趣，但是力图更清晰地梳理表演理论在这一转型过程中的影响，也更强调中国民俗学者在表演视角本土化过程中的实践与反思。

---

① 彭牧：《实践、文化政治学与美国民俗学的表演理论》，《民间文化论坛》2005年第5期。

(二) 过程

在表演理论之前的民俗学中，传承性常被视为民俗的根本特性之一而得到强调，民俗事象往往被当作抽象而相对稳定的物质实体而存在，因此，"过程"或者在分门别类的民俗事象的排列陈述中湮没不闻，或者在对传自远古的"文化遗留物"的追本溯源中体现为宏大而抽象的历史。而在"表演"的视角看来，文本与语境之间的互动及文本在实际交流中形成的过程更为根本。就鲍曼而言，交流的实际发生过程、表演事件的结构及文本的动态而复杂的形成过程是研究的关键，他尤为强调这个过程是"各种情境化因素系统互动的产物"，"这些情境化因素包括（但不限于）：参与者的身份与角色；表演中运用的表达方式；社会互动的基本原则、规范、表演的策略及阐释与评价表演的标准；以及构成事件梗概（scenario）的系列行动。"[①] 因此，从"表演"的视角看到的民俗，不再是洪荒年代流传下来的"文化遗留物"，而是处于不断被创新和重建的动态过程之中；不再是由集体塑造的传统和文化的反映，也不是超机体的、能够自行到处巡游的文化事象，而是植根于特定的情境中，其形式、意义和功能都植根于由文化所限定的场景和事件中；不再是作为事象而静止、定格的既定产品（given product），而是为一次次生动的互动交流及各种因素的交织协商所形塑的动态过程。正因如此，在表演理论的视域中，注重动态生成过程的"文本化"（textualization）、"语境化"（contextualization）、"去/再语境化"（de-contextualization/re-contextualization）及"传统化"（traditionalization）等，均成为核心的字眼。

[①] 理查德·鲍曼：《作为表演的口头艺术》，广西师范大学出版社2008年版，第87页。

受到这一理论的积极影响,加之对其他理论思潮(尤其是"传统的发明")的借鉴,20世纪90年代中期以后尤其是21世纪以来,中国民俗学界对于"过程"显示越来越浓厚的兴趣,对民俗的生成、复兴与重构的"过程"的描述和分析成了目前民俗学的主流。

例如,2003年,陈岗龙将其大幅修改后的博士学位论文以"蟒古思故事论"为题出版。在这部原本以文本分析为主的学位论文中,加入了很多表演视角(也有口头程式理论等其他视角)的分析,尽管在其文后的参考书目中并未提及相关研究成果。其中第三章《东蒙古蟒古思故事说唱艺人和他们的表演文本》,指出了以往相关研究的不足:"过去对蟒古思故事说唱艺人表演活动的民俗学田野调查活动做得不够,已经出版的蟒古思故事印刷文本几乎都没有体现出蟒古思故事是'说唱艺人在表演中创作完成的'的最基本的口头传统特征……没有一部记录文本和印刷文本清楚地告诉我们说唱艺人在具体表演中的创造性和对蟒古思故事口头传统的能动作用。"基于此,该章辟有专节,详细地展示并分析了说唱艺人齐宝德在演说故事《铁木尔·森德尔·巴图尔》时的文本形成过程,指出这一故事的文本化过程经历了将近一个世纪的漫长岁月,其间"经历了一次蟒古思故事演唱传统和本子故事说唱传统相融合、口头传统和书面传统相互动的动态过程"[①]。

拙文《民间叙事的传承与表演》(2005)也主要参照了表演的视角和方法,通过对河南省淮阳县人祖庙会上的两次兄妹婚神话的表演事件的个案考察,探讨了一些中国神话学领域里尚很少被论及

[①] 陈岗龙:《蟒古思故事论》,北京师范大学出版社2003年版,第107—113页。

的学术问题：作为一种古老的民间叙事文类，神话是如何一次次被"再语境化"的？神话文本是如何在具体表演中得以生成与建构的？在讲述过程中，讲述人与参与者之间、传统与个人创造性之间如何互动？神话讲述过程中有哪些因素在共同参与表演并最终塑造（shape）了神话文本？……论文认为：民间叙事文本并不是一个自足的、超机体的文化事象和封闭的形式体系，它形成于讲述人把自己掌握的有关传统文化知识在具体交流实践中加以讲述和表演的过程中，而这一过程往往受到诸多复杂因素的影响，因而塑造了不同的、各具特点的民间叙事文本；民间叙事的讲述与表演是一个充满了传承与变异、延续与创造、集体性传统与个人创造力不断互动协商的复杂动态过程。

2008年，正在印第安纳大学访学的康丽开始思索运用"传统化"（traditionalization）与"传统化实践"（traditionalizing practice）等分析性概念，以为中国当代民俗研究提供具有可操作性的分析工具。在随后发表的《从传统到传统化实践——对北京现代化村落中民俗文化存续现状的思考》[1]，以及《传统化与传统化实践——对中国当代民间文学研究的思考》[2] 两篇论文中，她运用这些概念考察了现代化社会中民俗文化的存续现状，发现在现代社会中，民俗文化在历经"传统化"后仍会存续传承，只是民众对民间传统的坚守，更多的不是为了娱乐的目的，而是受到了主权认同、文化代言甚至某些现实经济利益的驱动。作者进而认为，无论是研究"传统化"的过程与实践，还是借由这组概念工具探讨民俗文化在当代社会的

---

[1] 参见康丽《从传统到传统化实践——对北京现代化村落中民俗文化存续现状的思考》，《民俗研究》2009年第2期。

[2] 参见康丽《传统化与传统化实践——对中国当代民间文学研究的思考》，《民族文学研究》2010年第4期。

表演与传续，都可以在单一的文本分析方法之外为当代民俗研究另辟新途。

(三) 表演者

对表演者的关注远在表演理论兴起之前便已经开始。不过在很长的时间里，那些社区中引人注目、富有特殊才能的讲述人常常被视为"集体"的代言人，他们的才能、个性、世界观等往往被贴上了"集体性"的标签而面目模糊。正如陈岗龙在研究东蒙古蟒古思故事演唱艺人时所发现的，"过去，我们过分强调口头艺术的集体性而忽略了作为个体的民间艺人的角色和作用"，说唱艺人只是被当成了民间传统的被动"传承者和传布者"。[①] 而表演理论则为扭转这一取向做出了贡献：

> 从以文本为中心到以表演或事件、过程为中心，民众的日常实践被总体地纳入了民俗学的视野。当聚光在民俗文本上的神秘光环消失以后，那些民俗的传承者、那些普普通通的民众，就不再是历史抉择的偶然承受者而承载着偶然的历史记忆；相反，民众因为主动地在生活实践中运用民俗而清晰地出现在了民俗学研究的地平线上。与民俗学者的田野经验相适应，这时的"民"，不再代表被抽象化的、由面目不清的个人组成的均质社区或群体，代表着落后与愚昧，"民"第一次呈现为有血有肉的丰富的个人。人的因素、人的创造性第一次和传统的力量相较量。人不再是被动的传统接受者。不是传统假借文本为化身游走于、飘荡于个体之间，而是由于人的主观选择，传统才能

[①] 陈岗龙：《蟒古思故事论》，北京师范大学出版社2003年版，第113、94页。

延续。也正是在这个意义上,以表演为中心的研究的另一个转向就是使以往被忽略或至多留下姓名的民俗传承人受到了重视……通过这样的研究,个人的风格、个性、经验、际遇等等都被考虑了进来,民俗学真正触摸到了有质感的个人层面。可以说,真正的人,而不是抽象的"民"终于在民俗学中丰满了起来。也正是在这个意义上,表演理论的转向也被说成是民俗学的研究重心从"俗"(lore)到"民"(folk)的转变,因为以前关心的是事象,现在才是事象背后的人。①

在此新视角的启迪之下,中国民俗学对个人的关注日益增强,故事讲述人、史诗演唱者、民间手工艺人、香会会首、其他各种民间精英乃至普通香客,纷纷走进研究者的视野,成为既传承民间传统又具有个性、创造性和主动性的行动主体(agent)。

例如多年来在辽宁地区调查和研究民间叙事讲述人(尤其是谭振山)的江帆,撰有多篇文章,对讲述人进行了多方面的研究。在其吸收了表演视角之后撰写的《口承故事的"表演"空间分析——以辽宁讲述者为对象》一文中,批评以往的讲述人研究"多数圃限于对讲述者的叙事类型、传承线路、讲述风格、作品数量等进行归纳、分析与探讨,对叙事情境中的一些其他主要因素关注较少",认为表演理论恰可以提供"更为开阔而积极的理论视域"。在"叙述空间中的讲述者"一节中,作者以辽宁地区的著名讲述人谭振山、李成明、薛天智、杨淑琴等为例,对讲述者的识别、讲述情境与传承活动背景、讲述者的知识构架、讲述者对故事程式的把握与运用、

---

① 彭牧:《实践、文化政治学与美国民俗学的表演理论》,《民间文化论坛》2005 年第 5 期。

讲述者在故事表演中的自由与局限等一系列重要的叙事学问题进行了探讨。①

林继富于 2005 年完成的博士学位论文《民间叙事传统与故事传承》，可为近年来故事传承人研究的一个代表。论文以都湾镇里著名的故事讲述家孙家香、刘华阶、刘清远、李国兴、刘泽刚、萧国松等的田野研究为基础，对故事传承人的个人生活史、讲述传统、传承人类型、个人与传统之间的关系等进行了全面论述，其中对传承人的分类、传承人与社区故事讲述传统及性别叙事与故事记忆等的论述都颇有建设性。论文对传承人、传统与文本之间关系的分析，多方面汲取了琳达·戴格、理查德·鲍曼及安娜－丽娜·斯卡拉等人的学术思想，尤其是采纳了"一人一次讲述一个故事的传承考察""一人多次讲述一个故事的传承考察""多人一次讲述一个故事的传承考察"的分析模式，这是对鲍曼和斯卡拉同类分析模式的创造性继承和吸纳，为该文对于传承人的创造性及其与传统的关系的深入阐释起到了重要的作用。

（四）朝向当下

民俗学有着长期的"向后看"的传统，"在整个学科发展史上曾倾向于把自己界定为主要是关于较早时期的传统残留物（remnants）的学问，这些残留现象，还继续存在于那些已被主流文化所超越（outdistanced）的社会领域。就此范围而言，民俗学在很大程度上一直是研究雷蒙德·威廉姆斯（Raymond Williams）最近叫作

---

① 参见江帆《口承故事的"表演"空间分析——以辽宁讲述者为对象》，《民俗研究》2001 年第 2 期。

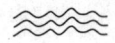

'残留文化（residual culture）'的学问"①。因此，到偏远或工业化不发达的地区搜集行将逝去的、具有本真性的传统长期成为民俗学研究的核心。这一"向后看"的取向造成了民俗学的巨大危机，"假如民俗学的研究对象被局限于特定文化或历史阶段的残留物，那么这门学科也行将就木，因为当那些传统彻底消亡之后，这一学科就失去了存在的理由"②。而表演理论的兴起不仅在方法论上，而且在研究角度上打破了这种学科定式。对于特定情境中发生的表演及意义的关注，使研究者不再迷恋于追溯历史流变、地区变文或文本为主的功能分析，转而注重民俗的新生与重构、表演者与参与者之间的交流互动，以及各种社会权力关系在表演过程中的交织与协调。这样，"现代社会中民俗学的消退"所引起的危机被注重民俗学在现代社会中的角色与意义的学术导向所替代。③ 用鲍曼的话说："表演正提供了这样一个出发点，使得口头艺术中的传统、实践与新生性联结起来。因此，表演也许会成为一门全新的民俗学学科的基石，它将使这门学科从'向后看'（backward-facing）的视角中解放出来，从而能够更多地理解人类经验的整体性。"④

在表演理论直接与间接的推动下，中国民俗学近年来也逐渐经历着从"向后看"转为"向当下看"的转变。例如在民间叙事学领域，"与一段时期内国际民间叙事学的发展历程相似，长期以来占据主导地位的，也是以文本研究为主的视角和方法……学者们打量叙事文本的眼光基本上是'历时性'的，视角和分析方法模式主要是

---

① 理查德·鲍曼：《作为表演的口头艺术》，广西师范大学出版社2008年版，第51—52页。
② 理查德·鲍曼：《作为表演的口头艺术》，广西师范大学出版社2008年版，第52页。
③ 参见李靖《美国民俗学研究的另一重镇——宾夕法尼亚大学民俗学文化志研究中心》，《民俗研究》2001年第3期。
④ 理查德·鲍曼：《作为表演的口头艺术》，广西师范大学出版社2008年版，第53页。

'历史溯源'式的,也就是往往通过对文献资料(包括古代典籍、方志、巫书等)的考据,或者结合采集的口头叙事文本,或者再有考古学的材料——总之,往往是通过对文本形态和内容的梳理和分析,追溯其原始形貌和原初含义,勾勒它在历朝历代演变的历史脉络,并探询其可能蕴涵的思想文化意义"[1]。而在近20年来,尤其是20世纪90年代中期以后,文献考据和文本溯源式的研究逐渐被对当下的口头叙事传统进行田野调查和研究的民族志所取代。仅以北京师范大学民俗学专业近十年间完成的相关博士学位论文为例,仅由题目,便可以看出这一"朝向当下"的特点:

朝戈金:《口传史诗诗学:冉皮勒〈江格尔〉程式句法研究》,2000年;

祝秀丽:《辽宁省中部乡村故事讲述人活动研究——以辽宁省辽中县徐家屯村为个案》,2002年;

尹虎彬:《河北民间后土信仰与口头叙事传统》,2003年;

巴莫曲布嫫:《史诗传统的田野研究——以诺苏彝族史诗"勒俄"为个例》,2003年;

林继富:《民间叙事传统与故事传承——以湖北长阳都湾镇土家族故事传承人为个案》,2005年;

陆晓芹:《乡土中的歌唱传统:广西西部德靖一带壮族社会的"吟诗"与"暖"》,2006年;

西村真志叶:《日常叙事的体裁研究——以京西燕家台村的"拉家"为个案》,2007年;

---

[1] 杨利慧:《民间叙事的表演——以兄妹婚神话的口头表演为例,兼谈中国民间叙事研究的方法问题》,吕微、安德明主编《民间叙事的多样性》,学苑出版社2006年版,第234—235页。

郑长天：《瑶族"坐歌堂"的结构与功能——湘南盘瑶"冈介"活动研究》，2007年。

如果超越口头叙事范畴，转而注视更广阔的民俗研究领域，这一取向就更加明显。①

与博士学位论文相比，硕士学位论文的选题往往更加活泼灵动。2010年，北师大民俗学与文化人类学研究所共有9位硕士生（不包括留学生）开题，下面是他们开题时选择的毕业论文题目：

卞梦薇：《游走于虚构与真实之间的"架空宗教"——以飞天意面神教为个案》；

包媛媛：《口头传统的音像化研究——以温州鼓词为个案》；

施予珍：《旅游开发与社区文化变迁——以贵州隆里古城生态博物馆为例》；

王雅宏：《谦卑的食草者——素食主义在当代中国都市社会中的文化象征》；

董梦：《生活、生计与文化遗产——北京中幡的当代传承》；

李向振：《劳作模式的变化与村落生活的变迁——以河北长林村户办铁厂为例》；

阎艳：《市场与庙会的共生关系——以安国药王庙会为个案》；

陈佳：《传统儿童游戏的"传""承""人"——以北京地区传统儿童游戏为例》；

翁建颖：《现象学观照下的民俗学基本问题》。

这些选题，除极个别情况外，绝大多数都密切关注民俗传统在

---

① 参见林烟［北师大民俗学学科点指导的博士学位论文（2003—2009）］（http://www.pkucn.com/chenyc/viewthread.php？tid=12281）。

现代社会中的角色与意义，具有鲜明的"朝向当下"的学术取向。

笔者曾在《"民俗主义"概念的涵义、应用及其对当代中国民俗学建设的意义》一文中，对当代中国民俗研究有过这样的批评："面对目前国内各种如火如荼的民俗旅游、古建筑重修、民族风情表演、民族服装展示、民歌新唱等，许多人依然嗤之以鼻，不屑一顾，许多新的现实生活领域，比如网络、影视、手机短信、流行歌曲和音乐、商业或者政治性展览会等，也较少见到民俗学者探索的身影。这使中国民俗学无法从根本上融入现代社会科学的对话中，也无法对当代社会研究做出重大贡献。"① 尽管所批评的上述情形依然存在，不过，梳理近 30 年来中国民俗学的发展史，笔者发现：情况正在逐渐发生改变，中国民俗学正日益经历着从"向后看"到"向当下看"的转变，如今，从民俗旅游到大众传媒、从非物质文化遗产保护到传统节日放假，民俗学者正越来越多地介入对民俗传统在现代社会中的角色与意义的探索之中。

问题与误解

如上所述，在近 30 年的时间里，表演理论在中国学术的土壤里移植播种，并逐渐发展壮大，成果颇为丰硕。然而，其间也存在不少问题。一个最重要的问题是相关的深入探索依然较少，缺乏建立在深刻理解基础上的实践和反思成果，现有的研究彼此之间也缺乏对话，无法形成讨论并孕育出富有建设性的成果。

---

① 杨利慧：《"民俗主义"概念的涵义、应用及其对当代中国民俗学建设的意义》，《民间文化论坛》2007 年第 1 期。

此外，对于表演理论还存在不少误解。其中一个误解是只有一种表演观，而鲍曼是其唯一的代表人物。其实，正如笔者已经指出的：表演理论的学者队伍庞大，较有代表性的人物便有戴尔·海姆斯、理查德·鲍曼、罗杰·亚伯拉罕（Roger Abrahams）和丹·本－阿莫斯（Dan Ben – Amos）等，而且不同的学者对于'表演'有不同的看法。① 鲍曼自己曾以"美国民俗学和人类学领域中的"表演"观"为题，在北京举办过一场讲座，认为在美国民俗学和人类学领域有两种最重要的表演观：第一种是把表演看成一种特殊的、艺术的交流方式；第二种是把表演看成一种特殊的、显著的事件，这一种视角和方法致力于"文化表演"（cultural performance）的研究，其形成和发展的学术背景与第一种观念的学术史有所不同。② 他在其他文章中还指出：在民俗学与人类学界，"表演"一词至少有三种有所重合又各有侧重的意义：第一，表演作为实践（performance as practice），也即表演作为处于特定情境的日常实践。这是从马克思主义的实践（praxis）概念来的观点。第二，表演作为文化表演（cultural performance），或用亚伯拉罕的命名"扮演"（enactment），这与象征人类学如格尔兹（Clifford Geertz）、维克多·特纳（Victor Turner）等的理论密切相关。第三，表演作为口头诗学（poetics of oral performance），作为处于特定情境中口头互动交流的艺术实践，鲍曼本人及大部分运用表演理论的民俗学家都主要持第三种观点。③ 笔者更赞成"三种表演观"的说法，因为虽然第三种与第一种有着直

---

① 参见杨利慧《表演理论与民间叙事研究》，《民俗研究》2004 年第 1 期。
② 参见理查德·鲍曼《美国民俗学和人类学领域中的"表演"观》，《民族文学研究》2005 年第 3 期。
③ 理查德·鲍曼：《作为表演的口头艺术》，广西师范大学出版社 2008 年版，第 159 页。

接的亲缘关系，但是在对象和分析框架上均有差异。目前国内对表演理论的介绍，绝大多数偏重于第三种表演观。不过，鲍曼认为这几者之间可以非常创造性地联系在一起。

在考察表演观时，形式、功能、意义及这三者之间的相互关系实际上都是研究的核心。[①]

另一个误解是"表演"一定是舞台上的表演。

在表演理论本土化的过程中，一个始终存在的困扰便是其中的"表演"一词常常被狭隘地理解为"舞台上的表演"。为避免这样的误解，有学者建议将"表演理论"翻译为"演述理论"。[②] 这一考虑的确有合理之处，因为"表演"一词有一定的局限性，这一点早已为不少研究者指出。彭牧曾经援引对亚伯拉罕的访谈，指出以"表演"为关键词的研究有源自"表演"一词本身的局限。英语的performance 与汉语"表演"一词类似，都有一种非真实的、想象的、与剧场效果相关的含义。这种艺术方面的侧重自然使表演理论的研究框架对民俗的艺术性格外强调，即所谓"艺术性的交流"，但也就可能忽视了某一文化其他方面的知识，如政治、经济、社会组织等，而这些方面其实恰恰是特定情境中的"艺术性交流"的深层基础。更进一步地，民俗学者强调的"艺术性"或非真实性却不一定得到当地人的认同。对当地人来说，他们不觉得他们是在"表演"，对他们来说那完全是真的。因此，亚伯拉罕试图用"扮演"（enactment）来替代"表演"（Performanc），因为"扮演"是个较为中性的词，

---

① 理查德·鲍曼：《美国民俗学和人类学领域中的"表演"观》，《民族文学研究》2005年第3期。
② 参见巴莫曲布嫫《荷马诸问题·中译本专名和术语简释》，见格雷戈里·纳吉《荷马诸问题》，巴莫曲布嫫译，广西师范大学出版社2008年版，第329—331页。

不像"表演"也是日常语汇。但他觉得自己并不太成功。①

笔者认为在迄今中文译介中所用的"展演""表演"及"演述"等译法中,"展演"一词最好,因为相关的论述中的确非常强调"展示"(display)和扮演(enactment),但是鉴于"表演理论"一词已经为学界广泛接受,而且与英文原义基本相符,所以可援例使用。与"演述理论"相比,"表演理论"的译法更好一些。这首先因为,"performance"具有多重含义,以三种表演观而言,"演述"一词也许只适用于第三种,而就第一、第二种而言,"演述"一词显然有些狭窄。其次,民俗学界对"表演"的关注并不是孤立的,实际上,自20世纪50年代以来,"表演"便由日常词汇转变为社会理论研究的新视角,社会学、人类学及民俗学均对此给予了极大关注。因此,民俗学界的"表演"话语实际上是社会科学领域有关"戏剧"和"表演"的话语的一部分。② 最后,"表演"一词不必凿实地理解为物质实体式的舞台,它可以在象征、比喻和心理的意义上使用。鲍曼在《作为表演的口头艺术》中曾经援引过一位非洲裔的演奏(或演唱)布鲁斯音乐(或歌曲)的艺人小塞米·戴维斯(Sammy Davis, Jr.)的表述:"只要早上一迈出家门,我就上场表演了,爸爸,我就上场表演了。"③ 这里说的"上场表演",显然是在心理和象征层面进行的,是主体感觉中的舞台。正是在这样的意义上,鲍曼提出:"表演存在于表演者对观众承担展示(display)自己交流能力(communicative competency)的责任……在这类艺术表演的交

---

① 参见彭牧《实践、文化政治学与美国民俗学的表演理论》,《民间文化论坛》2005年第5期。
② 参见左宁、胡鸿保《"表演"的跨学科比较——试析戈夫曼、特纳及鲍曼的表演观》,《贵州大学学报》2010年第3期。
③ 理查德·鲍曼:《作为表演的口头艺术》,广西师范大学出版社2008年版,第36页。

流互换过程中,正发生着某种事情,它对听众表明:'要用特殊的理解来阐释我所说的话,不要只依据字面的意思去理解。'"① 在这一点上,鲍曼受到了戈夫曼(Erving Goffman)的"表演观"的影响。② 所以,只要约定俗成,"表演理论"还是能够避免与实体舞台相关联的误解,正如我们如今接受"母题",而不必再联想到"子题"一样。③

作为当代世界民俗学领域最富影响力和生命力的理论视角和方法之一,表演理论的诸多学术主张和研究模式不仅已融入民俗学的基本理念之中,成为目前和未来学术创造的基础,而且还广泛影响到了人类学尤其是语言人类学、语言学、文学批评、宗教研究、音乐、戏剧、话语研究(discourse studies)、区域研究、讲演与大众传媒等诸多人文和社会科学领域,因此,加强对它的充分理解、本土化实践和反思,对推动该理论的发展及中国民俗学自身的建设都具有十分积极的意义。

德国民俗学家赫尔曼·鲍辛格(Hermann Bausinger)曾经告诫说:在民俗学者对某种观点和说法予以接受时,通常会有两种简单化(Einfach)的倾向——一是直截了当不假思索地、没有任何批评和反思地全盘接受;二是以一种把对象简单化、简约为与自己所预期的结果相符合的方式去接受,而这两种倾向均应避免。④ 在理解、借鉴表演理论并加以本土化实践的过程中,这一告诫显然也适用。

---

① 理查德·鲍曼:《作为表演的口头艺术》,广西师范大学出版社2008年版,第9、12页。
② 参见理查德·鲍曼《作为表演的口头艺术》,广西师范大学出版社2008年版,第10、16、17页;左宁、胡鸿保《"表演"的跨学科比较——试析戈夫曼、特纳及鲍曼的表演观》,《贵州大学学报》2010年第3期。
③ 参见刘魁立《世界各国民间古思情节类型索引述评》,《刘魁立民俗学论集》,上海文艺出版社1998年版,第376页。
④ 转引自吴秀杰《介绍一个人:德国民俗学者沃尔夫刚·卡舒巴》(http://www.chinesefolklore.org.cn/forum/viewthread.php?tid=14016)。

"回到声音"的口头诗学：
以口传史诗的文本研究为起点

朝戈金[①]

在西方学术传统中，诗学肇始于古希腊的亚里士多德，并且在一开始就与叙事艺术（荷马史诗）和表演艺术（戏剧）相结合，只是在此后的发展中，诗学偏重总结书面文学的规则。幸好还有莱辛的《拉奥孔》等著作，让我们看到关于书面文学创作和欣赏规律的讨论没有完全独占鳌头。

就"口头诗学"的学术史进行精细的爬梳，不是本文的目的，不过在这里简要地交代口头诗学理念的来龙去脉，仍属必要。"口头程式理论"的开创者之一洛德（Albert Bates Lord, 1912—1991）在1959年发表了《口头创作的诗学》[②]一文，系统地探究了口头史诗创作中的语音范型及其功能、作用。他进而在1968年明确提出了"口头诗学"这一概念：

[①] 作者简介：朝戈金，中国社会科学院民族文学研究所研究员。
[②] Albert B. Lord, "The Poetics of Oral Creation", in *Comparative Literature*: *Proceedings of the Second Congress of the International Comparative Literature Association*, Werner P. Friederich, ed., Chapel Hill: University of North Carolina Press, 1959, pp. 1 – 6.

当然，现在荷马研究所面临的最核心的问题之一，是怎样去理解口头诗学，怎样去阅读口头传统诗歌。口头诗学与书面文学的诗学不同，这是因为它的创作技巧不同的缘故。不应当将它视为一个平面。传统诗歌的所有因素都具有其纵深度，而我们的任务就是去探测它们那有时是隐含着的深奥之处，因为在那里可以找到意义。我们必须自觉地运用新的手段去探索主题和范型的多重形式，而且我们必须自觉地从其他口头诗歌传统中汲取经验。否则，"口头"只是一个空洞的标签，而"传统"的精义也就枯竭了。不仅如此，它们还会构造出一个炫惑的外壳，在其内里假借学问之道便可以继续去搬用书面文学的诗学。[1]

不过，迄今为止，在若干重要的工具书中，简明的如《牛津简明文学术语词典》（Oxford University Press, 2004），专业的如《普林斯顿诗歌与诗学百科全书》（Princeton University Press, 第四版, 2012），或者中国学者编纂的《世界诗学大辞典》（春风文艺出版社1993年版），都没有"oral poetics"或"口头诗学"词条。在中国文学史的书写中，也未见对于口头传统的专门讨论和总结，众多以诗话面目出现的文论成果，都与口头诗歌法则的总结无关。但从另一方面说，"口头诗学"这个术语已经被学者创造、使用，而且近年随着口头传统研究的拓展，需要对口头诗学做出学理性总结和界定。本文就是这项复杂工作的一个初步的尝试。

---

[1] Albert B. Lord, "Homer as Oral Poet", in *Harvard Studies in Classical Philology*, Vol. 72, 1968, p. 46.

引论　口头程式理论与口头诗学

　　按照我的理解，口头诗学的体系建构始于 20 世纪 60 年代，虽然按照美国学者朱姆沃尔特（Rosemary L. Zumwalt）的说法，在 18 和 19 世纪"大理论"时期已经有学者如赫德尔等一批人对口头传统的存在方式和意义做出了重要的总结，[①] 但那些讨论只能算是关于口头诗学理论的前史。20 世纪中叶，是口头诗学理念形成的关键时期，其标志是几个重要事件：口头程式理论的集大成之作《故事的歌手》面世（1960），标志口头程式理论的出场。几乎同时，在西欧和北美爆发了关于书写文化与口头文化对人类文明进步推动作用的史称"大分野"的激烈争论，若干来自不同领域的巨擘，如传播学家麦克卢汉（Marshall McLuhan），结构主义人类学家列维－斯特劳斯（Levi－Strauss），社会人类学家杰克·古迪（Jack Goody），以及古典学者埃瑞克·哈夫洛克（Eric Havelock）等，都参与这一波激辩。[②] 从 20 世纪 60 年代前期开始延续了差不多十年之久的"伦敦史诗讲习班"及其若干年后集结为两大卷的成果《英雄史诗传统》（*Traditions of Heroic and Epic Poetry*, London: The Modern Humanities Research Association, 1980, 1989）则在一定程度上反映了史诗研究范式从文学学向口头诗学转化的历史过程。[③] 1970 年，"民族志诗学"学派在北美应声而起，其阵地《黄金时代：民族志诗学》

[①] 参见朱姆沃尔特《口头传承研究方法术语纵谈》，《民族文学研究》2000 年增刊。
[②] 参见巴莫曲布嫫《口头传统·书写文化·电子传媒体》，《广西民族研究》2004 年第 2 期。
[③] 参见朝戈金《国际史诗学术史概论》，《世界文学》2008 年第 5 期，第 285—299 页。

（*Alcheringa*：*Ethnopoetics*）创刊并产生影响。① 例如，其代表性人物、美国人类学家丹尼斯·泰德洛克（Dennis Tedlock）就提出："口头诗歌始于声音，口头诗学则回到声音。"② 此外，一些并未跻身这些学派的学者的贡献，像英国开放大学教授露丝·芬尼根（Ruth Finnegan）关于非洲口头文学的著作，美国圣路易斯大学教授瓦尔特·翁（Walter Ong）对于"口头性"的文化哲学层面的讨论，都对人文学术界产生了深刻的影响。在 20 世纪 80 年代，学刊《口头传统》（*Oral Tradition*）创刊，其创办人兼口头传统研究的新主帅约翰·弗里（John Miles Foley）开始整合战线，聚集队伍，而且身体力行，开创口头诗学的崭新局面。③

通过以上简要回顾，我们有如下两点归纳：一则，口头诗学所要解决的问题，是口头诗歌（其实是整个口头传统）的创编、流布、接受的法则问题，这些法则的总结需要有别于书面文学理论和工具的理念、体系与方法；二则，口头诗学是整个诗学中的重要一翼，并不独立于诗学范畴之外，只不过在既往的诗学建设中长期忽略了这一翼，就如文学研究长期忽略了民间口头文学一样。

需要说明，本文的重点不在全面观照口头诗学的概念、体系和理念，而是拟从口传史诗的研究出发，形成某些关联性思考，重点讨论"文本"（text）与"声音"（voice）两个要素。其实任何口头文类（oral genre）都可以成为口头诗学研究的材料，这里选取口传史诗作

---

① 戴尔·海默斯（Dell Hymes）等人所创立的"讲述民族志"（The Ethnography of Speaking）的理论方法，与"民族志诗学"（Ethnopeotics）有很密切的关联，笔者大体上把它们列入这个思潮中。

② Dennis Tedlock, "Towards an Oral Poetics", in *New Literary History*, Springy 1977, p. 157.

③ 参见朝戈金《约翰·弗里与晚近国际口头传统研究的走势》，《西北民族研究》2013 年第 2 期。

为出发点，不过是因为口传史诗的研究相较于其他文类的研究而言，历史更久，成果更丰富，理论思考上也更有深度，特别是作为口头诗学核心理念的口头程式理论就主要从史诗文类中创用工具、绅绎规则并验证理论预设，更为我们从史诗出发讨论问题提供了很大的便利。①

口头诗学与书面诗学：文本的维度

口头诗学在中国也有推介和讨论，② 近年更成为一批学位论文和研究课题的主要方向，只是其中用口头诗学的某个环节的理论解析特定文本或传统的居多，侧重理论的体系性建设的不多。我们先从文本的角度入手，看看一般诗学与口头诗学在理解和解析一宗叙事文本方面，彼此有什么样的差异。书面文学研究范畴的"文本"被理解为语言的编织物，并且时刻处于编织之中。③ 有学者认为，书面文学的文本解析应当在四个层次上展开：第一个层次是辨析语言，对作品进行语言结构分析与描述；第二个层次是体察结构，从结构地位、结构层次和结构本质几个方面进行体察；第三个层次是剖析文本间的联系，即揭示互文性——依征引方式和互文效果划分，有引用、粘贴、用典和戏仿四种形式；第四个层次是揭示其文化价值——历史和意识形态因素也是理解文本必定涉及的方面。④ 那么就

---

① 参见朝戈金《从荷马到冉皮勒：反思国际史诗学术的范式转换》，《中国社会科学院文学研究所学刊》，中国社会科学出版社2008年版，第1—39页。
② 如朝戈金《关于口头传唱诗歌的研究——口头诗学问题》，《文艺研究》2002年第4期。
③ 参见董希文《文学文本理论研究》，社会科学文献出版社2006年版，"摘要"部分，第1页。
④ 同上书，"摘要"部分，第2—3页。

"回到声音"的口头诗学：以口传史诗的文本研究为起点

让我们大体循着文本的这几个层次，逐一对照一下口头诗学的文本和书面诗学的文本差异何在。

版本问题。在书面文学的批评实践中，一般只需要指出所用的是哪个版本，若是有多种版本，则往往以科学的"精校本"为主，一般不需要再为行家里手反复解释版本问题。尤其是版本发生学所感兴趣的诸多问题——"前文本""手稿""修改誊清稿""清样""辨读"和抄写，乃至写本的技术分析等，基本不是文本解析的主要内容，因为，文本一旦批量制作并进入流通领域，文学接受就开始在受众间随时发生。创作者和传播者（往往是出版商）都不能再以各种方式直接介入文学接受过程，影响文学接受的效应。口头文学传统中的文本，则与此有很大差异。口头程式理论的一代宗师洛德就曾指出，在口头诗歌中，并没有"权威本"或"标准本"。就同一个故事而言，演述者每次演述的，是"这一个"文本，它与此前演述过的和今后可能多次演述的同一个故事，是既有联系，又有区别的。大量田野实践证明，尤其对于那些篇幅较长的叙事而言，歌手每一次演述的，必定是一个新的故事，因为演述者不是用逐句背诵的方式，而是用诸多口头诗学的单元组合方式记住并创编故事的。所以，歌手的成熟程度，往往是以其曲目库的丰富程度和他所掌握的各种"结构性单元"（程式、典型场景和主题等）的丰富程度来衡量的。故事的每次演述，都是一次现场"创编"。[①] 所以，口头诗学开始研究文本时，先要就文本的形成做出说明和界定：是谁演述的？在什么环境中（时间、地点、听众等信息）？文本是如何制作出来的（现场文字记录，录音录像）？谁参与了文本制作（采访者、

[①] 参见阿尔伯特·贝茨·洛德《故事的歌手》，尹虎彬译，中华书局2004年版，第五章。

协力者等)？如果不是第一手资料，而是某个历史上形成的文本，那么，是抄本、刻本、提词本、转述本、速记本、缩略本、录记本、图文提示本中的哪一种，都需要仔细认定并做出说明。

语言问题。书面文学的文本，在读者面前，是一系列符号串，一般是固定的，不因阅读环境和受众的不同而改变。而口头诗学中的文本，是一系列声音符号串，它们在空气中线性传播，随着演述结束，这些声音的文本便消失在空气中。所以，一次故事讲述，就是一个不可重复的单向过程。从这个意义上说，书面文本是有形的，作家借助书写符号传递信息；而口头文本是无形的，口头演述人借助声波传递信息。今天，人们可以用技术手段记录下演述活动，形成视频和音频文档，或用书写符号记录下文本的语言，但就本质而言，口头文本仍然是线性的、单向的、不可逆的声音过程。在作家文学中，作家形成个人语言风格，乃是其艺术造诣的标志，是许多作家梦寐以求的境界。而在口头文学的传承和演述中，歌手的个人语言风格，是与特定传统和师承、特定地区和方言、特定流派和风格相联系的，很难说哪个民间叙事者具有鲜明的"个人语言风格"。

结构问题。书面文学的结构，往往体现作者的巧思，体现某个或某些文学传统中形成的审美理念和接受心理，例如戏剧文学的"三一律"、长篇小说中的"复调结构"、古典史诗情节的"从中间开始"，或如丹麦民俗学家奥里克（Alex Olrik）所总结的"口头叙事研究的原则"，都是努力在结构层面上归纳出的规律性。[1] 不过一般而言，作家的创作思维活动更难以预测，因为他们要力避公式化

---

[1] Axel Olrik, *Principles for Oral Narrative Research*, trans. by Kirsten Wolf and Jody Jensen, Bloomington and Indianpolis: Indiana University Press, 1992, Chapter 3: The Structure of the Narrative: The Epic Laws.

结构。而口头诗学中的结构，则显现出很不同的特质：口头诗人高度依赖程式化的结构，这也是为什么许多民族的史诗具有极为简单的几个"类型"，如统驭蒙古史诗的故事范型，按照仁钦道尔吉的总结，不外是"征战型""婚姻型""结盟型""传记型"等几种，且各有其结构特征。在人物结构方面，史诗则充分地体现出了在口头传统中常见的"对抗的格调"①。其实，一个世纪之前，奥里克就在其《民间叙事的史诗法则》中特别论及"对照律"（the Law of Contrast），认为这种正反鲜明对比的设置是史诗的重要法则之一。② 至于中国的本土经验，巴·布林贝赫在其《蒙古英雄史诗诗学》中总结说，这种英雄一方与恶魔一方强烈对比的设置可称作"黑—白形象体系"，在蒙古史诗中极为常见。就讲故事的技巧而言，在故事整体结构设置方面，鲜有小说家在一开始就把整个故事的走向和结尾一股脑端给读者的，而在史诗演述中，这却是极为常见的。以蒙古史诗为例，一个故事的"开始母题"，往往预示整个故事的走向，弗里称这种现象为"路线图"。一个信使出现，或者主人公的一则噩梦，往往都预示着故事将以战争为重点展开。总之，拥有特定的故事发展"图式"，歌手依照特定的类型或亚类型的法则演述故事，这是十分常见的现象。

如果说，讲故事的技巧还能够穿越书面文学和口头文学的樊篱，彼此影响和借鉴的话（回想一下中国古典文学名著《三国演义》和《水浒传》等具有多么鲜明的口头讲述特点，便可以理解这一点），那么在创编、传播和接受的主要方面，书面文学和口头

---

① 瓦尔特·翁：《基于口传的思维和表述特点》，《民族文学研究》2000 年增刊。
② Axel Olrik, "Epic Laws of Folk Narrative", in *International Folkloristic: Classic Contributions by the Founders of Folklore*, Alan Dundes ed., Lanham MD: Rowman & Littlefield Publishers, INC, 1999, pp. 83 – 98.

文学两者的差异要大得多。按照洛德所撰口头程式理论的圣经（指《故事的歌手》）中的说法，不是用口头吟诵的诗歌就叫作口头诗歌，而是口头诗歌是在口头演述中创编的。换句话说，口头文学的创作、传播和接受是在同一时空中开展和完成的。这是口头文学与书面文学最本质的差别。书面文学的创作、流通和接受，是彼此分离的，这种分离有时候可以跨越巨大的时空距离。一个读者的案头可以同时放着两千多年前诗人屈原的《离骚》，一百多年前美洲诗人惠特曼的《草叶集》汉译本，或不久前刚面世的彝族诗人吉狄马加的《圣殿般的雪山》。作家创作活动和读者阅读活动是在不同的时空维度中各自进行的，读者的反应不会直接影响已经完成的作品。而口头创作与此不同，受众的喧哗、呼喊、语词回应和互动，乃至受众的构成成分，都会影响口头创编的进程和内容。这方面我们有无数的事例。

　　就文学文本的整一性而言，作家的写作一旦完成定稿，其意义制造就完成了。读者因时代社会的不同，各自修养、知识积累和人生体悟的多寡深浅，对作品的理解自然会各有不同，但读者不会参与制造和改变意义。对于民间歌手而言，情况则十分不同：意义的制造和传递的过程，是演述者和受众共同参与的过程，其意义的完成过程，也是受众参与的过程。再者，民间演述人的每一次讲述活动，都是一次新的"创编"。从这个意义上说，作家的创作有个完结，民间歌手的创编没有完结。由于场域的不同，受众的不同，环境和背景的不同，演述人艺术积累程度的不同、情绪心境的不同等的制约，同样故事的不同时间和场合的讲述，彼此间往往会很有差异，形成不同的文本。每个演述场域中"在场"要素的作用，都会引起特定故事文本"在限度之内的变异"。近年来关于"五个在场"

的总结，就比较充分地解析了这个过程。①

文学接受问题。书面文学诉诸目，口头文学诉诸耳，以"声音"为承载物。诚然，作家作品也会被朗诵，口头文学也会被文字记录，但就实质而言，口头文学是给受众聆听的，书面文学是给读者阅读的。也就是说，到了书面文化发达的社会中，一些原本有着口头创作来源的叙事，最终被以文字记录下来，乃至经过文人的整编、改写和打磨，成为主要供阅读的"书面文学"了。从纯粹的无文字社会的文学传播形态，到文字在世界各地被发明和使用之后，不同的文明传统先后以各种方式进入口头传承与书面写作并行的阶段，在这个阶段里，我们能看到大量彼此互相渗透的现象。在阅读占据支配地位的社会中，"声音"的文学渐次隐退或削弱，语言所特有的声音的感染力、声音的效果乃至声音的美学法则，变得不大为人们所关注。若再深究一步，阅读本身虽然是用眼睛，但默诵之际，难免不会引起大脑关于特定语词的声音的联想和感应。再者，阅读可以一目十行，可以前后随意翻看，可以反复品咂某些段落，而聆听则要被动得多，亦步亦趋地跟着演述者的声音信号走，不能"快进"乃至"跳过"某些不感兴趣的段落或者感到冗长的表述，也一般不能"回放"重温某些深感精彩的段落等。于是可以这样说，受众参与了口头传承的意义制造和意义完成，但就进程而言一般居于受支配的地位。

文学创造者问题。从一般印象出发，人们往往会在作家和民间艺人之间画出一条清晰的分界线，线的一边是作家，他们是"人类灵魂的工程师"，是社会中的精英阶层，长期以来广受赞誉和仰慕。

---

① 参见廖明君、巴莫曲布嫫《田野研究的"五个在场"》，《民族艺术》2004年第3期。

优秀的作家往往卓尔不群,有鲜明的文学个性,且以独创能力和艺术才能得到肯定。民间语词艺术的演述者则不同,他们是草根,植根于民众当中,往往就是民众当中的一员,并不因为擅长演述艺术就得到特别的尊重。他们往往是鲜活生动的民间语言的巨匠,但几乎没有人会赞赏他们的"独创能力",他们反而颇遭非议,若是他们背离了传统和规矩。对于文人作家来说,独创性是命根子;对于民间演述人来说,合规矩才是命根子。成为作家有千万条道路,成为艺人也需要长期的锤炼。作家按写作文类分,如小说家、散文家、诗人、戏剧家等,民间艺人也大抵如此,分为祝赞词歌手、史诗歌手、故事家等。一些作家会跨文类写作,一些民间歌手也会跨文类演述,如著名史诗歌手同时是祝赞词好手和故事讲述达人的情况比较常见。作家写作时,胸中有大量素材的积累;民间歌手创编故事时,除了要在"武库"中存有大量故事之外,还要有急智,能够在"现场创编的压力下流畅地讲述"故事。这是他们的拿手好戏,未经过千锤百炼的歌手,不可能从容流畅,滔滔不绝。

口头文本与口头诗学的理论模型

口传文本的再一个特点,是文本间的互涉关联。洛德强调:"在富于种种变化的方式中,一首置于传统中的歌是独立的,然而又不能与其他的歌分离开来。"[1] 在史诗研究中,在肯定某一个文本本身的相对性之后,文本性(textuality)的确体现了"史诗集群"一个

---

[1] Albert B. Lord, *The Stinger of Tales*, Cambridge: Harvard University Press, 1960, p. 123.

极重要的特性——文本与先在的文学传统之间的关系。实际上，也没有任何文本是真正独创的，所有文本（text）都必然是口头传统中的"互文"（inter-text）。互文性（Intertextuality）最终要说明的是：口传史诗文本的意义总是超出给定文本的范围，不断在创编—演述—流布的文本运作过程中变动游移。文本间的关系形成一个多元的延续与差异组成的系列，没有这个系列，口头文本便无法生存。就系列性叙事而言（如《玛纳斯》），一个诗章可以看作是一个相对独立的文本，但同时又是更大文本的一个组成部分，它们之间通常是共时的共生的关系，互相印证和说明，也会产生某些细节上的抵牾，这与书面文学的章节关系和顺序设置有明显不同。有经验的受众也是在众多诗章构成的意义网络中理解具体叙事的，意义网络的生成，则往往是在故事的反复演述中，经由多种方式的叠加完成的。就此而言，口传文本的存在方式和流传方式不是独立的，而是依靠一种特殊的文本间关系得以展示的。

口头文本的一个重要属性是其程式化表达。根据"帕里-洛德理论"的文本分析模型，通过统计《贝奥武甫》手稿本里呈现的"程式频密度"来证明该诗曾经是口头作品的做法，具有典范意义。克莱伊司·沙尔（Claes Schaar）与肯普·马隆（Kemp Malon）否定马古恩所提出的《贝奥武甫》是吟游诗人即兴创作的歌的推论。马古恩的学生罗伯特·克里德（Robert P. Creed）在分析了《贝奥武甫》手稿本全文的程式后，指出这一手稿本与口头传统存在必然的而且毫无例外的关联。[1] 通过对《贝奥武甫》主题的比较分析，洛德认为《贝奥武甫》手稿本属于口述记录文本的类型，并非"过渡

---

[1] 详细论述参见约翰·迈尔斯·弗里《口头诗学：帕里-洛德理论》，朝戈金译，社会科学文献出版社2000年版，第162—167页。

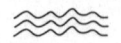

性"的文本。①

民间文艺学和民俗学对文本有基于自己学科范式的理解。伊丽莎白·法因（Elizabeth C. Fine）在其《民俗学文本——从演述到印刷》一书中用了很长的篇幅回溯了美国民俗学史上关于文本问题的探讨及民俗学文本理论的渊源和发展，概括起来其共有四个层阶的演进：第一，民族语言学的文本模式；第二，文学的文本模型；第三，演述理论前驱的各种文本界说，包括布拉格学派、帕里—洛德的比较文学方法、社会思想的重塑学派及讲述民族志等；第四，以演述为中心的文本实验。② 这四个层级各自的重心和承续关系，需要另外撰文讨论，我们只想再次强调洛德这句话："一部歌在传统中是单独存在的，同时，它又不可能与其他许许多多的歌割裂开来。"③ 对口头文本的解读和阐释，也就不可能脱离该文本植根的传统。

迄今为止，在中国发现的史诗文本形态也是多种多样的。以载体介质论，有手抄本、木刻本、石印本、现代印刷本；以记录手段论，有记忆写本、口述记录本、汉字记音本、录音誊写本、音频视频实录本等；以学术参与论，有翻译本、科学资料本、整理本、校注本、精选本、双语对照本乃至四行对译本；以传播—接受形态论，则有口头文本或口传文本，源于口头的文本或与口传有关的文本，以及以传统为取向的文本；以解读方式论，有口头演述本、声音文

---

① 参见阿尔伯特·贝茨·洛德《故事的歌手》，尹虎彬译，中华书局 2004 年版，第 289 页。
② Elizabeth C. Fine, *The Folklore Text: From Performance to Print*, Bloomington and Indianapolis: Indiana University Press, 1984, Chapter 2.
③ 阿尔伯特·贝茨·洛德：《故事的歌手》，尹虎彬译，中华书局 2004 年版，第 178 页。

"回到声音"的口头诗学：以口传史诗的文本研究为起点

本、往昔的声音文本以及书面口头文本。①

美国史诗学者约翰·弗里和芬兰民俗学家劳里·杭柯（Lauri Honko）等学者，相继对口头史诗文本类型的划分与界定做出了理论上的探索，他们依据创作与传播过程中文本的特质和语境，从创编、演述、接受三方面重新界定了史诗的文本类型，并细分为三类，见下表：

史诗文本类型表②

从创编到接受 文本类型	创编 Composition	演述 Performance	接受 Reception	史诗范型 Example
1. 口头文本或口传文本 Oral Text	口头 Oral	口头 Oral	听觉 Aural	史诗《格萨尔王》 Epic King Gesar
2. 源于口头的文本 Oral – Derived Text	口头/书写 O/W	口头/书写 O/W	听觉/视觉 A/V	荷马史诗 Homer's Poetry
3. 以传统为取向的文本 Tradition – Oriented Text	书写 Written	书写 Written	视觉 Visual	《卡勒瓦拉》 Kalevala

把握口头诗歌的多样性及其重要意义，在一定程度上还需要穿越传统、文类，尤其是穿越诗歌的载体形式介质。根据这一主张，弗里进而在其《怎样解读一首口头诗歌》一书中依据传播介质的分类范畴，提出了解读口头诗歌的四种范型，见下表：

---

① 参见朝戈金、尹虎彬、巴莫曲布嫫《中国史诗传统：文化多样性与民族精神的"博物馆"》，《国际博物馆》（联合国教科文组织全球中文版）2010年第1期。
② 此中英文对照表据巴莫曲布嫫《史诗传统的田野研究》，博士学位论文，北京师范大学，2003年。

口头诗歌分类表①

Media Categories 介质分类	Composition 创编方式	Performance 演述方式	Reception 接受方式	Example 示例
Oral Performance 口头演述	Oral 口头	Oral 口头	Aural 听觉	Tibetan Paper-Singer 西藏纸页歌手
Voiced Texts 声音文本	Written 书写	Oral 口头	Aural 听觉	Slam Poetry 斯拉牧诗歌
Voices from the Past 往昔的声音	O/W 口头/书写	O/W 口头/书写	A/W 听觉/书写	Homer's Odyssey 荷马史诗《奥德赛》
Written Oral Poems 书面的口头诗歌	Written 书写	Written 书写	Written 书面	Bishop Njegoš 涅戈什主教

然而值得注意的是，近年来随着数字化技术的不断进步，本土社区的许多歌手开始自发录制自己的史诗演述，其中也包括听众。录制从早期的盒带到当下的微型摄像机，录制者有的为了自我欣赏，有的为了留作纪念，有的为了替代通宵达旦的口头演述，有的甚至为了挣钱。如何看待这类社区生产的音视频电子文本，也同样成了学界需要考量的一个维度，尤其是这种自我摄录的行动多少受到了媒体、记者尤其是学者纷纷采用数字化技术手段进行记录的影响，从而在民众中成为一种时尚。还有，近年来，在青海省果洛州德尔文部落悄然兴起的"写史诗"，则是用书写方式记录记忆中的文本（歌手自己写），或是记录正式或非正式的口头演述（歌手请人代写自己的口头演述），这样的自发行动同样值得关注。此外，我们在田野中还发现以其他传统方式承载的史诗叙事或叙事片段，如东巴的象形经卷、彝族的神图（有手绘经卷和木版两种）、藏族的格萨尔石

---

① 本表摘译自 John Miles Foley, *How to Read an Oral Poem*, Urbana and Chicago, University of Illinois Press, 2002, p. 52。

刻和唐卡、苗族服装上的绣饰（史诗母题：蝴蝶歌、枫树歌）、畲族的祖图等，这些都可谓有诗画合璧的传承方式，同样应该纳入学术研究考察的范围中来。

大脑文本与口头诗学的实证方法

在讨论口头文本的生成理论机制上，劳里·杭柯1998年出版的《斯里史诗的文本化》（*Textualising the Siri Epic*）是阐述口头诗学视野下文本观念方面的一部扛鼎之作，它从新的视角观照口头文本生成的机理。杭柯提出"大脑文本"（mental text）概念，试图解答口头的"文本"在歌手脑海里是如何习得和存储的。在杭柯看来，大脑文本属于"前文本"（pre-text）范畴，是歌手演述一部史诗之前的存在。大脑文本主要由四种要素组成：1. 故事情节；2. 构成篇章的结构单元，如程式、典型场景或主题等；3. 歌手将大脑文本转换成具体的史诗演述事件时遵循的诗学法则；4. 语境框架，例如在演述史诗之前对以往演述经历的记忆。[①] 这些要素在大脑文本里并非彼此独立，而是相互关联，且按照一定法则组合在一起，以适应歌手每一次演述的需求而被反复调用。

大脑文本是歌手个人的，这一点毫无疑问。歌手通过聆听、学习、记忆、模仿、储存和反复创造性使用等过程，逐步建构起他的大脑文本。这个大脑文本，一般而言，是任何具体演述的源泉，远大于那些具体的叙事。歌手的毕生演述，可能都无法穷尽大脑文本。

---

① Lauri Honko, *Textualising the Siri Epic* (Folklore Fellows' Communications 264), Helsinki: Academia Scientiarum Fennica, 1998, p. 94.

由于大脑文本是传统的投射和聚集，所以，不同歌手的大脑文本既是特定的、与众不同的，又是相互借鉴和学习的、共享的、传承的，如特定的程式、典型场景、故事范型等要素。

大脑文本的现象，能够在一定程度上解释歌手演述故事时出现异文的现象——同一则故事在不同的讲述场合有差别。根据大量田野调查所获得的信息，我们大略可以说，在歌手的大脑中，故事的材料不像中药铺的抽屉那样精确地分门别类存储，而是以更为多样的连接方式存储。我甚至推测，可能"声音范型"在调用材料即兴创编时，发挥索引和引导作用。而且，大脑文本具有很强的组构特性。在南斯拉夫的田野调查表明，一个有经验的歌手，哪怕刚听到一则新故事，也能立即讲述出来，而且学来再讲的故事，比原来的故事还要长，细节还要充盈。[①] 另外，在不同的叙事传统中，都能够见到歌手在演述大型韵文体裁时，往往调用祝词、赞词、歌谣、谚语、神话等其他民间文类，整编到故事中。这也说明，大脑文本往往是超文类的，也是超链接的。

杭柯使用大脑文本的概念阐释了伦洛特（Elias Lnnrot）的《卡勒瓦拉》编纂过程。伦洛特搜集了大量芬兰口头诗歌，逐步在脑海里形成了《卡勒瓦拉》的大脑文本。文字版的《卡勒瓦拉》是伦洛特大脑文本的具体化，是他基于传统的创编。他是介乎文人诗人和民间歌手之间的创编者。他所掌握的口头诗歌材料比任何史诗歌手都要多，所以他反而比那些歌手都更有条件整理和编纂大型诗歌作品，当然是依照民间叙事的法则。他所编纂的不同版本的《卡勒瓦拉》，丰约互见，恰似民间歌手的不同讲述，长短皆有。通过对土鲁

[①] 参见阿尔伯特·贝茨·洛德《故事的歌手》，尹虎彬译，中华书局2004年版，第111页。

(Tulu)歌手古帕拉·奈卡（Gopala Naika）演述活动的实证观察，杭柯推演了大脑文本的工作模型。奈卡给杭柯演唱《库梯切纳耶史诗》（*Kooti Cennaya*）用去15个小时，史诗计7000行，而同一个故事在印度无线广播上用20分钟就讲述完了。杭柯要求奈卡以电台方式再讲一次，结果奈卡又用了27分钟。奈卡自己认为，他三次都"完整地"讲述了这首史诗，因为骨架和脉络皆在。[1] 显然，在歌手的大脑中，故事的基本脉络是大体固定的，其余的是"可变项"。这令我想起马学良早年述及的苗族古歌演述中的"歌花"和"歌骨"现象。"歌骨"是稳定的基干，"歌花"则是即兴的、发挥的、非稳定的成分。总之，歌手的故事是有限的，而大脑文本则是无限的。

当然，有的史诗传统更强调文本的神圣来源和不可预知。西藏史诗传统中的"神授""掘藏"和"圆光"等类艺人，其学艺过程和文本形成的认知，就与杭柯的大脑文本概念相抵牾。根据"神授"的说法，史诗文本是一次性灌注到歌手脑海中的，是有神圣来源的，是被客体化了的文本。而"圆光"艺人需要特定的道具作为载体传输故事信息等。对这些现象的科学解释，要留待进行了更为全面细致的田野调查后才能展开。

余 论

中国学者已经开始参与关于口头文本的学理性思考，并依据中国极为丰富的文本和田野实证资料，提供某些维度的新说法。例如，

---

[1] Lauri Honko, *Textualising the Siri Epic*, Folklore Fellows' Communications 264, Helsinki: Academia Scientiarum Fennica, 1998, p. 94.

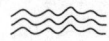

巴莫曲布嫫博士关于彝族勒俄叙事传统中"公本"和"母本""黑本"和"白本"的特殊分类和界定问题，就为口述文本在社会语境中的多维解读提供了范例。① 高荷红博士关于满族说部传承人可以界定为"书写型传承人"的分析，② 吴刚博士关于达斡尔族"乌钦"的研究，③ 都是解析和总结介乎口头传统与书写传统之间的特殊文本类型的有益尝试，其中不乏新见。笔者也曾讨论过口头文本"客体化/对象化"（objectification of oral text）现象的成因和规律。④ 从杭柯"大脑文本"的无形到"客体化"的有形，或者说"赋形"，正是口头诗学向纵深迈进的一种标志。

诚然，口头文本是活的，其核心形态是声音，对声音进行"文本化"后的文字文档，不过是通过这样那样的方式对声音文本的固化。然而，恰恰是这种对口传形态的禁锢和定型，又在另外一个层面上扩大了声音文本的传播范围，使其超越时空，并得以永久保存。世界上迄今所知最早的史诗——巴比伦的《吉尔伽美什》就是一个极好的例子，荷马史诗、印欧诸多其他史诗也都类似。法国学者曾托尔和恩格尔哈特曾提出："我们缺少有普遍参照意义的术语，或可称作'声音的诗学'（poetics of the voice）。"⑤ 随着书写文明的飞速

---

① 参见巴莫曲布嫫《叙事型构·文本界限·叙事界域：传统指涉性的发现》，《民俗研究》2004 年第 3 期。

② 参见高荷红《满族说部传承研究》，中国社会科学出版社 2011 年版。

③ 参见吴刚《从色热乌钦看达斡尔族口头与书面文学关系》，《文学与文化》2011年第 3 期。

④ Chao Gejin, *Oral Epic Traditions in China*，在线讲座（www.oraltradition. or Al articles Vwe–beast）。

⑤ Paul Zumthor and Marilyn C. Engelhardt, "The Text and the Voice", in *New Literary History*, Vol. 16, No. 1 (Autumn 1984), p. 73. 另外曾托尔最晚近的成果《口头诗歌通览》的第一章便集中地考察了口头的再创作过程中"声音的在场"（the presence of voice）问题。参见 Paul Zumthor, *Oral Poetry: An Introduction*, trans. by Kathy Murphy–Judy, Minneapolis, MN: University of Minnesota Press, 1990, Chapter1.

扩张，口头诗学所得以植根并发展的以口头传统作为信息传播主要方式的社会，如今看上去正逐渐萎缩。不过，按照弗里的见解，口头传统是古老而常新的信息传播方式，在新技术时代也获得了新的生命力，表现在网络空间中、日常生活中、思维连接中，所以是不朽的。

叙事语境与演述场域

——以诺苏彝族的口头论辩和史诗传统为例

巴莫曲布嫫[①]

引言 "民间叙事传统的格式化"

20世纪的50年代和80年代,在中国民间文艺学界曾两度自上而下地开展了大规模的民间文学搜集、整理工作,后来被称为"彝族四大创世史诗"的文本正是在这样的"运动"中孕育的,其中的《勒俄特依》作为彝族诺苏支系史诗传统的整编本(两种汉文本和一种彝文本),也先后在这两个时期面世了。回顾这段学术史,反思在文本整理、翻译、转换、写定过程中出现的种种问题,我们不得不在田野与文本之间为此后仅拘泥于"作品解读"的史诗研究打上一连串的问号。

通过田野调查、彝汉文本对照,以及对参与当时搜集整理工作

[①] 作者简介:巴莫曲布嫫,中国社会科学院民族文学研究所研究员。

的学者进行的访谈，我们对《勒俄特依》汉译本的搜集和整理过程有了更为深入的了解。当时的搜集整理工作并未进行民俗学意义上的田野作业与表演观察，而采用的手段，大致是将凉山各地的八九种异文与八九位德古（头人）的口头记述有选择性地汇编为一体，并通过"卡片"式的排列与索引，按照整理者对"次序"也就是叙事的逻辑性重新进行了组合，其间还采取了增删、加工、顺序调整等后期编辑手段。从中我们不难看出这一文本制作过程的"二度创作"问题：第一，文本内容的来源有两个渠道，一是书写出来的抄本，二是记录下来口头复述本，也就是说在完全脱离民间表演传统的情形下，将文传与口传这两种完全不同的史诗传承要素统合到了一体；第二，忽略了各地异文之间的差异，也忽略了各位口头复述者之间的差异；第三，学者的观念和认识处于主导地位，尤其是对史诗叙事顺序的前后进行了合乎"进化论"的时间或"历史逻辑"的人为调整；第四，正式出版的汉译本中，没有提供具体的异文情况，也没有提供任何口述者的基本信息。因此，在这几个重要环节上所出现的"二度创作"，几乎完全改变了史诗文本的传统属性。更为重要的是，《勒俄特依》尽管有许多异文及异文变体，但最基本的文本类型是按照彝族传统的"万物雌雄观"来加以界定的，有着不同的仪式演述功能和叙事界域，而无视史诗传承的文化规定性，将主要用于丧葬和送灵仪式的"公本"与只能在婚礼上演述的"母本"整合到一体，则是现行汉译本最大的症结所在。

实际上，在以往甚或当前的各民族民间文学搜集整理工作中，"汇编"同样也是一种甚为普遍的现象。这也是我们在这里以《勒俄特依》的文本制作为例，对这段文本搜集、整理、翻译、出版提出学术史批评的出发点。对过往的民俗学、民间文艺学工作者在口头传统文本化的过程中，存在一种未必可取却往往普遍通行的工作法，我们在检讨《勒俄特依》的同时，也在思考应当采用怎样的学术表述来加以简练的概括，使之上升到学术批评的范畴中来加以讨论，这样或许对今后学科的发展有一些积极作用。经过反复的斟酌，本文在此将以往文本制作中的种种弊端概括为"民间叙事传统的格式化"①。

这一概括是指：某一口头叙事传统事象在被文本化的过程中，经过搜集、整理、翻译、出版的一系列工作流程，出现了以参与者主观价值评判和解析观照为主导倾向的文本制作格式，因而在从演述到文字的转换过程中，民间真实的、鲜活的口头文学传统在非本土化或去本土化的过程中发生了种种游离本土口头传统的偏颇，被固定为一个既不符合其历史文化语境与口头艺术本真，又不符合学科所要求的"忠实记录"原则的书面化文本。而这样的格式化文本，由于接受了民间叙事传统之外并违背了口承传统法则的一系列"指令"，所以掺杂了参与者大量的移植、改编、删减、拼接、错置等并不妥当的操作手段，致使后来的学术阐释，发生了更深程度的文本误读。如果要以一句更简练的话来说明这一概括的基本内容，以便用较为明晰的表达式将问题呈现出来，供大家进一步讨论，我们将这种文本转换的一系列过程及其实质性的操作环节表述为"民间叙事传统的格式化"（为行文的简便，本文以下表述均简称"格式化"）。

第一，"格式化"的典型表征是消弭了传统主体——传承人

---

① 这里我们借用大家都不陌生的英文 format 一词来作为这一概念的对应表述；同时，在批评观照方式上，则多少取义于"电脑硬盘格式化"的工作步骤及其"指令"下的"从'新'开始"。硬盘格式化必然要对硬盘扇区、磁道进行反复的读写操作，所以会对硬盘有一定的损伤，甚至会有丢失分区和数据簇、丛的危险。考虑到这是大家都熟悉的道理，我们便采用了这一英文的对应方式，也许并不十分贴切。

(民众的、表演者个人的)的创造者角色和文化信息,使得读者既不见林也不见木,有的甚至从"传承人身份"(identity of traditional bearer)这一最基本的"产出"环节就剥夺了叙事者——史诗演述人、故事讲述人、歌手——的话语权力与文化角色。因此,在不同的程度上,这种剥夺是以另一种"身份"(编辑、编译人、搜集整理者等)对"传承人身份"的忽视、规避,甚至置换。第二,"格式化"忽视了口头传统事象生动的表演过程,在一个非忠实的"录入"过程中,民间的口头表演事件首先被当作文本分析的出发点而被"写定"为一种僵化的,甚至是歪曲了的书面化文本。第三,参与者在"格式化"的文本制作过程中,是以自己的个人意志为转移的,并以自己的文本价值标准来对源文本进行选取或改定,既忽视了本土传统的真实面貌,也忽视了表演者的艺术个性,这种参与过程实质上成了一种无意识的、一定程度的破坏过程。第四,"格式化"的结果,将在以上错误中产出的文本"钦定"为一种标准、一种规范、一种模式,变成人们认识研究对象的一个出发点。这种固定的文本框架,僵固了口头艺术的生命实质,抽走了民众气韵生动的灵魂表达,因而成为后来学术研究中对口头传统做出的非本质的、物化的,甚至是充满讹误的文本阐释的深层原因。第五,如果我们从积极的立场来看待这种"格式化"的文本制作流程,或许应该公允地说,在一定的历史时期,这种"格式化"的工作目标针对的是本土传统以外的"阅读世界",其种种努力或许在文化传播、族际沟通和交流中发生过一定的积极作用,尽管其间也同时传达了错误或失真的信息。

　　一个时代有一个时代的学术。今天的民俗学者如何以自己的学术实践来正确处理田野与文本的关系,也会反映出我们这一代学人如何应对学术史的梳理和反思。因而，本文的宗旨，就是希望以史诗田野研究的实际过程及从中绅绎出的田野主体性思考，作为对诺苏彝族史诗传统"格式化"的真诚检讨和积极回应。而通过田野研究，从民间鲜活的口头史诗演述活动去复归文本背后的史诗传统，并建立一种模型，"以表演为中心的"史诗文本观和田野工作正是本文的工作方向所在。

叙事语境与演述场域：史诗的研究视界

在人文科学中，我们已经看到一种远离具体对象及其存在方式和生命环境的视线转移，而走向更宏大的语境化。语境①概念的出现确实对我们原有的文本阐释观产生过强烈的震荡作用，促使人们将学术思考进一步从文本引向田野。文本的语境化，大多是为了集合文本之外的新的意义，将已知材料进行动态并置，在某种方式下使文本与田野之间产生互动。但是，语境的普泛化，在有的情况下甚至成了"文化""传统""历史"等宏大叙事的代名词，同时也消弭了我们对具体民俗事象的深细观察与审慎分析。因为文本材料与田野材料之间各个不同的部分都在语境普泛化的过程中被整合为一体了，这些材料的差异性在可能的并置之中几乎是无限的，因而在意义生成方面，我们或许获取了比文本解读更多的可能性，但其阐释

---

① 广义的语境（context）包含诸多因素，如历史、地理、民族、宗教信仰、语言及社会状况等。由于这些因素在很大程度上影响文本（text）的内容、结构和形态的形成与变化，因而它们也成为解决传承与创作情境中的重要关联。田野意义中的"语境"是指特定情境中的"社会关系丛"，至少包括以下六个要素：人作为主体的特殊性、时间点、地域点、过程、文化特质、意义生成与赋予。

的结果近乎是没有底线的，也难于比较全面地揭示文本背后的传统真实，尤其是细节生动的民俗生活"表情"。笔者认为，语境诚然是我们研究固定文本的一种文本批评观，但过于宏大的语境观会使传统事实变得更难于描述。因此，我们怎样应对这种难题，也将怎样构成我们对叙事传统本身做出的阐释与学术表述。鉴于此，本文在使用"语境"这一概念时，相对地将之界定为史诗演述的仪式化叙事语境。

彝族古老的史诗传统"勒俄"（hnewo，意为口耳相传的族群叙事），被金沙江南北两岸两百多万人口的诺苏支系彝人视为历史的"根谱"和文化的瑰宝，长期以来一直在历时性的书写传承与现时性的口头演述中发展，并依托婚礼、葬礼和送灵归祖三大仪式生活中的"克智"（kenre，民间口头论辩活动）而得到广泛的传播和接受。史诗在久远的流传过程中产生了多种书面化的异文与异文变体，大体上可归为不同时期、不同地区的史诗抄本。从抄本内容而言，史诗有极为严格的文本界限与文本性属，整体上分属于"公勒俄"与"母勒俄"两种文本系统，这与彝族古老的万物雌雄观有密切关联。然而，以口头演述而言，史诗又有着严格的叙事界域，分为"黑勒俄"与"白勒俄"，并按"说史诗"与"唱史诗"两种言语表达方式进行比赛，由具体的仪式化叙事语境（婚丧嫁娶与祭祖送灵）所决定。换言之，史诗"勒俄"的承传——传承始终伴随着"克智"口头论辩而与山民的仪式生活发生着密切的联系。以笔者在田野观察中的深刻感受而言，作为一种神圣的族群叙事传统，史诗演述之所以出现在民俗学意义上的"人生仪礼"（rites of passage）活动中，正是史诗传人与听众通过口头叙事的时间维度，运用彝人关于生命周期的经验感知，在特定的仪式空间共同构筑了本土文化关于人的存在与生命本质的叙事。这里，我们先分析"克智"论辩的口头传播模式及其言语行为的表现方式——"说史诗"与"唱史诗"的基本情境，进而讨论史诗演述场域的确立与田野研究的实现。

"克智"论辩与史诗演述的仪式化叙事语境告诉我们，"勒俄"作为诺苏彝族的史诗传统，其传承与演述在本土具体鲜活的民俗生活中流动着，以史诗传统自身的存在方式不断完成着史诗演述的实际生命过程。它既非一种基于文本的口头复颂，也非一种有固定模式的口头演绎。因为在义诺山地社会，不论是民俗生活仪式（婚丧），还是宗教生活仪式（送灵），"克智"论辩都必须根据不同的仪式场合与地点，按说/唱两种不同的方式来进行叙事表演。由此，以特定的仪式时空为背景，以特定的表演者为叙事角色，以特定的仪式圈为叙事对象，构筑了史诗传演的特定情境。我们用以下表来概括：

表演形式 / 仪式场合	论 说	比赛人数	演述方式	仪式歌调	比赛人数
措期(火葬)	卡冉(雄辩)	一人对一人	哈：舞队赛唱	伟兹嘿	人数不定
措毕(送灵)	卡冉(雄辩)	一人对一人	(毕摩经颂)	(朵提)	(几位毕摩合颂)
西西里几(婚嫁)	克斯(辩说)	一人对一人	佐：转唱	阿斯纽纽	两人对两人
仪礼名称及地点	席莫席(迎亲)男方家			阿莫席(送亲)女方家	

针对演述场合的传统规定性及其相应的叙事界域，我们从理论分析层面将表演事件的特定情境提炼出来，并概括为口头史诗的

"演述场域"①，以区别于范畴更广的"语境"一词。简言之，我们认为"演述场域"是研究主体在田野观察中，依据表演事件的存在方式及其存在场境来确立口头叙事特定情境的一种研究视界。它与叙事语境有所不同，但也有所联系。后者是研究对象的客观化，属于客体层面；前者是研究者主观能动性的实现及其方式，属于主体层面。以下三个方面的表演要素及其交互关系，来自叙事语境，是本文界定史诗"演述场域"的基本视点，能反映出叙事语境与演述场域之间的内在联系：

第一，从论辩场合来看，辩论双方的立论与辩说必须围绕具体的仪式活动来进行，因此对话氛围也与婚礼、葬礼和送灵仪式有密切关联，其基本准则是葬礼上的论辩内容不能用于婚礼；而婚礼上的论辩说词也不能用于葬礼，这在民间有严格的区分，也规定了"黑勒俄"与"白勒俄"之间的叙事界域。婚礼上的史诗演述（白勒俄），要求立论主题与叙事线索要围绕着婚俗传统、嫁娶的由来及相关的两性制度、联姻关系等展开；而葬礼（黑勒俄）与送灵仪式（黑/白兼行）的史诗演述也各有侧重，葬礼主要针对死亡的发生，唱述人们对亡者的怀念，对生死问题的认识；而送灵仪式的说/唱内容则是彝人对"人死归祖"的解释。

---

① 这里使用"演述场域"概念来细化"语境"。换言之，将仪式化叙事情境分层结构，这样才能在田野观察中从具体的表演事件来投射史诗演述传统。在反复的思考中，我们吸纳了以下学术理念（ideas）：1. 借鉴了语义学分析中的"语义场"概念；2. 参照国外史诗研究中的"表演舞台"概念（Performance arena, John M. Foley, *The Singer of Tales in Performance*, Bloomington: University of Indiana Press, 1995, pp. 47 – 49）；3. 同时也受到了布尔迪厄社会学术语"场域"（fields）的诸多启发（P. Bourdieu & L. Wacquant: *An Invitation to a Reflexive Sociology*, pp. 94 – 115, 115 – 140, Chicago: The University of Chicago Press）。但要说明的是，本文并没有直接套用任何现成的理论来阐释本土传统，因为工作原则首先是从个案出发、从史诗田野观察出发、从实际的表演事件及其言语行为的联动关系出发，由此提炼出来的这一术语主要用于界定具体的表演事件及其情境（situation，相当于英文的 situated fields of performance）。

第二，从论说方式而言，婚礼上的论辩称为"克斯"（kesyp，论说，在男方家），双方以文雅的辞令展开论辩，以理论阐说为主，语气比较平和，而且必须按照克智的表演程式有条不紊地进行；而丧葬与送灵仪式上的论辩称为"卡冉"（kerra，雄辩），双方以较为激烈的言辞进行论辩，以气势压倒对方为特征，虽有一定的表演程式，但进入高潮之后，也可以不拘一格，四面出击。

第三，从演述方式来看，由于仪式性质不同，使用的歌调也就有严格的区分，婚礼以"佐"（rro，一人领唱一人跟唱）为主（在女方家），歌调曲牌为"阿斯略略"（axsynyow）：葬礼以"哈"（hxa）人数不等的两组舞队之间的赛唱，其中每组以一人领唱，众人合唱为主，歌调曲牌为"伟兹嘿"（vazyhlit）。不论是"说"还是"唱"，"克智"论辩始终是用诗的语言来立论并进行推理和辩论，内容和程式基本一致。"唱"的表演性较强，节奏纡缓，其竞赛性相对较弱；而"说"在技巧上则十分讲究，更具论战色彩。

以上表演要素不仅规定"克智"的论辩方式，也规定了史诗的演述形式与叙事界域。换言之，"克智"论辩本身分为论说与演述两种方式，其所负载的史诗演述也同样分为说、唱两种方式；并且根据仪式、仪礼的背景不同，论说又分为"克斯"（婚礼）与"卡冉"（葬礼与送灵）两种具体的言语方式；演述也同样下分为"阿斯纽纽佐"（婚礼）与"伟兹嘿"（葬礼）两种舞唱方式；在这种基本的表演规程中，始终贯穿着史诗叙事的"黑白"之分。因此，史诗叙事也出现了多种不确定的因素。人们说："传统是一条流动的河。"在个案研究的实际推进过程中我们也深切地体会到，诺苏的史诗演述同样也始终处于其自身的叙事传统之河中，生生不息地发展着。要把握其间富于变化的流程与支脉，就必须建立一种有效的观察手段。

我们或许对田野调查所提供的学术可能性都有一种普遍的认同。那么从具体的表演情境中我们又看到了什么？还能看到什么？又该怎么看？在田野观察过程中，除了亲临其境去体验，除了通过摄影、摄像、录音、书写等技术手段的使用外，作为研究主体，我们的学术视界怎样定位于每一次表演的实际观察？于是也就有了田野研究的方法论意义。如果我们从表演环节入手，来切近活形态的口头叙事传统，既要兼具宏观与微观的两种视角，同时也要关注历时与现时两种维度，对每一次跟踪的表演事件进行细致入微的观察。应该说，这些都是一些基本的田野参与观察的态度。而针对具体而复杂的表演情境，追踪每一次表演事件的开端、行进、结束的全过程，我们或许需要更为具体的、灵活的观察角度，也需要一种可资操作的技术手段。因为，当你进入田野之后，由于本人"在场"，主体与对象之间的鸿沟变小了（尽管怎么也不可能完全达到契合），从而感觉到了某种田野与文本的互动。然而仅仅将表演事件的背景作为一种语境来进行的近距离观察，往往会导致视线的模糊与失真。因为语境是一种将对象客观化之后的产物；作为主体，我们需要应对的是怎样建立相应的观察手段，去帮助我们不断地调整观察的角度，以捕捉并投射对象本身的存在方式，以及这些存在方式与其存在场境之间的多向性联系。在田野过程中，我们逐渐地产生了某种学术自觉。

也就是说，相形于诺苏史诗演述情境的复杂性与丰富性，我们也应该相应地采取一种学术主动性，以把握每一次在观察中研究的对象。以下关于史诗演述场域问题的思考就来自于史诗田野研究的实际过程之中。

演述场域的确定:"五个在场"

在诺苏本土社会,史诗作为一种神圣性的族群叙事传统,首先是因为史诗的演述活动始终与人们的仪式生活有着一种内在的、多向性的同构关联,这种关联的语境化构成了史诗叙事的存在方式,达成了史诗叙事传统及其演述方式(说/唱)之间的交互关系,同时也为我们的田野研究提供了一种可资操作的观察视角,帮助我们在实际的表演情境中去确立观照史诗传统的演述场域。那么,我们在表演环节上从"克智"论辩传统(历时性维度)来确立仪式语境中的史诗演述场域(现时性维度),当是一种工作方法,也是一种研究方式,更是一种学术视界,因而也将成为阐释诺苏口承民俗与表达文化的一个关键性环节。通过田野观察中的多次亲历体会,我们发现在史诗演述场域的确定问题上,由这样五个起关键性作用的要素"在场"及其交互关系的"同构在场"形成时,才能确定史诗演述的场域,才能帮助我们正确把握并适时校正、调整史诗传统的田野研究视角:

第一,史诗演述传统的"在场"。

"先辈不开路,后代无路可行;前人不说克智,后人不会言语。"彝人丰富多彩的仪式生活和口头论辩传统,给史诗演述以存在的机制、在场的激活和动态的反馈,强化了史诗演述的影响力量和传承惯性;而每一次的史诗演述都作为悠久传统的"瞬间"再现,参与了传统的维系、承续与发展。考察史诗传统的存在方式与内部运作机制,我们的视野往往可以大到一个地区、一个支系,小到一个山寨、一个家支。问题的关键在于，我们在田野追踪的过程中是否能够发现并印证史诗演述的历史传承与鲜活环境，是否能亲身经历史诗演述人气韵生动的表演过程与充满细节的叙事环境。我们选择大小凉山义诺地区的腹地美姑县作为史诗田野，诚然有多方面的学术考虑，但史诗演述传统的"在场"是最基本的前提，就史诗传统的生命力表征及其折射的民俗生活的"表情"而言，美姑彝区能够为我们提供有力的"在场"证据。否则，史诗传统发现与复归，就会在云遮雾障的山地沉默中变得湮没无影。如果不到民俗生活中去发现表演传统的"在场"，我们不也就可以像过去那样坐在县城或州府，眼观八方，凭借搜罗到的各地史诗抄本来"汇编"一个毫无生气、毫无表情的"书面作品"或"古典长诗"？另一方面，演述传统的"在场"，主要是指史诗的叙事行为是合乎传统规定性的现实存在与动态传习，而非仅仅作为一种文本考古中的历史传承来加以简单的印证，否则我们大可不必以"这一次"表演事件为追踪连线，去继续推进"每一次"表演观察的田野研究。

第二，表演事件的"在场"。

史诗演述有场合上的严格限制，这规定了表演事件的发生主要体现于仪式生活：史诗演述的时间就是仪式举行的时间；史诗演述的场域就是一定社会群体聚合、举行仪式和仪礼的空间；整个仪式过程就是某一次史诗演述的接受过程，史诗演述的开始就是接受活动的始点，仪式史诗演述的结束也就是接受过程的结束。比如，在送灵大典上，史诗演述既出现在毕摩（祭司）的仪式经颂之中，配合着对祭祖送灵礼制进行解释性的"声教"活动，由毕摩神圣、庄严地加以引唱而得以传播；同时也出现在以姻亲关系为对诤的"卡冉"雄辩中，伴随着人们坐夜送灵的一系列仪式活动。因此，场域

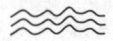

赋予了史诗演述以相当强烈的神圣性，这种场域与一般民间口头文学传承的风俗性审美娱乐活动有很大区别。以仪式时空为"在场"证据能够从总体上进行宏观把握，而每一次史诗演述都有其特定的、内在的、外在的、不可移改的具体场域，如丧葬仪式上的"伟兹嘿"舞唱就不能发生在送灵活动中，更不能置换为婚礼上的"阿斯纽纽佐"；史诗演述的两种言语行为——论说与雄辩也不能互换或对置，因为史诗说、唱的两种论说风格与两种舞唱风格，就是由具体的表演事件来决定它们的"在场"或"不在场"的。此外，史诗演述的变化可以通过"这一次"与"每一次"表演事件的观察来界定，诸多的叙事要素的"在场"或"不在场"，叙事主线（黑/白）、情节基于（公本中"开天辟地"与母本中的"人类起源"）、核心母题（天地谱系、呼日唤月、射日射月、雪子十二支、生子不见父、洪水漫天地等），以及更细小的叙事单元［如史诗叙事中凡是涉及"给"（ggyt，绝、灭、亡）的诗行与片段都不能出现在婚礼事件中］等，皆同时要受制于表演事件本身的"在场"或"不在场"。这就要求我们必须结合具体的叙事语境与表演事件的关联来进行有效的观察和深入的细分。

第三，受众的"在场"。

"勒俄"一词的基本语义（口耳相传的族群叙事）已经告诉我们，史诗演述本身就定向于演诵活动和群体同时感知的视—听觉接受。从文化传播与交流的方式来看，彝族本土社会可谓是一个面对面的"文本社区"（textual community）。在这个文本社区中，以山地社会家支关系为轴心而牵动的血缘、地缘、亲缘构成了受众的基本范围，社会行动与个人行动是互为包含的，并互为体现的，人们为自己所在群体的共同事务如守灵唱丧、祭祖送灵、婚嫁祈福而聆听史诗演述，构成了受众的"同时在场"，这既体现为历时性的传统接受，同时也体现为现时性的集体接受。一方面，在史诗接受的历时性过程中，史诗演述体现为世代相承相续的传统接受，即接受者通过仪式生活接受史诗演述已经成为一种约定俗成的社会传统；另一方面，体现为集体接受的史诗演述，主要依靠特定的文化时空，在传播与接受的现时性过程中达成的受众的"同时在场"。由此而来，史诗演述活动在家支宗族群体的人际关系里贯彻着一套行为模式，同时也是人们获取历史和知识的一整套仪式教育方式，起着规范社会、传承文化的作用。受众的"同时在场"，使得人们对史诗演述的理解、认知在一代又一代的民间记忆中被充实和丰富，在一次又一次的集体共鸣中得到个人感知经验的调节。因而，作为"这一次表演"（the performance）的口头传承活动，其文化意涵是在传统接受的历史过程中得以确定的，同时也在"每一次表演"（a performance）的集体接受活动中成为族群叙事传统的现时性呈现。

第四，演述人的"在场"。

史诗传统这种文化内驱力制约着彝族人的行为，成为一定的行为准则，实现着文化控制；同时，史诗演述人作为知识文化的代表人物被人们尊称为"斯尔阿莫"（sypluapmo，智者贤师），为社会所尊敬，他们的演述行为在仪式上施行着风俗、道德、宗教的文化控制。从今天大部分彝区的史诗传统业已经式微的客观事实来看，演述人是否"在场"非同小可，他们的"缺席"无疑就是史诗演述的消失，此其一。其二，有时史诗表演还有演述人文化地位及社会资格条件的限制，这是由仪式背景规定的。一般宗教性的史诗演述须由毕摩担任演述人，其他人不得恣意妄为，比如送灵仪式上的"史诗引唱"，还要求毕摩必须具备祭祖资格。其三，由于史诗演述始终与口头论辩的表演传统"克智"融为一体，基于这种对话艺术的竞赛性质而言，"勒俄"的口头演述至今也没有脱离口头论辩活动而另立门户，也就没有发展成一种可以独立于对话关系之外、可以随时随地由演述人自己单独进行表演的口头民俗事象。因此，演述人"在场"至少涉及代表比赛双方的两个或两组演述人。用我重点跟访的演述人曲莫伊诺的话来讲，史诗演述从来都不是"之波嘿"（zzytbbohxip，独说、独白）的个人行为，尤其是在口头论辩的史诗话语关系中，他们对这种"独唱"是非常拒斥的，研究者也就不应该强行让他们"独白"。其四，"克智"论辩是一种竞赛性质的主体对话，辩论者之间存在诸多的个体差异，会在激烈的竞争中更为彰显，比如个人的对诤倾向、知识的广度和深度、语言表达能力、心理素质、道德涵养等，同时还有某一阶段听众的反映对演述人的影响及其心理变化活动，演述人的即场替换等，也都关系史诗演述的展开。演述人的"在场"同时也关系演述人对史诗叙事的把握、即场演述能力的高低、情绪变化等个人因素，如果这些因素能够发生碰撞，能够形成一种相对和谐却又充满竞争的对话氛围，才能推进史诗叙事的发展；反之，就会阻碍史诗演述的完成。

第五，研究者的"在场"。

我们所说的研究主体的"在场"，主要基于在田野研究中建立对史诗传统进行观察的客观立场，以免导致分析的片面性。首先，我们要意识到，如果研究者"不在场"，史诗演述会是一种"自在"的状态；而研究者的"出席"，会多多少少地改变这种从来都是处于"自在"状态中的民间叙事活动的。毋庸置疑，录音、摄像、拍照等技术手段会不同程度地影响演述人的情绪，大家都有类似的经验总结。关键问题可能不在这些外部的表现，而在研究者是以怎样的身份和角色进入演述场域的。我发现在美姑的田野跟踪过程中,因为我与演述人曲莫伊诺之间的亲缘关系,加上我自己的族籍身份,有时还有父亲在民间的声望,这些因素统合到一起时,往往直接形成了一种亲和力,也改变了我与在场受众的关系,缩短了观察者与被观察者之间的距离,短暂的陌生化过去之后,人们很自然地接纳了我,当然这种接纳并没有完全消除我的"外来者"身份。若研究者能恰当地处理好"自我角色",则有利于为下一步的观察寻找自己"在场"的位置。

其次,研究主体的"在场"并非指单纯地置身于田野,或有一段田野经历,而是说针对具体的表演事件及表演事件之间的关联,来寻找自己的研究视界与演述传统的融会点。具体来说,研究主体的"在场"是由以上"五个在场"的同构性关联为出发点的,要摒弃仅在演述人与研究者之间进行一对一的二元对立模式,也就是说不能仅仅只满足于发现演述人,也不能将考察一个关系传统、表演事件、听众、演述人这四个基本要素及其相互关系构筑的、始终处于动态之中的演述过程简约为对一位演述人的访谈,也不能将这位演述人可能为学者研究提供的单独表演当作田野目的。因为脱离现实环境、脱离受众"在场"的录音、录像,虽说也有不可忽视的价值,但不能作为制作史诗演述文本的田野证据。

最后,研究主体的"在场"是一种双重行为,既是他观的,也是内省的;既是文化的经历,又是学术的立论。这首先是因为学科要求我们必须出入于表演传统的内部与外部去进行论证、分析,方能得以避免"进不去"或"出不来"的双重尴尬。因此,主体对自己所选择的演述场域必须依据以上四个要素的同时"在场";此外,要对某些游离于传统以外的、特定的表演事件、对某些叙事母题、叙事情节或个人趣味的偏好，都必须保持清醒的自我审视与不断的反省。

在以往的田野中，学者对自己的"在场"并无严格的界定，常见的方式就是约请演述人到自己住的宾馆、招待所为自己的学术预设进行表演，即使进入田野，也往往忽略以上"四个在场"的相互关联，因此不能提供更多的表演信息，尤其是听众的反映、听众和演述人之间的互动等更丰富的细节；其后的文本制作过程就免不了层层的伪饰与诡笔，使人无从厘清田野与文本的真实联系。显然，这种田野取向植根于一定历史时期的学术实践过程，人们对史诗田野关系的建立与研究视界的确定尚未形成系统的、深刻的学理认识，研究主体也因种种自我倾向失去了能动的田野反观，因此将自己的"在场"与否和自己的学术目标、理论预设、观察手段和田野角色协调一致，甚至本末倒置地将自己的主观意志作为唯一的田野选择。

总而言之，以上"五个在场"要素是考量田野工作及其学术质量的基本尺度，同时我们还必须强调这"五个"关联要素的"同构在场"，缺一不可；其间研究主体与研究对象的关系可以视作一个4对1的等式，而非4加1或5减1。一则是因为研究主体的背景是一种既定的、不可能完全消失的边界；二则也是因为这道边界的存在，可以帮助我们在不同的场域中调整角度。如果无视这道边界，就会失去自己"在场"的学术理性，也就失去了视线的清晰与敏锐，甚至还会出现一种学术反讽："研究萨满的人最后自己也成了萨满。"

这里，我们不妨从演述场域的讨论回到本文的开头，再度考量"民间叙事传统格式化"的种种症结，便会发现本文转换过程中的那一系列问题到此也变得更简单而明晰了：仅从《勒俄特依》的文本"整理"过程及其手段来看，以上"五个在场"全都变成了"缺席"。因而，仅仅在各种异文之间进行"取舍"和"编辑"的做法，无疑忽视了史诗演述传统的特质及其文化规定性，在这一重要的彝族史诗文本制作过程中留下了不可挽回的历史遗憾。从另一个角度看，如果我们在田野研究中，能够正确理解和把握以上"五个在场"要素，也就能够提供充满细节的文本证据，以避免重蹈"格式化"的种种危险。

田野工作模型：方法论意义

民间文艺学家刘魁立先生曾一针见血地指出"活鱼是要在水中看的。"以往的"勒俄"研究往往忽视了对口头论辩传统"克智"的同时关注，而负载其中的史诗演述也因种种原因被剥离出来，仅仅作为固定文本来进行解析和阐释，导致的弊端之一就是我们一再反思的"格式化"问题及其对相关学术阐释的负面影响。这促使我们在田野过程中不断回首文本/语境断裂之后的史诗研究，从中寻找恰当的"坐标点"来矫正自己的田野研究视界。与此同时，我们也愈加意识到演述场域的确定也关系学术阐释的相关论域，倘若演述场域的确定出现了偏离与错置，在"五个在场"要素及其联动关系上发生了"违规操作"，实地的田野研究乃至随后的学术表述都会出现相应的悬疑与问题。因此，本文作为个案研究，在对"演述场域"的这一术语进行概念上的界定与提炼的同时，从田野工作模型的方法论角度提出以下初步的学理性总结，想必对廓清学界在田野—文本之间产生的一些模糊认识是有必要的。

第一，在方法论层面上，建立"演述场域"的概念相当于抽象研究对象的一种方式。演述场域的确定，能够帮助观察者在实际的叙事语境中正确地调整视角，以切近研究对象丰富、复杂的流变过程。比如说，在诺苏史诗田野中，演述场域的清晰化，有助于我们考察史诗传统在民俗生活中是怎样与具体的叙事语境（如人生仪礼）发生联系的？史诗传统内部的叙事界域及其表现在哪里？史诗本身的演述场域又是如何与其他民间叙事场域（如"克智"论辩）发生联系的？在何种程度上、以何种方式发生联系的？在时间点与空间点的坐标系上，史诗叙事与表演行动或言语方式（说/唱）是怎样发生联系的？因此，演述场域的确定首先能够提供一种主动建立田野关联（field relations）的学术自觉。

第二，在具体的操作层面上，依据个案研究的目的与需要，演述场域的范围与界限也应当是流动的，而非固定的。这是由于史诗的每一次表演都与任何一次有所不同，因而演述场域的界限也相应地随着表演的变化而变化。这种界限只能在田野中通过追踪具体的表演事件才能最后确定，属于一种经验层次的实证研究框架，有多重"透视窗"的意义。比如，我们可以将"克智"论辩活动视作史诗的一个演述场域；婚礼上、葬礼上、送灵仪式上的史诗表演也都可以视作一个个特定的演述场域；与此同时，某一次婚礼中的"克智"论辩可以视为一个演述场域，而在女方家举行的史诗转唱"佐"与在男方家发生的史诗论说"克斯"，则可视为两个时空转换中的亚场域；那么同样，在葬礼上的史诗舞队赛唱"伟兹嘿"与"卡冉"雄辩中的史诗赛说也可视为同一空间中不同时间点上的两个亚场域；以此类推，在送灵大典上毕摩仪式经颂中的史诗引唱"朵提"与"卡冉"雄辩中的史诗演述，也可视为同一个时期中不同空间点上的两个亚场域。这样随着演述场域的变化，我们的观察视界也同样会主动跟进，那么最后得到的表演结果——文本也就会投射出表演行动的过程感、层次感、音声感，其文本记录的肌理也会变得丰富而细致起来，同时也能映射出演述传统的内在品格。

第三，在研究视界上，因为演述场域的确定基于关系性思考，也就是说在坚持场域关联性原则的同时，不能把一个场域还原为另一个场域，在史诗研究中也就不能把一次表演还原为另一次表演，更不能将"格式化"之后的文本翻译还原为实际的表演场域。演述场域之间存在一种相对的边界，这就为史诗研究确立了一个相对稳定的"透视窗"，来观察处于流动、变化中的史诗演述传统，捕捉每一次表演事件，并可凭借"这一次"表演去观照"每一次"表演，从而寻绎出史诗传统内部的叙事法则及其表演分衍的系统与归属，找出史诗演述中叙事连续性的实现或中断及其规律性的嬗变线索。这是观照史诗叙事的生命情态和阐释口头诗学的一个重要角度。因此，可以说，演述场域为我们提供了一种反观性与互照性的考察视界。我们说到的"叙事语境"是传统本身所依托的文化生态，是客观的现实存在；而这里所界定的"演述场域"作为研究观察方式的建构，则取决于田野工作者的学术主动性，它既能提供将特定的研究对象——"这一次"表演事件——从表演传统中分离出来的一种手段，同时又能帮助我们梳理出"每一次"表演事件之间的关系环带，从而找到史诗传统的生成结构和运作机制。

第四，在田野到文本的学术转换与学术表述层面上，对具体演述场域的"深描"，有助于对口头叙事这一语言民俗事象的表演情境做出分层描写，形成关于表演过程的民俗学报告。尤其是对体制宏大的叙事样式而言，对其演述场域的界定关系对叙事行动本身及其过程的理解，从而对表演的深层含义做出清晰的理解与阐释，使学

· 297 ·

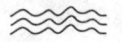

术研究更加接近民俗生活的"表情",更能传达出口头表达文化或隐或显的本真与蕴含。如此设想,倘若我们依据演述场域的变化来描写具体的表演过程,由此形成的表演报告(report)应与表演记录(record)同等重要,这将有助于细化和完善民俗学文本的制作流程。也就是说,我们最后得到的史诗演述记录(a record of epic performance)与史诗表演报告(a report of epic performance)应一同构成学术表述的双重文本(text)结构,我们的文本阐释也就有了田野证据的有力支撑。

第五,"演述场域"的确定,有助于在口头叙事的文本化过程中正确理解史诗异文,也有助于从民俗学过程来认识异文的多样性,进而从理论分析层面做出符合民间叙事规律的异文阐释,否则我们没法理解异文及其变体。由于"演述场域"的不同和变化,"每一次"的表演事件也会相应地出现不同的史诗文本。每一个史诗文本都是"这一个",每一位演述人的任何一次表演都是"这一次",而且在一次仪式化的史诗表演活动中,我们往往得到的不只是一个文本。更不用说,两位或两组表演者的演述也会同时形成两个独立的表演文本,甚或是四个(两个论说本与两个演唱本);同时,也极有可能得到的是一个未完成的"文本"(表演因种种原因中断,比如论辩双方的实力悬殊,不能形成竞争机制,也就不能激活史诗叙事的延续与扩展),因而也会深化并丰富我们对史诗异文的研究。

第六,在彝族"克智"论辩这个传统的史诗演述场域中,由于论辩本身的竞赛性质所规定,使得史诗演述本身成为一种争夺话语权力与文化资本的竞技舞台,这里的确潜藏着社会学意义上的"权力空间的争夺":表面上体现两位或两组论辩者之间的话语对抗,实质上则是两个家支及其社会关系的势力较量,表演者在竞争中的输赢关乎个人的荣誉与声名，也关乎其所代表的家支在社会公共生活中的地位与权力，这是论辩本身长期以来都以主方—客方为社会关系网络象征的一种内隐的话语实质。因此，论辩本身的意义更为丰富、复杂，场域意义也由此更为广阔地向外延伸至表演的语境（社会关系丛）。此外，客观上这是论辩活动长此以往、经久不衰的一种内在磁场，也是"克智"能手不断提高论辩技巧和史诗演述能力的潜在驱动力，但史诗演述本身早已经超出了个体的言语行为，成为社会话语权力的象征。因而，演述场域的社会学观照，是我们考察古老的口头叙事传承在当前民俗生活中依然发生着强大功能的一个视角。

综上所述，本文基于学术史的反思，在田野与文本的互动和关联中，引入"民间叙事传统格式化"问题和田野工作模型的个案讨论。若能在某种程度上对史诗田野研究与文本转换有一种全局性的参考意义，若能引起学界对田野主体性的关注和进一步的讨论，若能有学者跟我们一道从中做出本质性、规律性的发现，并提出一套切实可行的民俗学文本制作规程和更细密的操作手段，我们也就会感到无比欣慰了。

民间叙事的神话范例
——以后土信仰与民间口头叙事为例

尹虎彬[①]

华北为燕赵旧地，历史文化悠久。易州历史上佛教、道教比较发达，这些都对当地民间信仰产生了深远影响。明末清初这里受京畿文化影响，民间宗教寺庙星罗棋布。明代以来，河北随着商品经济的发展逐渐活跃起来，易州则以洪崖山为中心形成了地方宗教文化中心，逐渐形成了后土崇拜的地方传统，它是古代国家正祀演变为民间祭祀的产物，其时间当为金元以后，特别是明末随着道教走向民间而形成的。明代以后正统的道教衰落并走向民间，这时，许多国家正祀被民间加以改造，设立偶像和庙宇就日益兴盛了。明代中叶以后，民间宗教兴盛。地方化是民间信仰的现实选择，这是由民间信仰的功能决定的。功能就是需求。信仰的稳定性是民众共同参与的结果。河北民间宗教里的神明都是本地人，都有俚俗尽知的口头传说。

后土祭祀的仪式活动形成了一个信仰共同体，它以共同信奉后

[①] 作者简介：尹虎彬，中国社会科学院民族文学研究所研究员、博士。

土为精神基础，以一年一度的后山庙会为纽带，以定期朝山进香为义务。在河北以洪崖山后土皇帝庙为中心的方圆数百里范围内，后土为民间崇拜的主神。后山庙自清代以来香火很盛，历史上经历过1938年抗战、1949年、1958年、"文化大革命"，以及1984年的恢复等历史变迁。三月十五日后土庙会，其组织很严密，仪式活动有统一指挥，是按照顺序进行的，是附近各县各乡民间会统联合组织的后土普祭活动。①

现在我们可以对后土崇拜做一个最简单的定义：它是一种膜拜仪式。我在此进一步以膜拜仪式（cult）这一术语来特指民间的神灵与祭祀传统。膜拜仪式是一种含有仪式和神话成分的现场活动。对后土的祭奠在河北民间季节性的重复中处于中心地位，民间社会对神灵的祭奠具有循环的特性。与此相关，笔者将在以下的论述中说明本论文的一个重要的理论假设：神灵与祭祀是民间叙事传统的原动力。在地方性层次上的后土祭祀，它对宝卷、民间叙事传统的影响是很重要的。我们可以在较为广泛的社会历史背景下，通过后土崇拜的地方传统，来了解一个地方性的民间叙事文本的实现过程。

---

① 冀中音乐会，分布于河北定县、易县、涞水、定兴、徐水、新城、雄县、清苑等数十个县市的村镇中。音乐工作者对冀中管乐的调查始于1930年前后（如刘天华），此后，1946年华北联大，1950年杨荫浏，1986年中国音乐研究所，1993年6月至1995年4月中国音乐研究所与英人钟思第（Stephen Johnes），又陆续做过连续调查。参见乔建中《民间鼓吹乐研究——首届中国民间鼓吹乐学术研讨会论文集》，山东友谊出版社1999年版"开幕词"；另参考曹本冶、薛艺兵《河北易县涞水的后土崇拜与民间乐社》，《中国音乐学》2000年第1期。

一

后土崇拜仪式与仪式表演是由神社来承担的。在河北音乐会和佛事会等民间会统，它们拥有成套乐器和经卷，固定的演练场所，依托于村里寺庙做仪式活动。当一村有数个会统之时，各个会有各自外围组织和空间管辖范围。音乐会为神社，这个性质决定了它的职能范围，其中有相当部分与祭祀典礼仪式有关，音乐在其中起到沟通人神的作用。礼制、礼祭、礼教带有宗教性、等级性和伦理主义。它的活动，诸如娱鬼、游庙、拜庙、丧事坐棚、求雨，都与祭祀相关。其社会职能是敬神礼佛祭天地，且为村民超度亡灵、净宅。民间乐社设立神堂，拥有神像、经卷、乐器，演奏音乐以娱神灵，逢年节举行踩街拜庙等仪式活动，所有这些都表明乐社的核心职能是为民间宗教信仰服务的。神社的血缘根基与传承模式适应了儒家式社会的特点。①

河北民间会统分布密集，有几代以上传人。它们之间具有共同的行为模式、组织制度，具有同宗村社的文化背景。中国传统文化的血缘根基，决定了中国的宗教传承机制："既无另设宗教组织的必要，也就没有入教的手续以及教徒非教徒之分，宗法等级组织下的成员都是传统宗教的信徒。"传统的礼教把祭礼当作教化的手段，强化宗法制度中的"敬天法祖"的价值取向。民间信仰以这种血缘根基的宗法制度为基础，属于多神信仰；以天地崇拜为中心的自然崇

---

① 参见张振涛《民间乐师研究报告》，《民间鼓吹乐研究》，山东友谊出版社1999年版，第241—247页。

拜，都将祖先崇拜为核心内容。可以说，民间信仰借以表达的文本、神灵及其偶像、对偶像的膜拜，这些信仰的行为都与祖先崇拜不直接关联；它的性质关乎神圣世界。在这种神圣崇拜的背后，它的动机却是实用的、世俗的、具体的，那就是敬祖追远。中国人对于天堂和地狱、三世轮回的信仰，不如对祖先诚笃，不如对后代更为用心。敬奉祖先、繁衍子孙，是为了自己也被后人奉为祖先。

这项研究涉及这样的问题，在一个活形态的民间传统之中，宝卷是如何被表演和传递的。因此，研究宝卷不得不探讨与宝卷有关的民间组织，研究它们如何拥有并且利用宝卷，研究艺人的训练和演唱过程。从这样一个实际存在的过程中，我们感到宝卷不再仅仅是书写文本，不仅仅是供阅读的，毋宁说它是用来表演的，它是表演的底本。活形态宝卷的消失就是从它的音乐的消失开始的。无人能唱的宝卷只能束之高阁。宝卷的生命是表演，真实的表演，这种表演的音乐形式当初是由宗教寺庙走入民间的，降格为民众仪式生活的一部分，为人们的信仰行为和传统的乡村生活服务。

民间会统后土祭祀活动直接促进了易县、涞水跨村落的宝卷传递。最早的后土宝卷是《承天效法后土皇帝道源度生宝卷》，为易州韩家庄善会刊刻。后山传说里讲到，满城县韩家庄有个韩十三娘，她是后山庙九龙殿的九天玄女之一。由此可见，该村刊刻宝卷与后土崇拜和祭祀应该有一定关系。韩家庄本后土卷与秘密宗教的传播有关。这一点可以从易县各村落曾经流传的其他宝卷里获得证据。易县流井乡马头村后山庙，不仅有《后土宝卷》，还有不少秘密宗教宝卷。从这些黄天教经卷的流传，我们可以断定秘密宗教在后山一带的传播。涞水县高洛村明末清初建庙。康熙末乾隆初年高洛村已有神社，有香头，且有宝卷。所以，这一带康熙年间民间宗教活动很活跃。我们注意到一村之内数个会统之间的经卷传递现象：请经和馈赠。

后土宝卷流布与后土祭祀有关。它的流布曾经与民间秘密宗教有关。后山庙附近的民间佛事会和音乐会也藏有《后土宝卷》，它们大多数是1990年以后，为适应后山庙会或后土祭祀活动的恢复而重新抄录的，这一现象的意义在于，我们可以从中看到宝卷流布的大致情况，它是与民间会统的后土崇拜的仪式活动相关联的。只抄写半部宝卷的现象说明，这时的宝卷只是为了应付表演，在后土祭祀活动中请神时使用。[①] 我们注意到后土宝卷的流布是与后土庙的分布及后土祭祀圈相互重合的。一部宝卷由本地向次级区域的传播，是由祭祀推动的，在那里一个大的节日每年都要在固定的一个寺庙里举行。河北后土宝卷的传递呈现出一种可见的流布过程。后土祭祀圈以洪崖山为中心点，它聚集了附近村落群体，又向四周扩散更为统一的传统，即后土信仰的传统。宝卷演唱有仪式般的保护和拯救的功能。宝卷的演唱倾向于具有表演的背景，此背景的导向一是仪式的，二是娱乐的。这两者在表演背景中共存，仪式和娱乐互相并不排斥。可以概括地说，河北民间的后山老奶奶的叙事传统，其功能便直接表现为仪式和神话的作用。

后土宝卷主题是无生老母信仰的余絮。传统的教派宝卷主题包括：传授经卷的教主的自传性陈述，对这些神谕经卷的自悟，列举教派名称及会众、创世、普度、末世神话、禅定（内参）、仪式、道德说教、地狱描绘、社会观念。宝卷主题范围是介于俗信和经典佛教之间的地带。宝卷具有强烈之神话意识，讲述创世或诸神之故事，

---

① 参见薛艺兵《河北易县涞水的后土宝卷》，《音乐艺术》2000年第2期。

神明以梦的形式脱离神形变化为凡人。宝卷号召人们脱凡入圣。当然宝卷中渗透了道德伦理观念，包括儒家之伦理，为中下层民众所信仰。①

早期的后土宝卷，它的主题是宣扬秘密宗教的。如无生老母、八卦教教义。河北易县涞水民间《后土宝卷》，其主题遗留了上述一些内容。明代的无为教把无生老母信仰具体化、定型化，塑造出无生老母这位最高女神的形象，出现了老母化为沿街乞讨的贫婆的形象。归圣主题讲老母丹霞洞修炼三十二载之后，真灵性升天界。后土老母化善门，苦海撑船，度化婴儿和姹女。化愚度贤主题讲述后土老母脱化——贫婆下凡，这一伪装及其自述身世的谎故事，在宝卷中已成为独立的叙事成分，它反复出现。伪装和谎故事为一特定主题，这也出现在希腊史诗之中。这些主题具有普遍性。

宝卷是在传统诗学的框架之内被编织出来的，造卷的人按照传统的范例进行编制，他的创造性表现在他能够在多大程度上最有效地利用传统给定的形式，向民众灌输教派思想或民间信仰。宝卷具备了一般宗教经卷的语言、篇章结构特点，利用了中国古典诗歌的艺术手段，同时也具有地方性、民间性和口头传统的叙事模式。从文本的层面来说，宝卷和民间叙事文本，两者之间是互为文本的，两者存在借用、传递、标准化、地方化的动态影响过程。对这个过程的认识必须借助于文化语境的认识来完成。地方性知识就是宝卷的语境。它是我们田野工作中反复取证过程中获得的认识。它包括小范围的观察，如仪式行为、民俗事象，包括神话、宗教，地方社会、信仰群体、仪式生活、口头传统。这些地方性的内部知识，无

---

① Daniel L. Overmyer, *Precious Volumes: An Introduction to Chinese Sectarian Scriptures form the Sixteenth and Seventeenth Centuries*, Harvard University Press, 1999, p. 281.

疑会拓展我们对宝卷文本的认识，即宝卷不仅是字传的、语言层面的篇章，也是心理的、行为的、仪式的传承文本。

我们从河北民间会统拥有的后土宝卷入手，首先研究宝卷的版本，揭示它的文本来源。搞清文本的背景、演变和流布特征。从民间叙事学的角度，研究宝卷的主题和语篇结构。主题研究是为了在宝卷和民间口头叙事文本之间建立一个可以比较的共同层面。更进一步的探讨还在于，宝卷与口头叙事的互为文本的历史意义。这一意义的阐释仍然可以从主题学研究入手。主题分析可以解释一个特定传统内部历史演变的要素。文化传承包括文字的、图像的、口述的、仪式行为的诸多要素，互文性研究把这些要素综合起来，研究文本的传统意义。这一研究也是为理解宝卷与神话、信仰、仪式关系而服务的。

二

民间口头传统中的后土表明，该神曾经是自然神、文化英雄和祖先神。民间传说不曾改变自然崇拜和祖先崇拜神话。后土由古代神话里的神，进入正统道教神龛里，变为四御之一，被民间宗教收为老母神，再到民间信仰里的娘娘神，这一系列语义学上的转变，是中国民间宗教的独有现象。关于祖先和英雄的区别不同于英雄和神的区别，越往后推移，祖先与英雄的界限越模糊。后土灵验的民间叙事是与后土膜拜仪式相关的口头叙事，它多以历史或现实的事件为背景，讲述后土老母灵验的故事，讲述者对神灵的取态上是严肃和神圣的，所叙述之事与当地社会生活有关，同时也表达一种传统的价值观念。它以传统神话为范例，是对传统母题的再利用；表达地方性的民间的观念意识；涉及实际发生的历史事件；以神灵干预的形式来维护现实社会秩序；它与宝卷文本有重合的主题范围，但是，它还包括宝卷一般不常表现的迷信或占验风水、巫术内容；它具有较强的神话和仪式的意味，这是它区别于一般传说的地方。地灵故事这个名称是民间的说法。但是，它不是那种虚构故事，它的特点是真实，带有现场性和膜拜仪式性，具有严肃的意义。总之，它在人们的信仰活动和行为方面划定了一个文化的空间。总之，地灵故事与后土膜拜互为表里。[①]

神话是真实的演说，是一定社会确认其自身现实的一种方式，地灵故事是由神话形成的原则（膜拜仪式与叙事的结合）所控制的，其建构的传统可以描绘为"主题"。创造这类传统故事的中心原则是

[①] 2001年和2002年，笔者先后8次到河北易县、涞水洪崖山一带进行实地调查。田野工作是就河北民间后土信仰、仪式活动与口头传统叙事文学采集证据的过程，该专题调查采用定点、定时、定题日的调查，以事先拟订的理论假设为指导，注意了解河北易县涞水县交界的洪崖山周围的历史遗留庙宇、碑文、地方历史记载，以及口述历史、传说的相关资料。笔者通过该项调查发现这一带大小40多座佛教和道教的寺庙宫观的遗迹，部分残留碑刻20余通，其中非常重要的、与后土相关的残碑10通。该项调查最重要的部分是对涞水和易县至今仍然活跃的民间佛事会和音乐会的调查。这一部分工作属于人类学意义上的回访性质，因为，我所调查的对象即河北民间乐社，从1990年以来成为国内外民族音乐学者的调查基地，我是从民俗学角度进入这个基地的，先后采访了十几个村落的民间会统，了解他们的仪式活动和经卷表演情况。我对20多位民间艺人进行了访谈。我先后8次进行的考察经过如下：2001年8月13日至29日赴涞水县南高洛、东明义、冀家沟、李家坟、匡山村、易县的流井、马头村、豹泉村、神石庄、南洛平村、孔村进行初步摸底考察。2001年9月12日至26日，11月28日至12月13日，2002年2月20日至27日，2002年4月17日至28日，2002年6月15日至25日，先后6次对易县、定兴县和涞水县的几个村落的音乐会进行重点调查，其中的重要收获是发现并抄录《后土宝卷》7种，总计10万余字的抄写文本，这些文本属于民间会统的表演底本，是活态的宝卷。2002年6月30日至12月25日，专门立项收集河北易县、定兴县和涞水县流传的后土奶奶灵验传说，收集100则传说文本，其中精选并移理出典型性的文本45个。以上材料属于研究者亲获得的第一手资料，它包括田野访谈、宝卷文本的采集和抄录、口头传统叙事文本的采集和整理文本，当地的人文地理风貌及历史遗留碑文、地方史志、民间口述历史和传说文本。个部调查资料是以录音、照片、抄本、口头叙事的记录文本的形式保存的。

主题。地灵故事表现了当地民间的社会价值观念。以一定社会的方式肯定、证实其固有的现实。它与社会行为规范密切性，表明它具有神话和仪式的功能。地灵故事的神话学范例起源于丰富的、复杂的、微妙潜隐的传统。何谓范例：范例乃一种对象，它是从类似的好多对象中抽取出来的，作为一种模式。地灵故事最为核心的观念，是求食、求子。这反映了儒家文明的血缘根基。神话里的后土，退番兵，助英雄杀敌。具有国土、邦国守护神的军事职能。后土神在古代能分夷狄，近现代能抵御外来侵略，当代则促进民族团结和国家统一。因此，关于后土神慈悲灵验的传说归根结底是人的传说。而且上述传说时代感极强，具有现实性，当然，它所反映的核心意义、典型场景仍然继承了传统的类型化、模式化的表达方式。现代传说里的后土显然超越了民族和宗教信仰的界限。在西方人看来，文化与区域相连，各地的风俗和语言就标志着各种文化。传说反映出后土为大地之神，是国土之神，能护国佑民；同时它又超越族群、宗教、地方性文化的界限，从而普济四方。

　　陕西蒲城尧山圣母崇拜与河北后土崇拜，两者在类型上相互可以比较，属于同一个层面的文化现象，这主要指两者都处于该地方民间信仰中心，围绕主神而形成的跨村落的民间会统，汉族、北方内陆、旱作农业。有几个比较的共同点：女神崇拜、庙宇、神社、膜拜仪式、祭祀圈、对神灵圣迹的演述。① 当然，两者也是有差别的。易县是近畿、道教、秘密宗教、历史事件多发地带，外部冲击大。这构成了它的地方性色彩。从神灵崇拜故事来说，两地的叙事

---

① 参见秦建明、[法]吕敏编著《尧山圣母庙与神社》，中华书局2002年版，第59—60页；庞建春《水利传说研究：以山陕旱作乡村社会水利传说为个案》，博士学位论文，北京师范大学，2002年，第65页。

有许多共同的主题,这反映出民间造神的诗性智慧大体属于一个想象力范畴。神的身上有一种神圣的光芒,它能够折射出民众的诗性智慧。神是他们按照自己的想象造出来的,适合于社会变化的,协调人与自然、人与人关系的产物,这种神的故事就是农民的意识形态。神话是一种特殊的演说。神话借助神灵的力量来解决人与自然的矛盾,解决生产生活的问题。地灵故事继承了神话的传统的范例,适应现实社会变化中的需要,有些部分是很古老的,如求子、祈雨、春祈秋报等,因为这些是最基本的需求。从禁忌的主题之中,我们看到迷惑、恐惧、威胁、危机,看到选择,看到制度,习俗惯制。

尧山圣母信仰以庙宇为依托,以祭祀和社火为主要内容,以神社为组织实体。关于尧山圣母传说,学者认为:"当地人在讲述她的神迹和圣迹时带敬畏之意,讲述一位一直生活在他们身边的神,是一种指向自己的历史和现实的眼光;更重要的是,这些传说故事伴随着他们对这位女神的崇拜活动,与他们所生存的这个干旱农耕社会息息相关。"尧山圣母传说,主要说女神来历,村姑修炼成真,尧王爷的女儿,受皇封的夫人。她的灵验故事主要是显灵赐雨、救难、惩罚。我认为关于尧山圣母的叙事是神话,就像后土老母灵验故事也是神话一样,他们都是与神灵膜拜互为表里的,都是真实的社会图景,讲述者的取态也是严肃的。这些叙事是农民的诗性智慧,民间的意识形态。

神话的英雄只有一个,那些不同民族中的神话中的英雄尽管千姿百态,实际上乃是同一个英雄被不同的文化赋予千差万别的面貌而已。[1] 信仰传承的类型化是民间信仰得以延续并保持稳定性的条

---

[1] 参见〔美〕约瑟夫·坎贝尔《千面英雄》,张承谟译,上海文艺出版社2000年版。

件。刘魁立先生论述民俗学的历史类型学时指出它的原因：群体性约束，历史记忆的深层积淀，历史和地理环境，传统为保持自己的延续性所形成的传承模式。中时段——社会时间，决定了文化的基本结构，短时段个体时间与具体事件相关联。因此，地灵故事重复生产和变异，只表现在它所叙述的事件可能不同，但是，核心意义则是传统的。只要讲述这些神话的人们的基本需求没有改变，故事的核心观念就不会被弃之不用。[①]

三

我们已经注意到在宝卷之外，"洪崖山传说群"呈现出多层次的叙事类型，上古神话、历史传说、地方风物传说、后山奶奶故事、道教、佛教传说。在华北其他地方的刘秀传说里，救他的人有村姑，不与后土神、张生香、后山庙产生联系。因为这超出了祭祀圈。后土老母灵验的叙事传说却与后土信仰地域范围有关，它大于祭祀圈。后土祭祀圈的社会群落把村姑救驾改变为后土神救驾，因为他们与别的地方那位因救刘秀而死的村姑并无血缘或地域的联系。反过来说，外地人不信仰后山奶奶，也就不会有后土救刘秀的故事。至少，救刘秀的是另外一个主人公。

刘秀传说具有流传时间久、分布地域广和趋同特征，刘秀故事追述了封建国家共同的历史，而其多种多样的地方标签表明，这些故事有着适应不同时代和地域性的能力。核心是关于历史人物刘秀

[①] 参见《刘魁立民俗学论集》，上海文艺出版社1998年版，第97—98页。

的口述传统,通过这些版本,我们可以发现讲述者,他们对具体的叙事材料的运用,这些材料与他们生活的地方有直接联系,如华北的村落、庙宇、水井是地方文化传统的最基本象征物。历史人物传说大于其人物的故事;它同时也是关于地方性的、农村和农民的故事。宝卷利用这些传说,把后山大庙说成是刘秀建立的。这些都表现为将信仰转化为现实权威的愿望。易州在辽、金、元一度为异族统治。后来的八国联军、反洋教、日本占领都留下痕迹。民间对皇帝的叙事还有"帝王还家"的模式。刘秀认后土皇帝为干娘,说明皇帝权力与神权的合一。后山奶奶又是定兴县辛告村王家的姑奶奶,这是血缘关系的虚拟。刘秀可以被视为皇权转化而来的神。后山一带民间传说却不曾改造过自然神和文化英雄,这说明,由皇帝改造过来的神与其他的神是有区别的。这说明他们除了自然神、宗教神和文化英雄以外,还需要一种能由皇权转化而来的、能保护平民最高权力的神。后土救驾、刘秀封神,这两个故事说了一件事:神权和皇权的统一。

董晓萍和美国学者欧达伟研究了宝卷与秧歌的互为文本的意义。两种文本的联系纽带是地方性的宗教朝拜仪式。宝卷在20世纪初被扫荡,但是,这种宗教信仰的表达采取了另外的方式,即戏曲形式。这两种文本同时涉及民间信仰传承的一些核心的观念,这些要素可以在叙事学的主题层面上被分析。比如,僧道度劫的叙事模式来源于一种信仰的核心观念,它可以用宝卷的形式来表达,也可以以戏曲的形式来表达。《杨二舍花化缘》《刘秀走国》都有这样的主题:主人公受难—佛道度劫—历劫生还。这是宝卷最为常见的主题。它的故事文本通常是,主人公外出,途中受难,神灵显现(老母奶奶、观音、真龙、僧道仙人),主人公被营救(方式各异,如托梦指路、药丸、劝善化缘、造庙、诵经等），最后的归宿为大团圆、归圣、丰衣足食、入仕途、尽忠孝等。① 宝卷中的后土老母修行故事、刘秀走国、张斌求子这三个故事，基本上属于上述的模式。不仅如此，河北易县、涞水的口头传承的后土灵验叙事，刘秀走国传说，也同样采用了这样的叙事模式，传达同样的核心观念。信仰的传承本来是多种途径的——字传、口传、心理传承、行为传承。后土宝卷中后土老母演教度生的主题，直接来源于秘密宗教的无生老母神话，但是后来的民间宝卷里的后山奶奶被注入了民间观念。老母纺线、一口米饭救主、猛虎救驾、耕夫救驾等，这些主题来自民间的口头传说。但是，不能否认，元代以来的戏曲，其中关于刘秀的主题也未尝没有影响宝卷的叙事。上述的核心观念与早期的后土作为文化英雄、大地之神的后土，已经相去很远了。

后土宝卷、后土灵验叙事、刘秀传说、河北洪崖山神话传说群，它们属于不同的民俗学题材样式，但是，它们互为文本，具有共享意义范围和共同的历史根源。它们都以地方性的民间叙事为文本特征，以后土崇拜为核心内容，以传统的神话为范例。地方性的宝卷和民间叙事传统，它们是由本地的后土祭奠中发展起来的。历史上国家正祀的后土被民间化，又被地方化，成为本地的村姑，由村姑变而为神。在民间的万神殿内，后土处于中心的位置，在宝卷或地灵故事中她通常要化为道婆下到凡间，神灵开始解决一些当地人的困难，这一媒介的效力和真实性吸引了广大的人群，后土神殿成为重要的仪式场所，在那里吟诵后土的颂歌。对于宝卷的实际表演而言，核心的信仰表现为讲述神的故事，把她作为一位神祇来召唤，

---

① 参见董晓萍、欧达伟（R. David Arkush）《乡村戏曲表演与中国现代民众》，北京师范大学出版社 2000 年版，第 134—135 页。

她的力量便可以显现，以庇护共同体的人们。后土在宝卷里是汉张姑，她在后山修炼40年，她的死亡赋予其最终的力量：死亡就是坐化，真性离开凡体，这件事的作用在当地来说就是故事的"生发点"。它导致了神格化，导致了膜拜，导致了祭奠，最终导致了叙事，这种叙事在宝卷来说是伴随仪式而演唱的，以请神降临。神灵与祭祀是民间叙事传统的原动力。以上这些话，强调了民间叙事文本的地方传统。我们还必须把文本作为文本来看待。现在，我们至少可以在较为广泛的社会历史背景下，了解一个地方性的民间叙事文本的实现过程。

结　语

以往人们对宝卷的探讨属于文本研究，具有历史学的旨趣，突出了宝卷的历史文献价值。按照20世纪民俗学的学科观点来看，这种研究多少忽略了该体裁样式的社会文化意义，文本背后的文化传统和现实关系被抹杀了。现代民俗学要求深入具体文化的现场，其田野工作带有学科发展所提出的新的理论假设，其根本目的是贯彻这一假设去获得经验性的可靠材料。后土宝卷作为该论文的研究对象之一，它的研究价值是多方面的，最重要的一点，它是活形态的文本。河北易县洪崖山一带为宝卷叙事的自然地理和文化景观，这里的后土皇帝在当地叫后山奶奶，它仍然享有人间香火。在河北洪崖山周围参与后山朝顶活动的民间神社，它们是后土崇拜仪式的组织者，同时也是地方村落社会的社火仪式的承担者。宝卷是它们的神圣文本。这是祖先的遗产，它包括表演传统、民间口头传统，今天仍然继续产生着关于后土和后土崇拜的神话叙事，成为民间意识形态的一部分。对研究者来说，笔者试图超越文本研究的局限，把宝卷的文本与民众的现实信仰、这种信仰的外在行为联系起来考察。笔者把文本和它的表演、表演者、表演场合、社会生活和民间组织综合起来进行考察的企图，是出于这样一种动机，即文化是一个整体系统，而文本的功能只有通过这个系统的整体结构才能真正被认识。这样看来，宝卷研究就不仅是文本的阅读。一旦把民间组织、人们的信仰观念、行为规范、社会制度等因素联系起来研究宝卷时，我们就会看到，宝卷已经不是原来意义上的宝卷，它是社会文化系统中的文本，这使得我们对宝卷的认识必然会发生一系列的变化。当我们透过文本来探讨它的传统意义时，传统的意义大于文本。这时我们便不可能孤立地只研究某个文本。后土宝卷与其他民俗学文本，如刘秀走国、后土灵验的民间叙事、地方传说和古代神话、民间神社的仪式、仪式音乐、民间艺人、地方的神灵祭祀传统，这些因素共同构成了彼此依存的系统，只有在这个系统内各个文化要素才具有生命力。

亲缘与地缘：侗族大歌与南侗传统社会结构研究

杨 晓[①]

导 论

2000年盛夏，笔者透过田野作业初次走近侗人乡村生活，其无处不在的歌唱吸引笔者以"大歌民间传承机制"作为硕士学位论文（2002）选题。[②] 在持续的实地考察中，笔者日益察觉这看似庞杂的民间音乐传承体系实则生长在一个相当有序的社会结构中，南侗人对歌唱的操弄和展示无不以此社会结构为基础展开。侗族大歌与南侗传统社会结构之关系，由此成为笔者进一步研究的起点。这篇文章以我的博士学位论文《嘎老音乐传统与侗人社群认同》（2008）[③]

[①] 作者简介：杨晓，四川音乐学院音乐学系教授，民族音乐学博士。

[②] 杨晓：《小黄歌班中嘎老传承行为的考察与研究》，中国艺术研究院艺术学硕士学位论文，2002年。

[③] 杨晓：《嘎老音乐传统与侗人社群认同：以贵州省从江县小黄侗寨为个案的考察与研究》，香港中文大学哲学博士学位论文，2008年。

为基础,试图呈现出近年来我以"歌俗仪式与社会结构"为视域,对南侗歌谣体系尤其是侗族大歌的体验、认知与理解。

大歌,是侗人复杂歌谣体系中的一种,侗语称"嘎老"[al laox]或嘎玛[al mags]①。[al]可准确译为汉语"歌",[mags]和[laox]是近义形容词,在侗语中常作"大"或"老"之用,因此在20世纪50年代的采访中,汉族学者遵"名从主人"之原则将这类歌谣汉译为"大歌"。作为一种典型的多声部歌唱,大歌流布于侗族南部方言区第二土语区两省四县的侗族人生活中,贵州省从江、黎平二县的六洞、九洞、十洞、四脚牛、千二、千三、千五、二千九等地及周边村寨是大歌传唱的中心区域,而广西三江的溶河沿岸和贵州榕江的苗兰、宰荡等地,则是大歌流行的边缘地区。② 对于历史上并无本民族文字传承的侗族民众来说,大歌传统以体系化的传承、全民性的参与和仪式化的展演渗透于本土社会生活的方方面面,成为地域与族群文化的重要组成部分。

当代学者对侗族大歌的系统研究始于20世纪50年代,来自音乐学、文学、民俗学界的学者们对侗歌进行了各有侧重的探索。③ 通过几代学者的持续推进,音乐学界的侗族大歌研究于20世纪50—60年代、20世纪80—90年代及2000年后形成三次研究高峰,已然成为新中国成立以来音乐学家们最为关注的民间多声部音乐

---

① 本文[ ]号之内的拉丁字母均为侗文,所采用文字读写方案均参见欧亨元编著《侗汉词典》,民族出版社2004年版。

② 张勇:《侗族音乐史》,袁炳昌、冯光钰《中国少数民族音乐史》,中央民族大学出版社1998年版,第524页。

③ 相关研究与综述参见徐新建《侗歌研究五十年:从文学到音乐到民俗》(上、下),《民族艺术》2001年第2期。

品种①②。将田野工作与文献研读相结合，笔者意识到，大歌研究虽在深度、广度上颇有积淀，但对民间事实存在的"三对关系"，学界迄今仍未给出令人满意的解释。笔者认为，对如下三对关系的厘清不仅是认知大歌本质的关键且是理解大歌传统当代变迁的基础。

关系一，大歌与南侗传统"亲属制度"之间的关系。对于以倚重乡土、农耕为生的南侗人来说，血亲与姻亲是最直接、基础和重要的社交群体。大歌的传承、传播、习得、展演等无不依托于此人群关系之中，"亲属制度"应该却尚未成为理解大歌民间生存样态的重要法门。

关系二，大歌与南侗传统"地缘结构"之间的关系。以"同地同性做伴"和"异地村寨结盟/联谊"为基础的地缘关系，对于南侗人来说是和亲缘制度同样重要人群结构方式。大歌展演，依托于同地同性同辈的歌班组织，并直接介入款组织、做客圈等地缘关系的建构中，以年度仪式化的歌唱维系着传统地缘结构的稳定与延续。

关系三，大歌与南侗传统"民俗仪式体系"之间的关系。大歌的正式展演总是在某种仪式化的民俗活动中，且在不同时间因不同功能而介入不同的仪式或仪式程序中。目前的研究尽管已将大歌与某种民俗仪式联系起来，但尚未在整体上厘清大歌展演与南侗民间仪式体系之间的结构性关联。

侗族人日常生活中，大歌的展演总是"以仪式化的方式发生于

---

① 樊祖荫：《侗族大歌在中国多声部民歌中的独特地位》，张中笑、杨方刚《侗族大歌研究五十年》，贵州民族出版社2003年版，第14页。
② 张中笑：《撷芳千里侗乡、研读五十春秋：五十年侗族大歌研究回眸》，张中笑、杨方刚《侗族大歌研究五十年》，贵州民族出版社2003年版，第1—27页。

稳定的关系人群之间"。基于此，笔者认为可由"歌俗仪式"与"社会结构"两个关键词入手对上述三对关系进行讨论。

歌俗仪式，是本文在田野考察基础上提出的重要概念，希望以此概括那些"以歌唱为主要行为方式的民俗仪式"①，并强调歌唱展演作为一种具有特定时空与行为主体的程序性、模式化和重复性的行为方式。具体而言，本文以从江县、黎平县的六洞、二千九洞、十洞、千三等大歌传唱的中心区域为主要田野点，以大歌正式展演发生的三种歌俗仪式——果卜冈［gabx gongx］、相度［xeegn dul］、为也［weex yeek］——为主要线索展开。事实上，此三种仪式不仅以大歌歌唱贯穿全程，且分别联系不同的关系人群、发生于不同的民俗场景并达成不同的社会功能，为我们理解大歌传统的"三对关系"提供了最直观的视角。

在人类学与社会学的研究中，"社会结构"的相关研究主要由"制度结构"（institutional structure）、"关系结构"（relational structure）和"具象结构"（embodied structure）三个侧面构成，三者彼此独立又相互补充构成了社会结构研究的核心问题。② 本文所言社会结构，主要指向"关系结构"这一层面，并以"亲缘关系"和"地缘关系"作为研究的核心坐标。在极富乡土性的南侗社会，大歌的展演完全依托在"亲缘和地缘"关系人群之中，并反向作用于此两种人群关系的形成、维系和变迁。

将上述"三对关系"与"两个关键词"相联系可鉴，本文的

---

① 本文对"歌俗仪式"这一概念的使用，建立在仪式学之"泛仪式化"（ritualization）研究趋势上，不将神圣因素视为仪式界定的必然条件，而将仪式化的行为方式作为界定的基础。

② 杰西·佩罗兹、约翰·斯科特：《社会结构》，吉林人民出版社2007年版，第1—10页。

研究一方面指向"文化如何塑造音乐",讨论乡土与族群背景中的音乐传统是什么;另一方面指向"音乐如何作用于文化",讨论侗族人如何利用歌唱传统来复制传统社会结构与人群认同关系。前一种讨论,是对半个世纪以来侗族音乐研究的继承与延续,而对后者的关注则为侗族人文化及其音乐传统的理解提供了一种新的视角和起点。

大歌传统的物质基础与社群格局

侗家村落错落分布于高低山麓坝间,土壤肥沃、气候温润、降水充沛,为水稻生长提供了良好的自然条件,谷物产量占粮食总产量的80%—90%。在关于"万物起源"的歌谣中,"谷种来源"和天地起源、人类起源、祖公迁徙一起成为侗族人最关心的根本问题。司马迁在《史记·货殖列传》中以"地广人稀,饭稻羹鱼"述楚越之地,并言此农耕生活"无冻饿之人,亦无千金之家"。据清乾隆成书的《黔南识略》记载,其时黎平府所产稻米不仅满足百姓日常之需,且"皆运售楚省"。以稻为生,以土为养,侗族人的日常生活安排与水稻的生长周期息息相关,并由此形成一套以"农事—农时"为纽带的传统生活风习与民俗事项。农人们在农忙时插秧打谷忙着做活,在农闲时社交联姻赶着为人,生产与生活张弛有序、交相继替。在此节律中,作为生活、交往、娱乐与休闲的大歌展演多安排在农闲的日子,与农事的忙碌形成此消彼长的衔接局面。

对于以耕种为生的人群来说,常寄一地世代繁衍乃是生活的常态,对"血缘关系"的注重由此成为南侗人团居而村的基础,这种注重体现在日常生活中便是对庞大家族的追求及对祖先敬畏的强调。以父系血缘为线索，南侗人建立起一整套层次分明的血亲关系，并以"家—公—忌—斗"四个连续扩张的单位规范着血亲人群内部之亲疏远近和权利义务。侗人将最大的血亲单位称为"斗"［douc］，同斗家庭以同一姓氏表明其在父系血脉上的关联，并作为严格的"禁婚圈"以强化内部人群的血亲或虚拟血亲渊源。一个"斗"由数个"忌"［jih］①组成，同忌家庭共一曾祖父，并在其内部人员的葬礼中共守"禁食"习俗。"公"［ongs］是共一祖父的家庭形成的血缘群体，同"公"家庭是最亲密的亲属集团。当侗族人言及自己的"家"［yanc］时，均指向一个严格的三代或两代"核心家庭"。

　　本文标题之所以刻意使用"亲缘"而非"血缘"这一亲属概念，是希望强调南侗传统中"姻亲关系"与"血亲关系"几乎同等的重要性。大多数南侗村寨传统上都以本寨或邻寨为单位施行"近地缘异斗内婚制"，姑表婚是最常见的南侗姻亲关系。因为姻亲家庭与血亲家庭同处于一个地缘单位之中，所以对于核心家庭来说，两种亲属群体在不同的生活场景和特定仪式中分别扮演着不可替代的角色。透过同斗男性血脉的衍生和女性在不同斗之间的婚姻交换，南侗社会以村落为单位、以"内婚制"为基础在近地缘内建立起了一种层次分明的亲缘关系。封闭的婚姻流动，更强化了这种亲属制度的内向性和封闭性，使之成为每个村民赖以为生的人际基础。

　　南侗传统社会结构的完整性，共时且同等重要地建构在"亲缘

---

　　① "忌"是"兄弟忌"［jaix nongx jih］的简称，实指一个明确的祭祀单位，其名称源于丧礼中"同忌家庭禁食"的习俗。

关系"与"地缘关系"两条脉络上。以村落为基本单位,以婚姻圈和联谊圈为参照,笔者认为南侗的地缘结盟可以分为"同地缘""近地缘"与"远地缘"三个层次。简言之,以"近地缘异斗内婚制"为基础,本文所谓"近地缘"村落是指那些发生大型、长期、稳定婚姻交换关系的村落;"同地缘"村落则是指近地缘范围之内因家屋聚居地不同而被划分开的若干地缘单位,本文以局内观念谓之"寨";"远地缘"这一概念并非指两个村落之间地理距离的远近,而是指那些彼此之间没有大型稳定婚姻交换而又长期互通往来的村落。当然,"远地缘"村落间在地理距离上大多比"近地缘"村落间要更远一些。

与三层地缘关系相呼应的,是每一种地缘关系都有相应的地缘组织和互动形式。如果说近地缘关系主要建立在异斗人群的婚姻交换之上,那么"高伴"[gaos banl] 既是同地缘内部的基础组织,也是近地缘人群互动的基本单位。[banl] 意为"朋友、伙伴",[gaos] 则可意译为"档、帮、组、班"等量词。以"同地—同性—同龄/同辈"为基本建构条件,"朋友档"成为南侗最核心和基础的地缘人群结盟方式。在大歌流行的中心区域,"高伴"又称"高嘎"[gaos al](直译:歌班),侗族人以 [al](歌)来强化这一同地缘组织重要的歌唱功能。远地缘关系在传统上维系于以立誓结盟、自卫自治为基础"款组织",并在当代转向依托于寨际联谊互访的"做客圈"。侗族人将村寨之间长期稳定的大型集体互访称为"为也"[weex yeek](汉译:做客),正式的"为也"多发生于两个有长期交往的远地缘关系寨间。以三/五年为周期,两寨民众在长达五至九天的村落集体互访中结下深深情意并频繁发生各种形式的互动与互助。

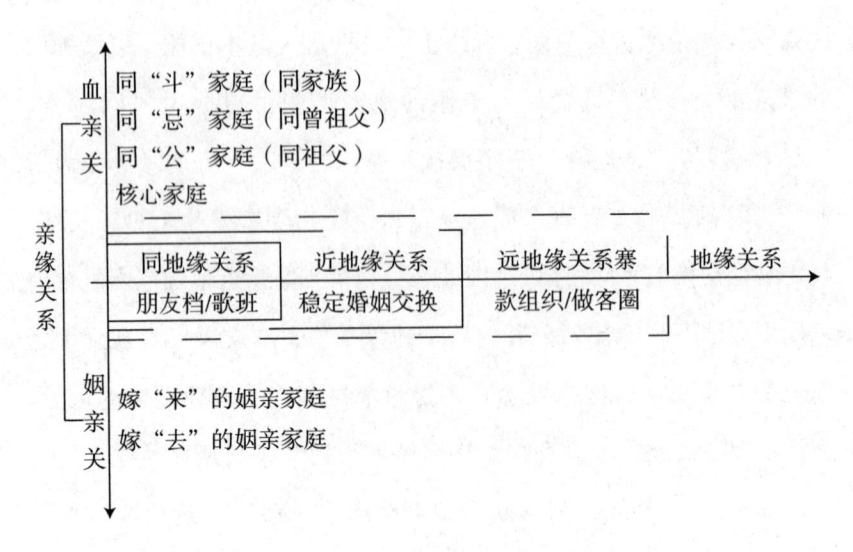

```
血         同"斗"家庭（同家族）
亲         同"忌"家庭（同曾祖父）
关         同"公"家庭（同祖父）
系         核心家庭
亲
缘              同地缘关系  近地缘关系   远地缘关系寨   地缘关系
关
系              朋友档/歌班  稳定婚姻交换  款组织/做客圈

姻         嫁"来"的姻亲家庭
亲         嫁"去"的姻亲家庭
关
```

图1 以亲缘—地缘关系为基础的南侗传统社会结构示意

由图1可见，以稻作为生的南侗人常寄一地，"亲缘"和"地缘"为其传统社群最重要结构脉络。这条脉络以"核心家庭—同地缘朋友档"为内核，以"同斗家族"和"远地缘关系寨"为边界，并透过"近地缘异斗内婚制"将亲缘与地缘紧紧捆绑在一起，形成传统南侗超稳定的社群格局。在此格局中的大歌传统，其传承、展演、传播均双向依附于亲缘与地缘人群结构，并反之成为南侗人维系、强化与重建社群结构不可或缺的符号。

歌班习歌：血亲关系与同地缘关系的转化

对于一种"全民参与"的歌唱风习来说，大歌传统得以展开并延续的基础是"全民习得"。所谓"全民"，是指大歌流行中心区域村落中的每个人都应该透过制度化的传承，习得并展演大歌。从社会关系角度来看,这个传承与习得的过程很大程度上依赖于"血缘与同地缘"关系。

大歌的基本演唱形式是以"集体"为单位的"分声部"歌唱,此"集体"在侗族人观念中便是"高嘎"(歌班)[gaos al]或称高伴(朋友档)[gaos banl]。不过大歌流行区域的侗族人更习惯用"歌班"称谓这一组织以强调其与"歌唱"相伴生的各种行为方式。

对于以"群体"为基本社交单位的南侗人来说,"个体"的绝大多数社会活动都只有依托人群方能展开。南侗人一生中的大部分时光,都同时属于某个家庭和某个朋友档/歌班,家庭是亲缘关系的核心,朋友档/歌班则是地缘关系的基础。个人只有同时拥有亲缘与地缘两种身份,才有可能正常地融入南侗以群体为单位的社会结构与社群交往之中。

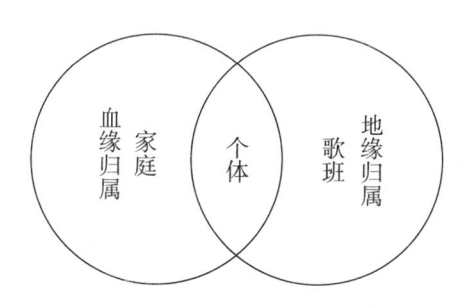

图 2　以家庭—歌班为核心的个体归属模式

大歌流行区域的歌班组织,建构在三个同等重要的原则上,强调参与者在"地缘""性别""年龄/辈分"上的同一性。"同性做伴"是歌班形成的基础,未婚女性歌班多以同龄或近龄为组织依据,而男性和已婚女性的"辈分"则成为歌班组合的主要条件。因村落情况各异,歌班在"同地缘"的绝对条件下又以"同血缘"

为参照条件，表现出更复杂的组合情况。①

整体而言，大歌的民间传承主要透过"亲子相传"与"师徒相授"两种管道。

（图片1　年仅两岁半的小姑娘歌班与她们的母亲在一起唱歌）

对于当地多数侗族人来说，学歌是一辈子的兴趣，而教歌是一辈子的责任，父母/公婆们的歌唱传授与儿女/孙儿们的歌唱学习发生在重叠的时空中，"亲子代际传歌"是大歌传承的主要形式。在女儿歌班正式请歌师教歌之前，母亲们早以女儿学歌之名长聚一处，唱歌、看孩子、做针线往往同时发生。聆听母亲的歌唱，是这个时期女儿们学歌最重要的途径。一般在6—7岁，女儿歌班便会请歌师系统教习唱歌，歌师教歌时母亲们大多陪伴左右辅助歌师教学。待

---

① 一般来说，在人口众多、占地广袤、姓氏关系复杂且各姓氏杂居的大型侗寨，仅以"同地缘"作为歌班构成的主要标准（如3500人以上的大型村落小黄村）；而人口少、占地窄、姓氏关系简单且各自拥有稳定宅基地的侗寨，则将"同血缘"作为歌班构成的第二重要标准（如人口不足1000人的小型村落占里村）。

到女儿们初涉鼓楼歌场，穿银戴花坐在前排放声歌唱，母亲们还需屈身坐在自己的女儿身后帮助她们提词对歌。在大歌流行中心区域，这种学歌与对歌中的"伴随"作为母亲的基本职责直至女儿出嫁方休。尽管青年男子歌班对父辈或公辈歌班的依赖明显弱于女性，但这并不意味着男性长辈在大歌传承中的缺席。一般来说，父亲们将儿子交与本寨歌师们习歌，但在鼓楼对歌的重要时刻，父亲或祖父歌班便会挺身而出，帮助甚至顶替儿子或孙子歌班与姑娘歌班应和酬答。

在全民习歌的社区中，能成为"歌师"［sangh al］不仅要有优美歌喉、海量曲库、精通歌词创编，更重要的是要长期为歌班无偿传教。"同性相传"与"同地缘相传"是歌师传歌的两个基本原则。在同地缘单位中，歌班首先尽量请与成员中有血亲关系的歌师（如歌班成员的父母、祖父母或外祖父母）为其传歌。随着歌班曲库的扩展，他/她们会先向同地缘单位没有血缘关系的师傅请教新的曲目，然后再向近地缘单位的歌师求歌。当一个歌班已经相当成熟并形成自己的风格，他/她们还有可能去（或请来）远地缘村落的歌师进一步学习歌唱技艺。换句话说，歌师向自己有血缘关系的歌班及同地缘任一同性歌班传歌是义不容辞的责任，而如有兴趣，他们也有可能在近地缘和远地缘的村落中同性相传。

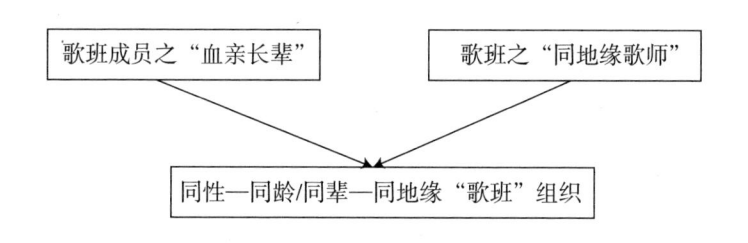

图3　大歌传承核心教—习关系示意

在二千九洞一带的南侗村落中，至今保留着一种歌班祭祀仪式——"果卜冈"[gabx gongx][1]，在南侗人的观念中，"果卜冈"是民间仪式系列"做白口"[weix beil hous]的分支变体。人类学者认为"做白口"所处理的均是侗族人社会活动的"疾病"与不协和。据执仪鬼师称，"做白口"在南侗相当普遍，只要人与人或集体与集体之间发生不睦，小到家庭矛盾大到村落纷争都可以通过此种仪式求得化解,[2]作为"做白口"仪式的一支，以"歌班"为仪式主体的"果卜冈"仪式，所处理和协调的即是歌班内部与外部的人际关系。

"果卜"[gabx]在侗语中实指衣装上带、线，而"冈"[gangx]则是一个动词，"果卜冈"在日常用语中意为"将线拴在一起"。歌班成员在"果卜冈"仪式中，将各自贴身衣服上的线头扯下交予鬼师，鬼师在请神、念咒、画符、作法等一系列仪式行为过程中，将歌班成员衣服上的线拴在一起，以此象征性的动作祈求歌仙"四也师傅"保佑歌班成员内部团结齐心、歌声婉转，外部亦无奸人诟病离间。除了以酒肉侍奉歌仙之外，歌班成员要在仪式中献唱"大歌"一首，将其作为"祭品"向歌仙献祭。作为歌班的核心仪式，"果卜冈"仪式的种种行为均指向以歌班为单位的集体凝

---

[1] 关于"果卜冈"仪式，参见杨晓《"果卜冈"仪式：嘎老传统与侗人时空观的养成》，曹本冶：《中国民间仪式音乐研究：华南卷》（下），上海音乐学院出版社2007年版，第163—241页。

[2] 《侗族通览》中提到：侗人每遇家境不旺，百事不昌盛，众说纷纭，便以为这是鬼之差使，这时需要请鬼师"做白口"；另遇被人迫害，得救免灾，群众舆论过度，败坏名誉，认为这是人之所为，也需要请鬼师"做白口"杀狗消灾，招待亲友同餐，并将神物（有些地方是用芦苇和狗头）置于门侧，表示洗刷众人之说，杜绝类似事件再发生。参见杨晓《"果卜冈"仪式：嘎老传统与侗人时空观的养成》，曹本冶《中国民间仪式音乐研究：华南卷》（下），上海音乐学院出版社2007年版，第208页。

聚、协调与互动。从仪式现场来看，这里所指的"集体"，是以歌班为核心的、以歌唱为纽带的若干相关人群。用小黄村姑娘翠兰的话来说："来参加我们'果卜冈'的，都是和我们歌班关系最要紧或者最要好的人。"以成年未婚女性歌班（以下简称"姑娘歌班"）的"果卜冈"仪式为例，参与仪式的人群与姑娘歌班一般构成四种关系：歌师（同地缘、血亲/虚拟血亲关系）、歌班成员之父母（同地缘、血亲关系）、歌班之同地缘异性歌班（虚拟血亲关系，姑娘歌班称其"兄弟歌班"）、歌班之近地缘异性歌班（虚拟姻亲或准姻亲关系，姑娘歌班称其"纳汉歌班"）。纳汉歌班的在场澄清了南侗歌班建构的本质目标之一为"透过歌唱在近地缘范围内建立婚姻交换"。

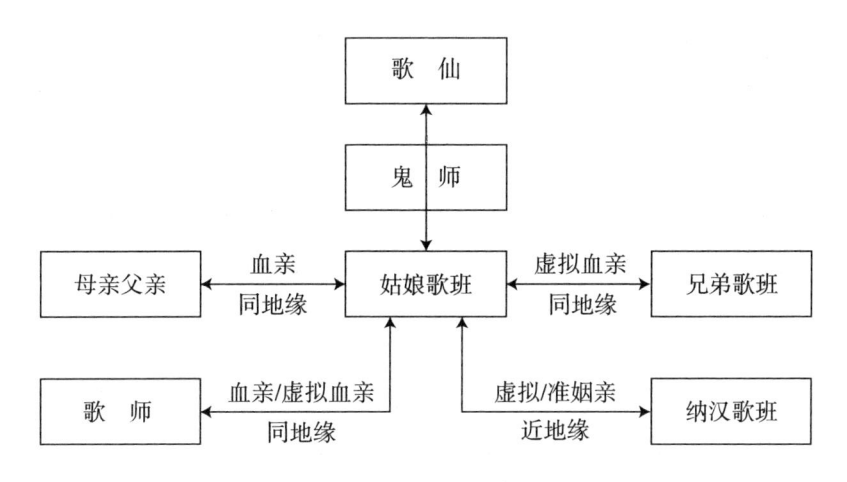

图4 姑娘歌班"果卜冈"仪式现场社会关系构成

从"歌班"这一视角出发，其组织原则、传承规律及核心仪式均牵涉大歌在南侗传统社会结构中的维系与延续。不过若从歌班的另一个名称——"朋友档"的角度而言，会发觉歌班这一地缘组织更全面地渗透在南侗生活的各种细节中："我们一年四季都要靠着歌班朋友，农闲的时候大家一起闹姑娘、唱歌，结婚或死人的时候互相帮忙，等到农忙还要靠歌班朋友一起做活路。"也就是说，在日常生活中歌班成员除了彼此做伴并群体社交之外，其内部还要进行制度化的"换工"（劳动力交换）和"换礼"（财物交换）。

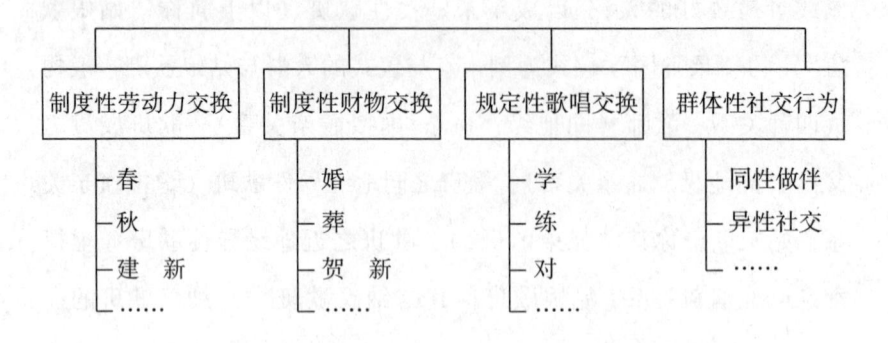

```
┌──────────┬──────────┬──────────┬──────────┐
│制度性劳动力│制度性财物│规定性歌唱│群体性社交│
│  交换    │  交换    │  交换    │  行为    │
└──────────┴──────────┴──────────┴──────────┘
  ├春       ├婚        ├学        ├同性做伴
  ├秋       ├葬        ├练        ├异性社交
  ├建新     ├贺新      ├对        
  └……      └……       └……       
```

图5　歌班日常生活中的多种行为方式

　　农忙虽不能唱歌，但歌班活动并未停止，只是在性质上由"婚恋做伴群体"转换为"劳动互助单位"。侗族人将人际制度化的劳动力交换称为"换工"［boil ongl］，换工的内容涉及生产生活中需要集体参与的各种体力劳动（典型如春耕、秋收、建房、砍柴），同一歌班中的每个人都有责任和义务参与到彼此家庭的劳动力交换中。透过制度性的劳动力交换，核心地缘组织"歌班"渗透进入核心亲缘组织"家庭"的日常生活中，在拓展劳动力来源的同时客观上促进了核心地缘与核心亲缘人群的相互依赖与凝聚。这种情况，更加明晰地体现在规定性的礼物交换过程中。制度性的大型礼物交换主要出现在婚礼、满月酒、葬礼和贺新屋四种仪式场合，尽管侗族人在言辞中强调礼物的"赠送"而隐藏礼物的"交换"，但局内人都清楚"送"的背后是"对等互惠"的文化规则。在上述四种仪式中，歌班朋友是极为重要的换礼人群，如在"贺新屋"仪式中，一个三代同堂的家庭可能收到来自该家庭每个成员所属歌班的朋友，共 60—120 人之礼金和礼物，这笔庞大的收入成为家庭回收建房资金的重要来源。透过歌班的建构、歌唱的学习、歌班的仪式及日常生活中以歌班为单位的"换工"和"换礼"，歌班这一基础地缘单位与核心家庭这一基础亲缘单位发生密切互动，一个核心家庭透过家庭成员所属的歌班将核心认同关系拓展到同地缘的更大人群范围。

（图片 2　姑娘歌班一边做针线一边练歌的场景）

更进一步，以"家庭"和"歌班"为纽带，同地缘人群被转换为一种虚拟的血亲关系。在六洞、二千九洞的诸村落中，即使没有血缘关系（即非同"斗"）的同地缘人群，彼此见面打招呼也用父系亲属关系相称以凸显其感情上的血缘认同。下图以一个三代核心家庭为例，清楚呈现个体如何透过"家庭—歌班"两条脉络与同地缘人群形成不同的关系，并最终将"同地缘"视为一个扩大化的血缘亲属群，以虚拟血亲关系来强化对同地缘人群的内部认同。

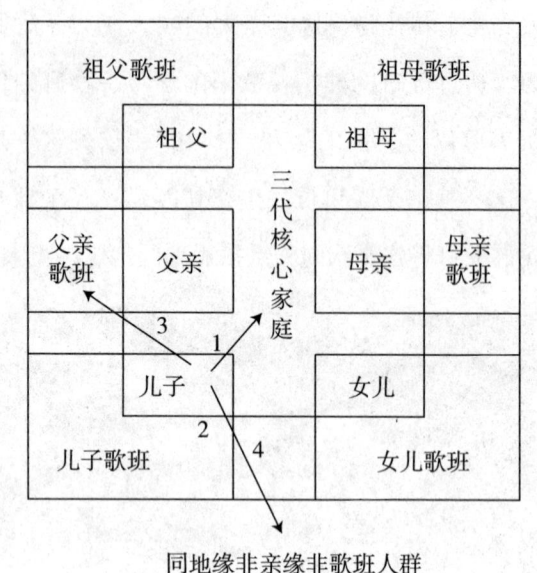

```
                    ┌─────────────────┬─────────────────┐
                    │    祖父歌班     │    祖母歌班     │
                    │   ┌─────────┬───┼───┬─────────┐   │
                    │   │  祖 父  │ 三 │   │  祖 母  │   │
                    ├───┼─────────┤ 代 ├───┼─────────┼───┤
                    │父亲│         │ 核 │   │         │母亲│
                    │歌班│  父 亲  │ 心 │   │  母 亲  │歌班│
                    │   │    ↖3  │ 家 │1↗ │         │   │
                    ├───┼─────────┤ 庭 ├───┼─────────┼───┤
                    │   │  儿 子  │   │   │  女 儿  │   │
                    │   └───────2─┼───┼4──┴─────────┘   │
                    │   儿子歌班  │   ↘   │  女儿歌班   │
                    └─────────────┴─────────────────────┘
                                        ↓
                           同地缘非亲缘非歌班人群
```

图6 个人透过家庭—歌班对同地缘人群形成的认同关系

说明：以核心家庭中"儿子"为例，呈现个体对同地缘人群的四种认同方式

箭头1：个人对所属家庭形成的核心血缘认同

箭头2：个人对所属歌班形成的核心地缘认同，其内部转换为虚拟兄弟/姊妹关系

箭头3：个人对家庭成员所属之歌班形成的近虚拟血亲认同

箭头4：个人对同地缘非亲缘非歌班人群形成的远虚拟血亲认同

大歌展演：姻亲关系与近地缘关系的建构

"内婚制"是传统南侗普遍的婚姻缔结制度，所谓"内"在血缘和地缘上均有明确的人群边界，同"斗"为严格禁婚单位"近地

缘"则是通婚的最大地缘边界。此种追求"亲缘与地缘相重叠"的婚姻体系是农耕生活的典型产物，而血亲关系与姻亲关系在同一地缘的世代交换，也促使近地缘人群内部极复杂的关系，且在传统上形成一整套区辨与沟通内部关系的民俗仪式。

在大歌流行的中心区域，以歌班为互动单位的大歌展演，极充分地介入姻亲关系缔结及近地缘人群的互动交往中。在笔者田野普查中，过年期间发生于近地缘人群内部的"相度"［xeegnl dul］歌俗仪式，集中展现了以大歌为主体的南侗歌谣体系对姻亲关系缔结与近地缘人群互动的介入。"相度"仪式广泛存在于大歌流行的南侗诸村落，本文仅以从江县小黄村过年期间"相度"仪式为例，呈现出歌唱传统如何透过规定性的仪式行为建构持续稳定的社会关系。

"相度"可以意译为汉语"相互作玩"，仪式的主体则是"近地缘异寨异性歌班"。小黄这个三千余人的大型村落，其内部分为小黄、高黄、新黔三个寨子（即三个同地缘单位），三寨各据一片聚居地，各寨人群具有非常清晰的地缘归属观念，同时又以婚姻交换为纽带形成寨际间频繁的人群互动。此社会结构反应在大歌传统上，便是人们以"本寨"（同地缘）为单位建构"歌班"，并将对歌的对象限定为"异寨异性歌班"（非同地缘）。事实上，同地缘异性歌班被视为虚拟血亲关系，因此在以"婚恋"为核心目标的歌唱社交行为中禁忌相互对歌，否则被视为"乱伦"。反之，异寨异性歌班则被鼓励以婚姻/姻亲缔结或异性群体社交为目标互动，成为歌唱交往的主体人群。

在小黄日常侗语中，"相度"实为一种简称，以"女性歌班的辈分"为标志，"相度"仪式在当地有四种完整称谓——"相度纳乜"［xeegnl dul lagx miegs］（与姑娘们作玩）、"相度奶冈"［xeegnl dul neix angh〕（与少妇们作玩）、"相度宁老"〔xeegnl dul nyenc laox〕（与老人们作玩）、"相度芒该芒"〔xeegnl dul mangv gaib mangv〕（寨子间相互作玩）。其中〔lagx miegs〕（姑娘）、〔neix angh〕（少妇）、〔nyenc laox〕（老人）在汉语中均有确切翻译，而〔mangv gaib mangv〕则可意译为"两寨之间"，前三者强调了女性参与者的不同辈分特征，后者则表现出仪式以"寨/地缘"为边界的活动方式。整体而言，此四仪式类型实为同一仪式的"变体"，对其间"共性—差异"的梳理，乃是深入理解相度仪式、大歌展演与近地缘人群互动的基础。

一般来说，"相度"发生于秋收之后春耕之前的农闲时间，但唯在"过年"人们才会尽情玩乐，四种仪式变体也只会在这一时段同时展开。过年是农人一年中最悠闲的时光，人们在此期间不仅忙于"祭祀鬼神"也频繁地"沟通人际"。拜神、祭祖、访亲和交友，构成了南侗人最重要的年俗活动。在四种民俗活动中，人际地缘性交往的"相度"仪式全程都有歌唱的参与，鼓楼大歌对唱也只会在地缘性人群交往中展开。

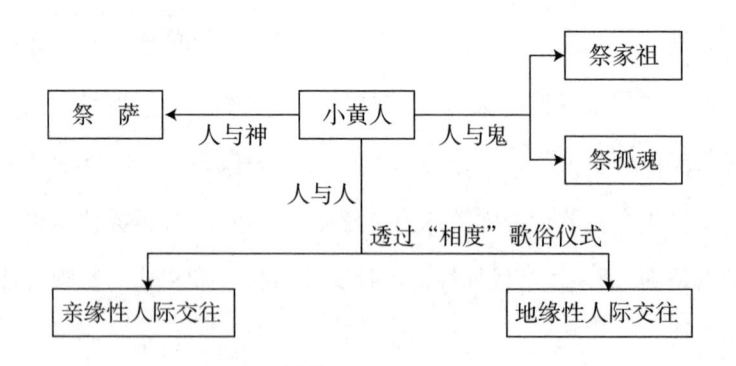

图7 小黄年俗人神、人鬼与人际交往空间

尽管从傍晚持续到深夜的"相度"仪式在具体程序环节上较为

复杂，但整个过程都有歌唱伴随，并在不同程序中伴以不同歌种。具体而言，"鼓楼对歌""聚餐闹酒"和"鸟翁作玩"构成了"相度"的三个主要程序，并牵扯到三种不同歌种。同时，在四种仪式变体中，双方歌班因身份不同在大歌对唱的亚歌种选择上表现出很大差异，这种差异明确展现了仪式的多种互动目标和功能。下图中简要列出仪式中各歌种与亚歌种及其基本展演特征。①

"相度"仪式程序与歌唱
- 鼓楼对歌·大歌（异寨异性歌班对唱）
  - 噢嗬顶［ois hoih dingh］（开场歌）——每场对歌用于开场的曲目
  - 嘎话屯［al wap tent］（短句歌）——因每首歌及每句歌词较为短小而名
  - 嘎话延［al wap yais］（长句歌）——因每首歌及每句歌词较为长大而名
  - 嘎所［al soh］（声音歌）——强调歌唱的旋律性和歌唱技艺的炫耀
  - 嘎窘［al jenh］（故事歌甲体）——通过特定旋律与声部组合讲唱故事
  - 嘎吉卜［al jebl］（故事歌乙体）——通过特定旋律与声部组合讲唱故事
- 聚餐闹酒·酒歌——女性歌班集体向异寨男性歌班中的每一个人单独唱歌敬酒
- 鸟翁坐玩·牛腿歌——参加仪式双方歌班的异性个体，以牛腿琴为伴奏的单独对唱

图8 "相度"仪式中主要歌种与亚歌种

---

① 笔者另有专文详述侗族大歌的内部分类方式及各亚歌种之特征，请参见杨晓《南侗"嘎老"名实考：兼论"侗族大歌"一词的多重内涵》，《中国音乐学》2008年第2期，第10—19页。

作为"相度"仪式最基本的行为，歌唱覆盖仪式全程并以"对唱"和"献唱"的方式呼应着仪式以异性人际互动为根本的目标。其中，"大歌"是异性歌班的集体对唱，"牛腿歌"是男女个体的单独对唱，而"酒歌"则是女性群体向男性个体的献唱。同时，在大歌的亚歌种中又可以分为"对唱型"（含开场歌、短句歌、长句歌）和"表演型"（含声音歌、故事歌甲体、叙事歌乙体）两种，前者强调男女歌班的呼应关系，而后者则通过歌班的表演向对方展示歌唱的技能和歌者的魅力。

（图3 "相度"仪式中不同辈分的歌班在鼓楼对歌的场景）

作为拥有四类变体的歌俗仪式，不同类型的"相度"在仪式各要素上体现出明显的"共性"与"差异"。以仪式的时间、参与者、程序为线索，笔者在表1对四类仪式进行结构性的比较。

表1　　　　　　四类"相度"仪式各要素结构性比较

仪式变体	相度纳乜	相度奶冈	相度宁老	相度芒该芒
发生时间	腊月到正月期间	正月期间	正月初一到十五	正月初四、初五
发生频率	常常发生	时有发生	少有发生	一年一度
女性受邀者	未婚适婚姑娘歌班	年轻母亲歌班	老年女性歌班	全寨所有未婚女性
男性邀请者	小哥/大哥辈歌班	父亲/公爷辈歌班	公爷辈歌班	大哥/父亲辈歌班
主要程序与牵涉歌种	鼓楼对歌·大歌 聚餐闹酒·酒歌鸟翁作玩·牛腿歌	鼓楼对歌·大歌 聚餐闹酒·酒歌鸟翁作玩·牛腿歌	鼓楼对歌·大歌聚餐闹酒·酒歌	鼓楼对歌·大歌

透过上表可鉴，四种相度仪式在两个方面体现出绝对共性：一是参与者之关系为"异寨异性歌班"；二是"鼓楼对歌"成为任何一种变体仪式中均不可或缺的环节和行为方式。透过对四种"相度"变体的多次田野实录、考察与访谈，笔者不断深入地体会到其间或明显或微妙的相异。基本上，当地人会用"唱歌"和"作玩"两个词语来表述仪式目标，但在笔者的体验中，年龄辈分越轻越倾向于"作玩"（当地人对娱乐性社交活动的普遍称谓方式），越长则越倾向于"唱歌"。简言之，"相度纳乜"和"相度奶冈"是以社交为目标的歌唱，"相度宁老"是以歌唱为目的社交，而"相度芒该芒"则以村寨为单位呈现出仪式原型之"婚姻交换"的根本目的。

（一）"相度纳乜"与"相度奶冈"——以社交为目的的歌唱

一般来说，男性歌班总是邀请比自己年龄/辈分小的女性歌班"相度"。因此，大哥辈和小哥辈歌班大多邀请同辈未婚姑娘（12—19岁），而父辈和公辈则多与母亲辈少妇组成的歌班"相度"。未婚歌班"相度"目标直奔婚恋[1]，这一目标展现在服饰上，便是未婚姑娘鼓楼对歌时必须穿银戴花盛装打扮，以风姿绰约吸引异性。反之，母亲歌班在鼓楼对歌中清一色的日常打扮，并带着盛装的女儿歌班来到鼓楼。这种着装上的规矩，表明母亲歌班是以陪伴女儿歌班对唱之名进鼓楼唱歌，和对方男性歌班之间意在一般意义上的社交而无缔结婚恋之目的，后排素装歌唱的母亲歌班在鼓楼对歌中获取了伦理上的合法性。为促进青年男女婚恋关系的达成，姑娘歌班的母亲们和本寨兄弟歌班还要介入仪式中，以殷勤的礼节感谢邀约姑娘歌班的纳汉们。这种礼节展现在"相度奶冈"中，便是母亲歌班的丈夫们会在仪式中临时扮演"兄弟歌班"的角色招待纳汉歌班。这时，夫妻之间改口称"兄妹"，"真实婚姻关系"因同地缘身份转换为"虚拟血亲关系"。这种转换也令妻子们与异寨男性间产生一种玩笑性质的"虚拟婚恋"关系。这种仪式中角色的转换，为异寨已婚男女的交往给出了方便的伦理空间。

小黄人常以"玩法不同"来诠释四种仪式变体的相异之处，而所谓"玩法"实指仪式中歌唱的内容、方式及对当事人的意义。因歌词短小且大致相和便可，"嘎话屯"（短句歌）和"嘎所"（声音歌）成为尚未成熟的异性歌班最常用的对唱曲目。相反，"嘎话延"

---

[1] 在大歌流行中心区域，辈分高的男性歌班无论婚否，都有权力邀请未婚姑娘歌班"相度"，并去她们的歌堂与之聊天、唱歌、玩耍。在与已婚男子的交往中，未婚姑娘不以婚恋为目标而将其视为一般意义上的男女集体社交。

(长句歌)在日渐成熟的歌班对唱中显得越来越重要,歌词对仗严密、韵律工整、词句长大的长句歌是成年歌班炫耀歌唱技艺和实力的重要手段。尤其在"相度奶冈"中长句歌成为对歌的主体,对长句歌曲目总量的把握是成熟歌班的重要象征。同时,母亲或父亲辈歌班还有可能在鼓楼对歌中献唱无须对应的故事歌(嘎窘和嘎吉卜),这种长、大且富有情节的歌谣常常招来鼓楼内外密密层层的听众。换句话说,在当地人的观念中,大歌亚歌种之间确有难易之别,从短句歌到长句歌再到故事歌,不同年龄和辈分的歌班往往透过对不同亚歌种的把握来展现实力并表达身份。

在笔者的观察中,"相度纳乜"和"相度奶冈"的仪式高潮一般不会出现在"鼓楼对歌",其后的"聚众闹酒"和"鸟翁作玩"才表现出年轻人和中年人"相度"的真正目的。聚众宴饮时姑娘/少妇们一首首不停的酒歌和纳汉们热烈欢腾的呼喊此起彼伏,欢宴之后两两对唱的牛腿琴歌静谧舒展,温情脉脉,这动静咸宜的三段仪式过程构成了两性群体社交的"三部曲"。从异性群体对歌(大歌)过渡到女性群体向男性个体的献唱(酒歌)再到男女个体的对唱(牛腿歌),这个以歌唱为脉络展开的仪式过程,有趣地呈现出此两类"相度"仪式以"社交"为目标的歌唱操弄。

(二)"相度宁老"——以歌唱为目的的社交

侗人将年过六十岁之人视为长者并尊为"宁老"[nyenc laox](直译:老人)。据老人们称,他们"相度"最大的目的就是"唱歌"。公爷辈的男性可以邀请异寨任一辈分的女性歌班唱歌,但老年妇女却少有机会进鼓楼对歌作乐。实际上,老年妇女歌唱热情颇高,结伴教歌、唱歌、编歌是她们极大的生活乐趣。老歌已然唱得烂熟,老妇们常聚一处更热衷于唱自己和歌师"新编的歌"。当一个老人歌班的新编歌谣积累到一定数量和水准，便急切希望透过"相度"在鼓楼对唱中公开展示这些歌谣中蕴藏的集体智慧。正因如此，"鼓楼对歌"成为"相度宁老"绝对的高潮，并在仪式中省却了"鸟翁作玩"这一属于年轻人的社交环节。

基本上，老人们在鼓楼对歌中以自编短句歌、长句歌和故事歌为展演主体，且最重视自编短句歌这一部分。人到老年仍活跃于歌场的老人通常已是成熟歌师，编歌成为他们人生乐趣所在。将按照一定韵律创作的歌词填在丰富的传统侗歌旋律中，所谓"编"实指歌词而非歌调部分。老人们新编的歌谣大多直接联系村落的现实生活，歌唱中往往指名道姓、说古论今、有点有评。将日常生活演化成有韵律的歌谣，在南侗人看来是相当了不起且有趣的事情。于是，老人们鼓楼对歌之际往往被围得水泄不通，人们很乐意知道哪些人哪些事被老人们编入歌中。在当地文人的记录中，为了获得在鼓楼唱歌的机会，老妇们甚至自己掏钱做东请公爷歌班聚餐，其热切之心有歌为证："今年过年好好过，明年过年知与谁……一代蚕姑一代桑，同辈男女如兄妹；男女对唱莫说老，花谢人亡死难回；越老越唱越转青，老来还童嫩葳葳；满寨嘎老成歌海，彩楼歌坪声声脆；唱得日落红满天，侗歌美甜人人醉。"[①] 这首老人们自编的短句歌，不仅尽述其爱歌心切，且以"同辈男女如兄妹"之说为自己在社交伦理上划定了合理的空间。

（三）"相度芒该芒"——以婚姻为目的的展示

作为当地年俗规定程序的一部分，小黄村的"相度芒该芒"在婚礼、祭祖和亲戚团年之后，以三寨集体参与的方式热热闹闹揭开

---

① 陈春园：《小黄侗歌之乡历史沿革简介》，打印稿，1998年。

了小黄年俗中地缘性人际交往的序幕。每年正月初四、初五中午，全小黄未婚女性（下至两岁）都身着盛装等待异寨纳汉们前来邀请"相度"。从2006年正月初四的统计来看，小黄全寨所有未嫁女子均在鼓楼对歌现场。歌唱从鼓楼中年龄最长的姑娘歌班开始，每个歌班唱两首短句歌，如此轮转直至抱在怀里由妈妈帮唱的两岁歌班，之后纳汉歌班亦唱两首短句歌算是作陪。

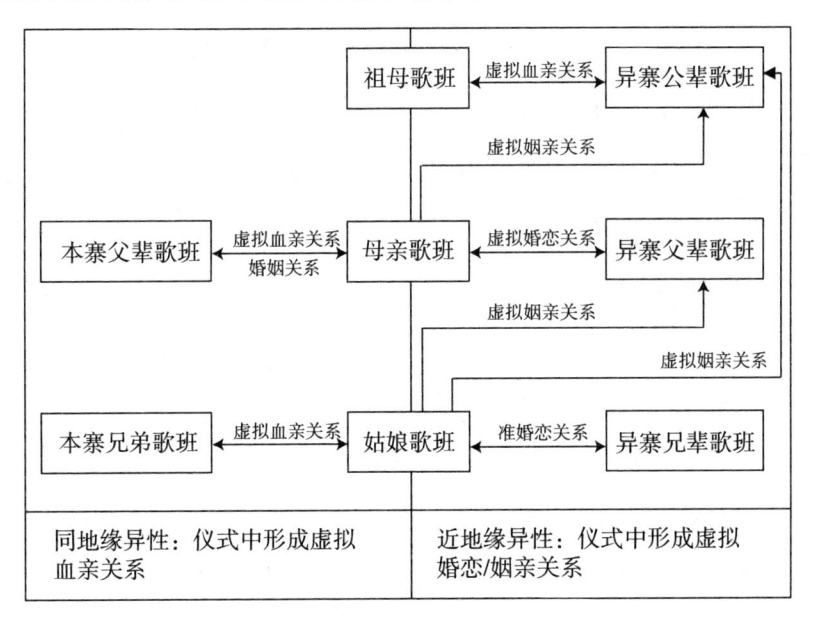

```
                    ┌─────────┐  虚拟血亲关系  ┌───────────┐
                    │ 祖母歌班 │◄──────────►│ 异寨公辈歌班 │◄─┐
                    └─────────┘              └───────────┘  │
                                    虚拟姻亲关系              │
                                                            │
┌───────────┐ 虚拟血亲关系  ┌─────────┐ 虚拟婚恋关系 ┌───────────┐│
│ 本寨父辈歌班 │◄──────────►│ 母亲歌班 │◄──────────►│ 异寨父辈歌班 ││
└───────────┘ 婚姻关系      └─────────┘              └───────────┘│
                                    虚拟姻亲关系              │
                                                            │
                                                    虚拟姻亲关系
                                                            │
┌───────────┐ 虚拟血亲关系  ┌─────────┐ 准婚恋关系  ┌───────────┐│
│ 本寨兄弟歌班│◄──────────►│ 姑娘歌班 │◄──────────►│ 异寨兄辈歌班│┘
└───────────┘              └─────────┘              └───────────┘

┌──────────────────────────┬──────────────────────────┐
│ 同地缘异性：仪式中形成虚拟   │ 近地缘异性：仪式中形成虚拟  │
│        血亲关系           │        婚恋/姻亲关系       │
└──────────────────────────┴──────────────────────────┘
```

图9　"相度"仪式中本寨异性歌班与异寨异性歌班关系

由仪式程序来看，"相度芒该芒"极端强化了"鼓楼对歌"这一群体交往与展示的环节，并直接略去"聚餐闹酒"和"鸟翁作玩"两个仪程。作为"相度芒该芒"唯一的高潮，鼓楼对歌的形式与目的不在"对歌"而在"展示"。鼓楼之外是全村老老少少，这一年一度全寨未婚姑娘的集体亮相，是长辈们为儿子、孙儿看媳妇的最佳时刻。评头论足、指指点点在此刻成为一种默许的公众行为，谈婚论嫁是这个场景中最集中的话题。在笔者看来，正月初四、初

· 339 ·

五的未婚姑娘集体展示与腊月二十八、二十九的小黄集体婚礼形成明显呼应，是南侗内婚制度和群体交往的集中展现，因此亦将"相度芒该芒"视为一种"以婚姻为目标的展示"。

透过"相度"仪式行为可鉴，近地缘异寨非真实亲属关系的男女以"歌班"为单位以"歌唱"为媒介，在"近地缘异斗内婚"制度之下建立了四种虚拟亲属关系。其一，异寨未婚/适婚男女歌班间以婚姻为目标的交往形成"准婚恋关系"；其二，异寨母亲歌班与父辈歌班以人际社交和歌唱作玩为目标的交往，形成伦理允许且具有玩笑性质的"虚拟婚恋关系"；其三，仪式中，上辈男性歌班与下辈女性歌班因强调等级阶序往往形成"虚拟姻亲"而非婚恋关系；其四，在祖母与公爷歌班的交往中，老人们往往模糊性别观念而强化辈分观念，多抛开地缘因素而建立一种"虚拟血亲关系"。近地缘异寨之间，因制度性的真实婚姻交往，令没有直接亲属关系的人群之间建立起一种虚拟的婚恋或姻亲关系。这种地缘关系向虚拟亲缘关系的转化，一方面呼应着南侗传统的"近地缘内婚"格局；另一方面反向印证着同地缘非亲属人群之间虚拟的血亲关系建构。建立在歌班仪式社交之中的"同地缘血亲认同"与"近地缘姻亲认同"将整个近地缘人群转换为具有不同关系的亲缘人群。

以歌会友：远地缘寨际关系的拓展

以"近地缘异斗内婚"为基础，传统南侗人的亲缘关系总是限定在一定的地缘范围之内，亲缘与地缘相叠合的这部分人群，成为其生命过程中主要依托的人群单位。但若仅从地缘交往的角度来看，南侗人以"寨"（同地缘）为单位，在近地缘之外还拓展出两种交往方式：二为"款组织"，一为"做客圈"（本文又因其仪式功能将其称为"联谊圈"）。南侗传统上以立誓结盟为组织形式的款组织，在当下社会条件中渐渐失却原有的半军事防御性，远地缘人群交往的主要方式被一种具有"互动互助"性质"做客圈"所代替。而做客的基本行为方式，则是南侗村落间迄今仍普遍存在的仪式化人际互动民俗——"为也"。在南侗方言中，"为也"［weex yeek］一词可以被直译为汉语"做客"，不过在不同语境中，"做"［weex］之方式和"客"［yeek］之所指大相径庭。［yeek］在侗语中有"客人、朋友、恋人"等多重意义，侗族人一般不会用以称谓那些具有血缘关系的人群互访。尽管南侗人也用"为也"来泛指发生于近地缘内几个寨间的群体人际互访活动①，但在更多的时候，人们还是以"为也"来特指"发生于两个远地缘非姻亲关系的村落间，'仪式化'的集体互访行为"。本文对"为也"一词的使用便是建立在上述观念中。

事实上，以本寨为中心步行一天之内能到达的村寨间都有可能发生"为也"关系。但在笔者的考察中，远地缘村落能否建立稳定持久的"为也"关系基于两个重要因素：第一，两寨间是否共一个

---

① "为也"这一概念是对南侗各种集体性做客方式的总称，在南侗乡间的不同语境中指向各种不同规模的群体做客样式。除了本文所指向的"远地缘村落集体做客"以外，在某些村落中也用以指称近地缘寨子之间的群体互访（类似于本文言及的"相度"）或青年异性群体之间的相互走动（又称"为顶"）。同时，某村落戏班外出游村演戏，也可以称为"为也戏"。

"牛堂"或两寨年轻人间是否已有长期"为顶"关系;① 第二，两寨的"生活习性"是否大致相仿且彼此认同。前者是促发全民性大型"为也"的前提，而后者对前者的发生起到重要制约。对于大歌流行中心区域的侗寨来说，能否并如何展演大歌本身即为两寨能否建立稳定交往的一种重要"习性"。换句话说，在大歌流行区域的"相度"仪式中，"鼓楼对歌"不仅是仪式的既定程序，也成为两寨人群互动与认同的基本手段。

从 2000 年至今，笔者先后参与南侗小黄、高增、高安、占里、伦洞、黄冈等诸村寨之"为也"活动，并对小黄与伦洞两寨之交互进行的"为也"做了为期九年的三次全程追踪调查。据田野与文献数据，南侗"为也"一般发生于农闲节日期间，又以"吃新节"和"新年"两个时段为主。一般来说，由主客两寨鬼师寨老议定仪式持续时间，均以单数三、五、七、九天不等。一般以三年为循环，两个具有"为也"关系的村寨轮流做东邀请对方村寨全体民众前来做客，主寨将在"为也"期间竭尽全力盛情款待两百人左右的客寨民众，而客寨无须准备任何礼物或礼金。三年之后主客颠倒，如此轮回互动互惠的交往形式成为远地缘村寨建立稳定联谊关系的重要渠道。根据田野数据，笔者在表 2 陈列出小黄—伦洞两寨"为也"活动的既定程序，这一程序可以在一般意义上代表大歌流行中心区域远地缘村寨间"为也"的行为方式。

---

① 此处所称"牛堂"是指为南侗特有的斗牛聚会的风俗而建立的一种村落联盟组织;"为顶"是指远地缘关系的青年男女以歌班为单位相互走动的做客方式。一般来说，两个村寨的男女青年先因斗牛或为顶建立起友谊关系，才逐渐发展出两寨全体民众大型集体互动的"为也"。

表 2　　　　　小黄—伦洞两寨"为也"一般仪式程序

时　间	仪式程序	空　间	音乐操弄者	音乐样式	音乐操弄与人群关系说明
第一天·午后	祭萨祈福	客寨萨坛	客寨鬼师	哆丢	鬼师代表全寨人群向萨玛祈福
第一天·下午	吹笙上路	客寨寨门	客寨芦笙队	芦笙	象征仪式正式开始
第一天·傍晚	吹笙相迎	主客寨寨门	主客寨芦笙队	芦笙	象征主客寨相遇见礼
	拦路见礼		主客寨歌班	拦路歌	透过玩笑性质的"盘问诘难"和"夸赞歌"强调双方人群的远地缘关系
	鼓楼见礼	主寨鼓楼坪	客寨姑娘歌班	大歌	
每日午餐晚餐	主客宴饮	主寨家屋	主客寨人群	酒歌	女性献唱酒歌透过姑表称谓呈现其虚拟姻亲关系
每日晚餐/侗戏后至深夜	鼓楼对歌	主寨鼓楼	主客寨歌班	大歌	双方男女以"情歌情妹"相称行大歌、小歌强调其虚拟姻亲关系
	鸟翁相聚	主寨家屋	主客寨个体	牛腿歌琵琶歌	
第二天·下午	祭萨相盟	主寨萨坛	主客寨人群	哆丢/哆耶/芦笙	双方男性在仪式中通过"哆耶"祭祀萨玛并以"兄弟"相称强调其虚拟血亲关系；同时又以本寨的芦笙音调强调两寨远地缘关系
第二天·晚上	赏戏作玩	主寨鼓楼坪	主客寨人群	侗戏	各自上演本寨的经典剧目强调其远地缘关系
第三天·下午	鼓楼辞行	主寨鼓楼坪	客寨姑娘歌班	大歌	透过玩笑性质的"盘问诘难"和"夸赞歌"强调双方人群的远地缘关系
	拦路留客	主寨寨门	主客寨歌班	拦路歌	
第三天·晚上	吹笙还家	客寨寨门	客寨芦笙队	芦笙	象征仪式正式结束
	大歌献唱	客寨鼓楼	客寨姑娘歌班	大歌	以歌声向萨玛献祭并报平安
	祭萨还愿	客寨萨坛	客寨鬼师	哆丢	鬼师代表全寨人群向萨岁还原

根据上述程序，大歌展演不仅贯穿整个"为也"活动，且呈现出两个明显特征：第一，作为"为也"活动中的一种歌唱形式，大歌与南侗诸歌种一起介入仪式中，各歌种在仪式不同程序中牵涉不同人群关系并扮演着不同角色；第二，大歌展演在"为也"仪式的不同程序中多次出现，由不同人群操弄并呈现出不同的意义与功能。

(图片4 "为也"仪式中远地缘异性歌班鼓楼对歌的场景)

在对南侗音乐体系的研究中，大歌研究显得最为独立而突出，而透过大歌所参与的各种仪式展演，笔者深刻体会到对大歌的研究决不能孤立言说。事实上，大歌的展演总是与其他南侗音乐样式的展演伴随进行，这一点极充分地体现在"相度"与"为也"歌俗仪式中。尤其在"为也"中，大歌成为参与仪式的若干音乐样式中的一种，并由此承担着人神关系与人际关系双向建构使命。

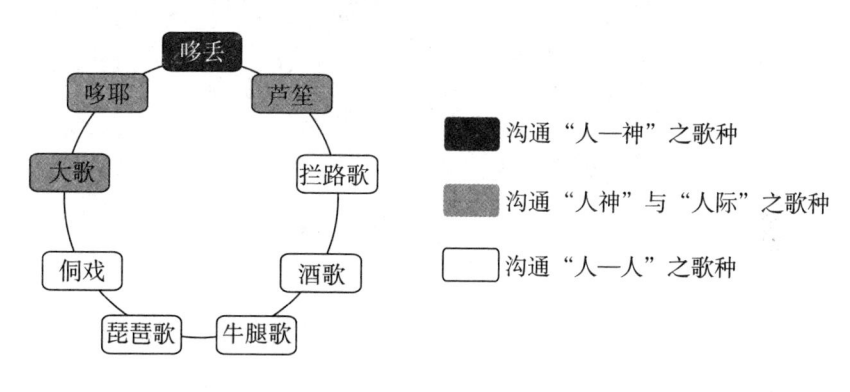

图10 参与"为也"仪式诸歌种及其基本沟通功能

从展演样式来看，参与仪式的九种音乐样式均以"对唱"或"献唱"展开，具有不同的沟通功能：第一类，鬼师借由"哆丢"（念/唱词）代表人群与天神萨玛沟通；第二类，哆耶、芦笙和大歌在仪式中既通神娱神又是人群集体互动的重要渠道；第三类，拦路歌、酒歌、牛腿歌、琵琶歌、侗戏在仪式的不同程序阶段中以群体/个体之对唱/献唱的方式介入远地缘人群间的互动。上述诸乐种/歌种在"为也"仪式中对人神关系与远地缘人际关系建构形成明显的合力。

其中，大歌在"为也"仪式三种程序中分别呈现出"礼仪""酬神"和"社交"三种功能特质。"鼓楼见礼"和"鼓楼辞行"发生于主寨的鼓楼坪，象征着"为也"的正式开始和临近尾声，是客寨姑娘歌班以大歌献唱的方式代表客寨全体人向主寨致意的"礼

(图片5 "为也"仪式中牛腿琴歌、芦笙、哆耶和酒歌展演的场景)

节",前者歌唱中极尽夸耀赞美主寨,后者则表达感激之情和不舍之心。在笔者的观察中,仪式中的大歌演唱屡显"神性","果卜冈"仪式中歌班成员透过大歌演唱向歌仙献祭,而在"为也"结束时,做客归来未婚女性歌班也要在本寨鼓楼向萨玛献唱大歌一首,其意在感谢神明并保佑全寨人来去平安。不过侗族人往往更强调大歌沟通"人际"的一面。一般来说,"鼓楼对歌"是大歌流行中心区域"为也"活动中,同辈异性间最频繁的集体交往方式,且主要在主客两寨的父亲辈与母亲辈、大哥/小哥辈与姑娘辈之间展开。实际上,鼓楼对歌是一个主客寨异性同辈由生疏到谙熟的过程,参与对歌的客寨姑娘们说:"去人家寨子做客,一开始大家都不太认识也不好意思说话。就是因为唱大歌,才开始慢慢熟悉起来。"

在"为也"鼓楼对歌的现场,笔者明显体会到近地缘歌班对歌与远地缘歌班对歌在曲目选择上颇有不同。透过对二十余场远地缘鼓楼对歌之演唱曲目的现场统计,以及六洞、二千九之十五个村寨三十余歌班的曲库调查，笔者认为远地缘歌班的"鼓楼对歌"在曲库选择、旋律运用和人际关系建构上表现出两点相当普遍的特征：第一，在短句歌的演绎中，多以本寨音调展现各自的地缘身份；第二，以长句歌作为对唱的主体亚歌种，强调彼此之间的跨地域认同。① 事实上，长句歌是大歌中流传最广且不同村寨间最具共性的亚歌种，如嘎亨尼［al singc nyih］、嘎阳岁［al yangc siih］、嘎径行［al jarnl xingc］、嘎果巴［al guedl bagx］、嘎得乜［al demh maih］等歌谣，广泛流传于大歌流行区域各寨并成为各寨歌班传歌的基础核心曲目。因此，在远地缘歌班对歌中人们往往将上述曲目作为鼓楼对歌的首选。

尽管在大歌、小歌、拦路歌对唱中，情歌都占到绝大部分比重，但在"近地缘异斗内婚制"的格局中主客双方都清楚，歌唱中远地缘村落异性所产生的感情只能是一种"虚拟婚恋/姻亲关系"，其目的在于强化两寨间的集体友谊。"为也"的过程中，主客寨异性通过"虚拟婚恋/姻亲关系"拉近彼此距离的同时，也透过一系列仪式（化）行为在主客寨男性间形成一种"虚拟血亲关系"，这种血亲关系形成的基础是两寨人群对同一族群英雄祖先"萨玛"的认同。主客寨同辈男性在"为也"期间多以"兄弟"相称，并在祭祀萨玛的仪式上集中表达了这种"同根之情"。民间所强调的"根"在人类学的族群认同研究中被扩展为"根基理论"，认为族群认同的产生主要源自一种根基性的情感联系。王明珂将"根基情感"与"英雄祖先"这一历史符号联系在一起，认为族群在这个层面上是以共同的

---

① 长句歌在某些村寨又被称为"大路歌"［al banc laox］，《侗族大歌》（古籍本）中诠释此种"传统长句歌，是鼓楼对歌必须要唱的歌。人们将其视为大路，大家都要走，大家都要遵循"。参见张勇《侗乡艺苑奇葩——嘎老（代序）》，贵州省少数民族古籍整理办公室：《侗族大歌》，贵州民族出版社2003年版，第13页。

血源或仿真血源记忆来凝聚的人群。而对英雄祖先的信仰则是族群认同形成的核心力量。① 由此来理解，作为"为也"仪式高潮的"祭萨"活动，在本质上即是两寨人通过仪式行为来想象、呈现和表演对于共同英雄始祖的认同与膜拜。萨玛，由此成为凝聚远地缘南侗人群的情感与血脉根基。

因此，透过程序复杂的"为也"仪式及全程介入的南侗诸音乐样式，远地缘关系的两个村寨经由异寨异性之"虚拟婚恋/姻亲关系"和异寨同性（男性）之"虚拟血亲关系"的双向建构，亦将地缘关系转换为亲缘关系。这种转化与同地缘关系向"虚拟血亲关系"、近地缘关系向"虚拟婚恋/姻亲关系"的转换，在整体社会结构上形成呼应。

结论与推演

本研究对侗族大歌的考察，透过三种仪式化的展演场景以追索其与南侗传统亲缘制度、地缘结构及民俗仪式体系之互动关联。在笔者看来，此番观照与其说是学科意义上的探讨，不如说是对其本相的某种还原。经历长期持续田野工作后，大歌传统在某种程度上向笔者"敞开"，自我显露出较为合适的问题意识与切入视角。这个敞开的过程也不断提醒笔者，可以尝试从更"社会化"的视野去探究中国传统音乐中极丰富的多声部民歌现象。作为对上述思考的呈现，笔者在本部分将以"结论"探讨"由社会结构重识大歌传统的

---

① 王明珂：《华夏边缘：历史记忆与族群认同》，允晨文化事业股份有限公司1997年版，第41—94页。

三种文化原则",并以"推演"引出"社会结构与中国多声部民歌研究的拓展空间"。

(一)结论:由社会结构重识大歌传统的三种文化原则

大歌传统的形成和延续建立在双重基础之上,一为稻作农耕的"乡土背景",二为相对自在的"族群文化"。"乡"是农人定居的依托,"土"则是世代延续的根基,守土为生的乡村生活所衍生的不仅是人与土地的自然关系,也是人群内外的社会关系,而聚族而居的南侗生活则赋予此种社会关系以独特的地方性与族性特征。依托于此双重基础,大歌传统在侗族人一套相对稳定且自在的时空观念和民俗习性中绵延展开,并形成特有的文化原则。

1. 时间原则:歌唱与人—物的循环再生产

将农耕、游牧、商业为基础的文化进行比较,钱穆以"安、足、静、定"描述农耕社会的特质及农耕人群的社会建构理想。他认为"以农为生的人常继续一地,定居定量的生产造成满足而不富有的生活,并在文化上注重长治久安的社会建构理想,在行为和心理上表现为对'时间绵延'即所谓'天长地久'的追求"[1] 这种社会建构模式,以"物"的周而复始为基础,以"人"的生生不息为理想,透过稳定的继嗣制度和婚姻交换循环着社会的生产与再生产。费孝通在对中国农村物的再生产、人的生育及社会复制之关系的分析中指出,人在再生产其个体的同时也再生产了社会。[2] 用哈里斯(Olivia Harris)的话来说,这种再生产不仅是指劳力或生物的再生产,

---

[1] 钱穆:《中国文化史导论》,生活·读书·新知三联书店2005年版,第1—23页。
[2] 费孝通:《乡土中国、生育制度》,北京大学出版社1998年版,第266—282页。

也是一种社会关系的再生产。① 本研究所关心的即是大歌传统在这样一个人、物与社会结构之循环再生产过程中所扮演的角色。

侗族人对汉族人农历的吸收，长久以来已成为其传统的一部分，水稻的种植和节庆的安排都在这套农历时间观念中完成。依靠自然节奏与农历所提供的节气信息，"农忙—生产"和"农闲—生活"成为南侗农人因循的两大时间主题。传统民俗节日与水稻生长周期相呼应，在稻作时间的开始（秧门节）、田间大忙后（六月六节）、秋收大忙前（新米节）和秋收整田后（过年），形成了"忙时生产—闲时生活"的循环和转换。换句话说，侗族人在农忙时赶着"做活"（耕种所构成的物的再生产），而在农闲时忙着"做人"（祭祖、联姻、社交所构成的人的再生产），忙闲之间形成年复一年的继替关系。

在此时间观念与生活节律中，作为生活、交往、娱乐、休闲的大歌传统与歌俗仪式，其习得与展演均被安排在农闲的日子，与农事的忙碌形成此消彼长的衔接局面。由此，我们才会看到"相度"和"为也"仪式只会频繁出现在新米节和过年这两个一年中最悠闲的时段，而秧门节之前歌班的"果卜冈"仪式则意味着农闲向农忙的周期性过渡。"果卜冈"之后，歌班不会再进行大规模娱乐活动，整个社区进入春耕准备的忙碌状态。用当地人的话来总结歌唱行为与生产—生活的关系便是："我们这里大忙就不唱歌、小忙就少唱歌，不忙就天天唱歌。"以耕种为代表的农忙和以歌唱为代表的农闲，在南侗生活中形成了一套生产/生活、做活/做人、工作/休闲的社会生活节奏与岁时观念。

---

① Harris Olivia, "Engendered Structures: Some Problems in the Analysis of Reproduction", Joel S. Kahn and Josep R. Llobera eds., *The Anthropology of Pre-Capitalist Societies*, London: Macmillan, 1981, p. 113.

在无文字传统的南侗传统社会生活中，歌唱习俗介入日常生活的方方面面，成为南侗社会与文化循环再生的核心动力。侗族人常言"饭养身，歌养心"，又有谚："汉人有字传书本，侗家无字传歌声；祖辈传唱到父辈，父辈传唱到儿孙。"以"歌声"比拟"书本"并强调"饭与歌"之身心合一、物我交融的对应关系，歌唱在南侗农人的意识中，超越艺术而成为本土文化代际传承的重要管道。由此我们不难理解南侗歌唱的"全民参与性"及其背后缘何一整套制度性的传承机制保障着歌唱的全民习得与代际传承。侗谚"不会唱歌，难以做人"于本地民众绝非夸张，婚丧嫁娶、人际走动、社交往来——歌唱行为渗透人群内外各种互动之中，有效作用于人的世系繁衍与社会结构的稳定延续。在此意义上，村落中的歌唱行为和农田间的稻作生产为南侗人编制了一幅张弛有序、耕歌相继的生产生活图景。

2. 空间原则：歌唱交往与社会空间的差序递推

在关于中国乡土社会基本结构的讨论中，梁漱溟强调"伦理本位"，金耀基突出"关系本位"，费孝通则以"差序格局"表述其基本看法：我们的格局……好像把一块石头丢在水面上所产生的一圈圈推出去的波纹。每个人都是他社会影响所推出去的圈子的中心。"差序格局"的提法，形象揭示了乡土社会以"己"为中心向外渐次推移的人群认同与区分，以及在整体上形成的阶序社会结构。如果说这一结构关系的起点是"己"，那么展开的脉络则建立在"血缘与地缘"关系之上：血缘是社会稳定的力量，在稳定的社会中，地缘不过是血缘关系的投影，是不分离的。[①]。概言之，以华南汉人乡村为对象的研究令费孝通笔下的"差序格局"表现为小农经济为

---

① 柴玲：《当代中国社会的差序格局》，《云南民族大学学报》2010年第3期，第69—75页。

基础的熟人社会、以父系血缘为核心的人际关系、以基本伦理为差等的礼制秩序。

回到南侗民间，笔者一方面认同以"差序格局"表述南侗社会的基本结构特征，另一方面认为南侗差序社会关系的构成表现出另外两种地方性与族性特征：第一，南侗社会是"血缘—姻缘"并重的双向差序格局，"近地缘异斗内婚制"为基础的联姻制度，使南侗的通婚圈被限定在一个狭小的人群空间中，其血亲关系与姻亲关系共处一地的重叠局面令两种关系的人群在民俗生活中分别扮演着不可替换的重要角色；第二，南侗社会是"亲缘—地缘"并重的双向差序格局。对于以群体为社交单位的南侗人来说，个体所属的核心亲缘人群"家庭"与核心地缘人群"歌班/朋友档"同时成为其核心认同单位与认同扩张的人脉起点，个体只有以之为依托才有可能进入完整的人际互动体系并在社会结构中找到自己合适的角色位置。因此，一方面南侗文化中地缘关系并非如费孝通所言只是亲缘关系的"投影"；但另一方面在局内人的观念操弄中，又的确可见地缘关系向亲缘关系的象征性转换，并以之作为判断关系之强弱远近的重要标准。

本文所集中关注的，正是大歌传统如何正面介入并反向受制于此种极富地方性的差序社会结构的循环再生产之中。总体而言，大歌传统的展开以远地缘做客圈为疆界，以亲缘—地缘为纵横脉络，在其内部形成三种不同的行为模式和展演风格，并联系三种不同的关系人群。其一，以"歌班"为单位，血亲与歌师传承为纽带，"果卜冈"仪式为象征，大歌的传承主要在同地缘及血亲关系人群中完成。换句话说，以异性群体社交为目标的大歌对唱，不能在同地缘与血亲关系人群中展开，这种禁忌呼应着同地缘人群向虚拟血亲关系的整体转化。其二，四种"相度"仪式变体，充分呈现了大歌传统如何介入近地缘人群的异性集体互动之中。以"近地缘异斗内婚"为制度基础,以"社交"(联姻或联谊)与"歌唱"本身为目标,人们在仪式中均以连续的歌唱行为发生互动。与此相呼应的,是近地缘内部的非同地缘人群之间向虚拟姻亲关系的整体转化。其三,"为也"是南侗远地缘寨际交往的主要形式,两个具有稳定联谊关系的村寨往往透过这种仪式化的定期大型人际互访表达双方的认同关系。在大歌流行区域,大歌与不同类型的传统音乐样式一起介入仪式中,覆盖仪式全程并成为寨际人群互动的重要形式。尽管远地缘人群之间极少发生真实的亲缘关系,但两寨间往往透过对本族英雄祖先的共同信仰和膜拜而达成一种"同宗共祖"的虚拟血亲关系,同时又透过歌唱中的异性之间称谓方式和情歌对答建立一种虚拟的姻亲认同。

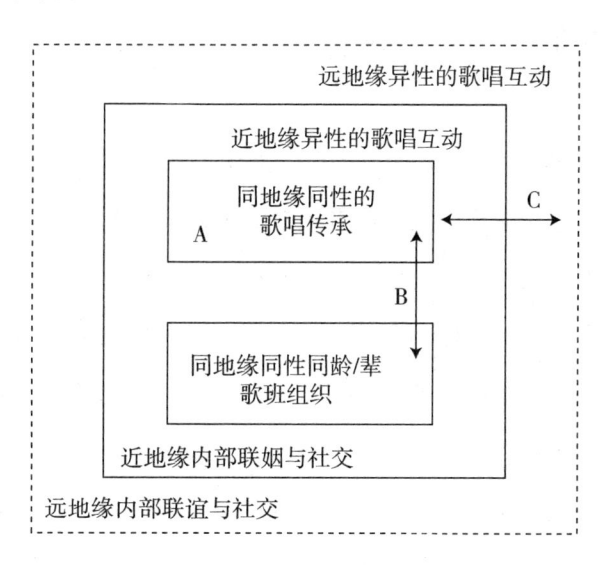

标识A:以"果卜冈"仪式为纽带,大歌传统对同地缘核心认同的建构
标识B:以"相度"仪式为纽带,大歌传统对近地缘核心认同的建构
标识C:以"为也"仪式为纽带,大歌传统对远地缘外围认同的建构

图11 大歌传统对南侗传统社会结构的差序介入方式示意

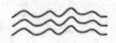

3. 礼仪原则：作为"礼"的歌与作为"仪"的唱

本研究以汉语"礼—仪"二字表述大歌在南侗文化中的呈现样态，意在强调侗族人操弄大歌的两种基本行为模式——"礼物化"和"仪式化"。前者将大歌视为侗族人复杂互惠体系中的一种符号，后者则强调大歌的呈现总是在仪式化的场合并伴以仪式化的展演。

台湾人类学者林淑蓉曾从"物/食物交换"的脉络来讨论侗族人对于物/食物之分类、性质与象征意义的建构，尤其关注侗族人如何经由物来展现人群分类原则及社会关系。① 笔者在田野工作中极明显地感受到侗族人在操弄歌唱时的交换性原则，并观察体验到这种交换和侗族人日常生活中频繁且制度化的礼物馈赠不无关联，来自人类学者的研究正好提醒笔者——侗歌这种非物性的文化符号如何作为一种"礼物"和"礼节"被呈现于侗族人的整体性社会交换中，以及作为"礼"的歌唱交换如何彰显且受制于其后的人群关系与社交规则。

大歌传统乃至南侗歌谣体系在"展演方式"和"社会功能"上均呈现出明显的交换模式，前者表现为展演规则的互惠互换，后者表现为歌唱之于歌者（个体与群体）的认同与区分。大歌的展演所讲究的是有来有往、你唱我答的呼应原则，这种原则亦体现在整个南侗歌谣体系中，琵琶歌、牛腿歌、拦路歌、河边歌、耶歌等传统歌种均以"个体异性对唱"或"群体异性对唱"的方式呈现出南侗人"以歌为礼"的互惠交往。更重要的是，南侗歌谣体系的互惠交换并非纯粹以歌唱娱乐的形式发生，尤其是大歌、拦路歌、耶歌此类群体对唱的歌谣展演往往发生于大型的人群互动仪式之中，作为

---

① 林淑蓉：《物/食物与交换：中国侗族的人群关系与社会价值》，黄应贵：《物与物质文化》，"中研院"民族学院研究所2004年版，第211—260页。

人群互惠互动的若干种符号中极重要的一种而出现。正如莫斯（Marcel Mauss）指出物与人的不可分离，物的流动总是发生于并介入社会关系的生产与再生产、亲属关系、礼仪关系等一系列整体社会事实（a total social fact）之中。① 透过歌唱的互动交换，本研究所要强调的是，在一个整体性的交换互惠流动过程，物质性交换（如食物）、非物质性交换（如歌唱）、劳动力交换（如换工）总是与人的交换（即"婚姻交换"）一起形成整体的社会性交换格局，其根本目的如列维－斯特劳斯（Levi－Strauss）所言：交换作为一种社会运作的主要机制，其目的即是社会的繁衍与再生产。②

更有意义的是，作为"礼"的歌唱总是以"仪"的方式呈现，仪式化的歌唱本身即以身体、行动和言辞，令参与者在歌唱中铭刻社会身份的烙印。在脱离对"神圣—世俗"二元观念的依附之后，仪式被更多界定为一种由文化所规定的特殊行为方式，和一种社会结构的象征性表现。③④在讨论仪式如何达成社会功能时，利奇（Leach）承继涂尔干的思路，将仪式视为"抽象观念的物质表现"，并强调仪式作为一种隐喻符号的聚合体。仪式的参加者同时经由许多不同的渠道来分享和交流。仪式空间编织出一个有序的隐喻事件系列，语言、音乐、舞蹈、视觉等各个方面均可能成为这一个整体

---

① Marcel Mauss, *The Gift: Forms and Functions of Exchange in Archaic Societies*, New York: W. W. Norton & Company, 1967 [1925].
② 莫利斯·戈德列：《中文版序》，马塞尔·莫斯：《论馈赠》，中央民族大学出版社2002年版，第1—27页。
③ Bobby C. Alexander, "Ritual and Current Studies of Ritual、Overview", Stephen D. Glazier ed., *Anthropology of Religion: A Handbook*, Westport, Conn: Greenwood Press, 1997, p. 139.
④ S. J. Tambiah, *A Performative Approach to Ritual*, London: The British Academy and Oxford University Press, 1979, p. 119.

的构成部分。① 换句话说,仪式化的大歌表演实为更大的仪式序列(如"为也"或"相度")中的一个环节,作为声音与行为符号与其他仪式符号一起构筑起南侗周期性的仪式民俗体系。

正如民族音乐学家所强调,仪式中的音乐和舞蹈不仅是发生于特定情境中的静态象征客体。同时,它们自身也构成了其他事件发生的重要背景。② 也就是说,仪式化的大歌展演,既受制于南侗传统的社会结构与节日民俗,又成为其稳定延续的基本样式。哈布瓦赫(Maurice Halbwachs)关于"集体记忆"(collective memory)的论述提醒我们,不同类型的社会有不同的集体"记忆"方式。③ 这种论述在康纳顿(Paul Connerton)的著作中被具化为对"仪式展演"与"身体行为"的强调。④ 在以"口传"为根基的无文字南侗传统中,制度化的歌唱传承与仪式化(中)的歌唱展演或多或少取代了文字的位置,以身体、言说、歌唱完成文化的交流的传承,不断唤起并强化侗族人的集体认同与记忆,由此稳定传统社会结构,并实现人与物之生生不息的生产与再生产循环。

(二)推演:社会结构与中国多声部民歌研究的拓展空间

本文对"侗族大歌"的关注,呼应着中国传统音乐之"民歌研究"与"少数民族音乐研究"两个重要视域,并直接承继"中国多声部民歌研究"的学术脉络。以樊祖荫为代表的一代学者从20世纪

---

① Edmund Leach, *Culture and Communication: The Logic by which Symbols are Connected: An Introduction to the Use of Structuralist Analysis in Social Anthropology*, Cambridge [Eng.], New York: Cambridge University Press, 1976, p. 134.
② Martin Stokes ed., *Ethnicity, Identity and Music: The Musical Construction of Place*, Oxford, UK; Providence, RI: Berg, 1994, pp. 1–29.
③ 科瑟·刘易斯:《导论》,莫里斯·哈布瓦赫:《论集体记忆》,上海人民出版社2002年版,第37—49页。
④ Paul Connerton, *How Societies Remember*, Cambridge: Cambridge Universtity Press, 1989, pp. 1–23.

50年代开始对中国丰富的多声部民歌不懈探索,不仅宏观论证我国的多声部民歌广布流传于20多个民族,[①] 也从微观视野言及不同民族之多声部民歌的产生、传播、形态等相关侧面,同时还以中观维度对不同族群和同一语言区的多声部民歌进行了深入比较。在对多声部民歌的研究拓展中,学者们一再提出对"整体研究"和"整合研究"的期待,并强调从声音、社会、观念、文化等不同角度对世界范围内不同族群的多声部民歌的深入比较。[②] 本文以"社会结构"切入对侗族大歌的研究每每提醒笔者,中国不同族群之不同类型的多声部民歌,生长在极丰富多样的社会人群结构与族群文化语境中。若以此视角对各民族多声部民歌进行再审视和再理解,我们抑或可以从中观察到中国传统歌唱与传统社会文化及制度间更密切的互动关联。

北美的民族音乐学者很早就注意到民间歌唱与社会结构间复杂而有序的整体关系。艾伦·洛马克斯(Alan Lomax)创建"歌唱测定体系"(亦称"将歌曲风格作为对文化的一种测定")(Cantometrics)的目标之一,是透过对来自四百个不同社会的四千首歌曲的测定,在统计、归类、比较的基础上对人类歌唱样式与社会结构模式之间的关系做出整体性的归纳梳理,并发掘其中特定歌唱风格与特定社会结构之间同质性的结构关联。洛马克斯认为音乐参与并加强了社会的核心结构,而歌曲特征则成为社会主要制度与结构的象征。[③] 尽管洛马克斯的研究方法和结论均被不同程度质疑,但必须承

[①] 参见樊祖荫《中国少数民族多声部民歌教程》,中央音乐学院出版社2008年版,第1—10页。
[②] 樊祖荫:《多声部民歌研究40年》,《中国音乐》1993年第1期,第5—8页。
[③] 艾伦·洛马克斯:《歌唱测定体系》,中国艺术研究院音乐研究所油印本1986年版,第1—5页。

认,他的研究不仅为我们提供了大量关于"歌唱与社会结构"关系的个案,也促使学界意识到人类不同文化社会模式中音乐与社会结构之间的普遍关联,这种观点在后来涌现的大量音乐民族志中被不断论证。安东尼·西格(Anthony Seeger)关于南美苏亚人的研究进一步强调了音乐之于社会结构的能动性,并认为一个社会可以被有效地构想成发生于音乐之中,它可以通过音乐和舞蹈展演被认知……①

在中国,杨民康最早以专著系统论述中国民歌与传统社会结构的莫逆关系。在《中国民歌与乡土社会》中,他一方面强调中国民歌的"乡土性"特质:中国的传统民歌与传统社会,都是在一层很大的、乡土性的基座之上,逐渐衍生出一些具有次生文化性质的民歌和社会类型;②另一方面,从民歌的符号系统、整体功能及其与信仰、婚姻、礼俗、宗法、社群之关系深入讨论中国传统民歌明显的社会性特质。应该说,杨民康以中国民歌为对象的宏观研究与安东尼·西格以苏亚人为个案的微观研究异曲同工地论证了民间歌唱与其所处的社会结构之间相互依存、相互制约并相互建构的互动关系。

上述研究提醒我们,以"群体歌唱"为基础的中国多声部民歌,尤其是近30个少数民族的多声部民歌,大多生长在不同的传统社会结构和人群关系空间中,与传统礼俗风习相呼应,与族性地方性文化相伴生。如何对少数民族多声部民歌进行更加深入的认知,"民间歌唱与社会结构之关系"为我们提供了一个非常重要的视角。在中国传统音乐礼俗化、礼仪化生存样态的整体背景之下,此视角既是一种拓展又是一种回归,并在一定意义上呼应着"人类如何透过音

---

① Anthony Seeger, *Why Suyá Sing: A Musical Anthropology of an Amazonian People*, Urbana: University of Illinois Press, 2004, p. 128.

② 杨民康:《中国民歌与乡土社会》,吉林教育出版社1992年版,第4页。

乐活动塑造、延续、再造社会生活"这一中西学界共同关注的重要话题。

回到"侗族大歌与南侗传统社会结构"这一个案，作为共时研究，本文既没有讨论历史过程，也回避了现代变迁，而是截取了大歌在当代南侗所呈现出的传统一面。笔者认为，这种"截取"为我们理解大歌的过去和将来奠定了重要基础。尤其在"大歌当代变迁"这一话题上，如果我们没有认识到大歌与南侗传统社会的血缘差序格局、近地缘内婚制度、远地缘村寨交往之间存在着千丝万缕的联系，我们就无法理解南侗传统社会结构的变迁是大歌当代变迁最核心、内在和直接的动力；无法理解一个半封闭的侗族农业社会在向所谓"现代"过渡的进程中，大歌传统为何必然走向学校化、商业化、舞台化与传媒化的多元生存方式；当然，也就难以在保护与发展之间寻找到最适宜的道路。

民族符号学研究综述

彭 佳[①]

近年来，文化符号学（cultural semiotics）的研究在中外学界已经形成蔚为壮观的局面；尤其是在国内符号学界，不论是在对国外文化符号学的翻译、研究、应用方面，还是在创立中国特有的文化符号学体系方面，学者们都做出了广泛而深入的努力。[②] 然而，让人惊奇的是，对于民族符号学（ethnosemiotics）这一文化符号学的重要领域，迄今为止国内却鲜有论者涉足。[③] 笔者认为，出现这一研究

[①] 作者简介：彭佳，西南民族大学外国语学院讲师，四川大学外国学学院硕士，主要从事文学文化符号学研究。

[②] 关于符号学在中国的发展，尤其是中国符号学派的创立，详见赵毅衡《中国符号学六十年》（http：//www. semiotics. net. cn/fhxts_ show. asp? id = 1615）和谭光辉《符号学：建立中国符号学派的可能》（http：//www. semiotics. net. cn/fhxts_ show. asp? id = 1646）。

[③] 根据笔者的调查，迄今为止，在中国大陆学界的学术论文中，明确提到"民族符号学"这一名词的只有十余篇。其中，赵爱国发表在《中国俄语教学》上的《谈洛特曼对文化符号学的理论建构》一文对尤里·洛特曼的符号学理论和民族文化批评之间的关联作出了理论性的阐述。其余的论文则是在论及符号学或人文学科的整体发展时提到过"民族符号学"这一学科，或者是用民族符号学的方法对具体的符号现象作出的微观分析。除本文和笔者的另一论文《民族符号学四十年：从结构主义到后结构主义》（收录在唐小林主编的《符号学诸领域》一书中）外，目前国内学界尚无对民族符号学研究的综合性、理论性评述。

领域的空白有以下两个原因：其一是出于国内学界对英美符号学派和苏俄符号学派的倚重，而民族符号学的重要发源地匈牙利却是一个长期受到忽视的学术区域；其二是因为民族符号学研究一直和人类学、民族学、社会学等学科混合在一起，难以分清彼此，其本身的发展过程往往被其他学科所覆盖。因此，本文的目的在于厘清民族符号学这一学科发展的历史脉络，呈现它在整个人文学科的宏观图景中的轮廓，并说明它的特点和影响。

20世纪50—60年代末：多学科的理论研究铺垫

按民族符号学的奠基人之一、匈牙利符号学者维尔默斯·沃伊特（Vilmos Voigt）给出的极简定义，民族符号学是文化符号学的一个分支，"它采用民族志方法（ethnographic approaches）之视角来研究符号系统及其功能。"[①] 由此可知，在民族符号学的理论准备过程中，民族方法论（ethnomethodology）[②] 的重要性是不言而喻的。自从民族方法论的创始人加芬克尔（Harold Garfinkel）在20世纪50年代中期创造出这一名词以来，它就作为微观社会与文化研究的一个常用视角而广为人知。由于民族方法论关注日常社会活动的秩序和结构是如何被建构和隐匿地存在于个人的生活之中，并且强调行动者的日常生活实践具有可说明性（accountability）、反身性（reflexicality）和索引性（indexicality），它和符号学研究的联结似乎是再自

[①] Vilmos Voigt, "Ethnosemiotics", in *Encyclopedic Dictionary of Semiotics*, Thomas A. Sebeok & Marcel Danesi ed., Berlin, New York: Mouton De Gruyter, 1986.

[②] 也译作"常人方法论""俗民方法论"等。本文取"民族方法论"这一译法，是为了保持与"民族符号学"之术语的字面统一。

然不过的事：民族方法论者所看重的"反身性"和"索引性"使得他们反对将某一个符号视为一种先验的存在，而是将其置放在整个语言结构中去进行检视；而这与索绪尔（Ferdinand De Saussure）的结构主义符号学观正好不谋而合。然而，和索绪尔的符号学研究不同的是，民族方法论者强调行动者的参与使得日常生活的秩序得以维持，这和索绪尔符号学派所秉持的静态的语言符号研究理念是相互抵触的。在加芬克尔的学生兼同事、社会学学者赛克莱尔（Aaron Cicourel）颇具影响力的论著《社会学中的方法与测量》（Method and Measurement in Sociology）中，他使用诠释程序（interpretive procedure）的概念讨论了人们在日常生活中互动、诠释和认知过程中所发挥的重要性。[①] 在赛克莱尔看来，生成语法（generative grammar）的语义延伸不是只用规则和结构就可以解释的，而是必须把它放置在行动者的诠释过程和认知过程中去进行考察。和加芬克尔相比，赛克莱尔更为强调行动者的主动性，个体对结构的反动更加凸显。到此为止，民族方法论和符号学的结合看来似乎走入了一条死胡同：对看重语言结构之先在性和决定性的索绪尔学派来说，民族方法论的推进和发展使得两门学科之间联合的可能性几乎化为乌有。

然而，事实却远非如此。赛克莱尔的看法尽管不能被索绪尔学派接受，却和符号学的另一大学派——皮尔斯-莫里斯学派（The Peirce-Morris School）的观点不谋而合。皮尔斯对符号学最大的贡献之一，就是将索绪尔学派对符号的两分法推进到了符号的三项式符号—对象—解释项（sign-object-interpretant）；这为符号的无限衍义提供了一个坚实的理论基础。这种对符号解释之自由度的拓展，

---

① Aaron Cicourel, *Method and Measurement in Sociology*, New York: Free Press, 1964.

正好印证了赛克莱尔认知社会学的看法,即人们在日常生活中的认知可以随着语境而改变。民族方法论和符号学研究在这个点上奇妙地叠合在了一起,在这一认知的基础上,民族方法论和符号学的理论衔接已经基本成形,这一学科的诞生也就呼之欲出了。

除了上述理论为民族符号学的形成所做的准备工作之外,传统的民俗学研究也为这一学科做出了不少贡献。在这里,特别值得一提的是匈牙利的民族学研究。和其他国家及地区不同的是,在匈牙利学界,符号学与民族符号学的研究几乎是同步进行的——匈牙利的民俗学研究在正式引入符号学理论之前就不自觉地在使用符号学的方法研究民俗传统的各个方面:从民族语言、装饰、民歌到婚礼仪式。早在匈牙利的第一部符号学专著《符号的模式》(*Patterns of Signs*)出版之前两年,嘉伯·卢克(Gabor Luke)就于1942年对民间装饰艺术和民歌中的符号系统进行了详尽的讨论。[①] 随后,在他出版于1957年的专著《匈牙利人的精神形式》(*Forms of the Hungarian Psyche*)中,他实际上已经将对民俗现象的讨论上升到了符号学的理论高度:"当我们讨论民间艺术、诗歌和音乐时,总会提出三个同样的问题——这三个问题类似于语言的语义学、句法学和语音学(semantics,syntactics,phonetics)。艺术的意义是比喻性的,也就是象征的、普遍的,它总是建立在符号(词语或形象)的单一的、原有的意义之上。如果要认识我们所使用的符号系统(system of symbols),那么我们就必须检视这两者之间的关系。符号之间相互关联的方式对艺术而言,相当于语言的句法学问题;而它们的艺术表现

---

① Mihály Hoppál, "Ethnosemiotic Research in Hungary", *Hungarian Studies*, 8/1 (1993).

则类似于语言的语音学研究。"① 尽管没有明确提出"民族符号学"这一概念,卢克的论述却可视为匈牙利民族符号学的先声:在沃伊特正式提出这一名词时,他对民族符号学三个不同面向的论述正是建立在卢克之讨论的基础之上的。这三个面向分别是民族符用学、民族符形学和民族符用学(pragmatic, syntactic and semantic ethnosemiotics)。② 除了卢克的研究之外,匈牙利学者桑多尔·多墨托尔(Sandor Domotor)、贝拉·高达(Bela Gunda)等人对墓碑装饰、十字架装饰的民俗学研究也都纷纷指向了对一个完整的符号系统和文化结构的讨论。可以说,到 20 世纪 60 年代末时,匈牙利民俗符号学研究的前期准备工作已经相当充分,只等符号学者对其进行整合和赋形,便可全然浮出水面了。

20 世纪 70—80 年代:正式形成期

从 1968 年开始,沃伊特在其任教的厄特沃什·罗兰大学开设了符号学课程,开始系统性地向学生介绍民族符号学的内容(尽管当时这一名词还没有被创造出来),对民俗研究和神话研究中的符号学现象进行了全面的讨论。1971 年,沃伊特和匈牙利科学院院士、民族学者、符号学者米哈伊·霍帕尔(Mihály Hoppál)几乎是同时提出了"民族符号学"这一概念。沃伊特看重语言这一模拟系统的重

---

① Mihály Hoppál, "Ethnosemiotic Research in Hungary", *Hungarian Studies*, 8/1 (1993).

② Ibid..

要性，而语言模拟系统正是莫斯科塔尔图学派（The Moscow – Tartu School）的一个核心概念。民族学现象作为文化的一个部分，它可以被语言模拟系统解释和说明，并且帮助人们认识某个特定族群的文化本质，也就是传统习俗是如何在日常生活和语言的双重结构上得以建立和运行的。苏俄符号学派的理论精髓和民族学方法论在此得到了完美的融合。而霍帕尔则更为强调符号的传播过程在民俗文化中的体现，通过对民族符号学在不同传播阶段的分析，他清楚地展示了在基本的符号之间存在的系统上的联结。为了描述这一关注民族学现象之符号过程的学科，他提出了"民族志符号学"（ethnographic semiotics）一词，并以"民族符号学"（ethnosemiotics）作为更加方便的简称。① 至此，民族符号学研究在匈牙利正式确立了它的学科地位。

无独有偶，就在同一年，苏联语言学家斯特潘诺夫（Ju. S. Stepanov）也提出了"民族符号学"的概念。斯特潘诺夫认为，民族符号学致力于研究人类文化中隐而不显的层面，它关注的是社会符号系统中某个文化现象（如婚礼歌曲、婚俗）是如何作为符号而存在的，以及它在系统中的功能。在斯特潘诺夫看来，文化相对主义（Cultural Relativism）是各个不同的符号系统的基础，因此民族符号学者们必须进行文化、历史和语言学的交叉研究。格雷马斯（Algirdas Julien Greimas）则在1973年举行的欧洲首届民族学研究会上讨论了民族符号学在三个领域里发展的可能性：诗学、音乐和手势研究。② 这四位学者的讨论为"民族符号学"的概念勾

---

① Mihály Hoppál, "Ethnosemiotic Research in Hungary", *Hungarian Studies*, 8/1 (1993).

② Vilmos Voigt, "Ethnosemiotics", in *Encyclopedic Dictionary of Semiotics*, Thomas A. Sebeok & Marcel Danesi ed., Berlin, New York: Mouton De Gruyter, 1986.

勒出了大致轮廓。

由于民族符号学研究与民族科学（ethnoscience）的研究在某些领域有相互交叉的部分，因此，在这里需要说明这两门学科的不同之处。民族科学是认知人类学（cognitive anthropology）的一个下属学科，主要研究民族的知识体系（如今尤其注重原住民的知识体系）是如何形成并对外部世界进行认知和划分的。它的主要研究领域包括民族语言学（ethnolinguistics）、民族植物学（ethno-botany）、民族动物学（ethno-zoology）和民族医学（ethno-medicine）等。[1] 由于民族科学在研究中常常会论及某些符号（包括自然语和文化符号）在民族知识体系中的功能和作用，它有可能会采用民族符号学的研究方法对其进行讨论。这也是两者有时候会夹缠不清的原因之一。然而，民族符号学和民族科学之间确实存在明确的分界线：后者着重于研究各个文化系统中植物学、动物学、医药等学科的文化分类起源和命名体系，展现不同的科学知识图景；而民族符号学不仅仅是展示性、描述性的，它并不停留在对某个符号在系统中起到的某种功能之说明，而是致力于挖掘它在这个文化系统的建构中体现的规则和元语言思维，以及它与这个系统其他部分的关联和产生各种关联的原因。因此我们可以说，民族符号学更看重的，是语言和文化的深层结构如何通过符号系统来进行表现和维持的；它的目的是通过对符号和意义的研究探求民族文化乃至人类思维的一般规律。尽管民族符号学研究往往是从具体的微观分析切入，对某一文化现象进行讨论，它却没有停止在一般的归纳和分类上，而是指向了规则、功能、结构这些更为深层和宏观的层面。

---

[1] Atran Scott, "Social Science Information/Sur Les Sciences Sociales", *Ethnoscience Today*, 30/4（1991）.

在民俗研究的领域，运用民族符号学对文化现象进行讨论的文章可谓层出不穷。博加特廖夫（Petr Bogatyrev）对捷克斯洛伐克的民间戏剧、歌曲、传说和习俗进行了广泛的研究，并使用符号学的方法对其进行讨论，从而证明了马塞尔·莫斯（Marcel Mauss）的观点：人类文化具有普遍性的深层结构，尤其是在原始文化的遗留中可以看到这样的结构存在。[①] 这种通过对民俗文化的研究来证明人类文化之普遍结构的努力得到了持续和深入的推进：一直到1993年，在 V. V. 伊万诺夫（V. V. Ivanov）著名的《民族符号学问题》（Problems of Ethnosemiotics）一文中，还可以看到民俗学者在这方面的杰出表现。

民俗学者对民族符号学研究的另一个重大贡献是：他们在追溯日常生活中的符号意义是如何获得的过程中，推进了符号学原理向前发展。从沃伊特、朱莉安娜（Bodo Julianna）、佐兰（Hajdu Zoltan）等人的研究中，我们可以看到符号在社会生活的重复使用中是如何获得理据性（motivatedness）的。这一观察和索绪尔提出的语言符号之任意性（arbitainess）相悖，却是符号学发展到皮尔斯阶段之后一个重要的立足点所在。

文学向来是符号学研究的重要领域所在；在民族符号学的发展过程中，它与文学研究的结合为民族符义学的发展提供了优秀的范例。在俄罗斯的神话学者梅莱廷斯基（Eleazer Meletinsky）的研究中，普罗普的故事形态学理论中的人物功能得到了进一步考察。梅莱廷斯基认为民间叙述（folk narratives）中组合轴上的单位由此可被放到一个更为全面的文化系统中进行考察，这实际上已经是在把

[①] Vilmos Voigt, "Ethnosemiotics", in *Encyclopedic Dictionary of Semiotics*, Thomas A. Sebeok & Marcel Danesi ed., Berlin, New York: Mouton De Gruyter, 1986.

民族符号学的研究对象从"符号"转向了"意义",或者说"文本"(text)。尽管梅莱廷斯基没有明确提出自己的研究是以文本为单位的,这种转变却预示了民族符号学之后的发展方向——对文本意义的剖析和追问。

20世纪90年代至今:全面发展时期

1989年,沃伊特为西比奥克(T. A. Sebeok)和丹尼斯(Marcel Danesi)合编的《符号学百科大辞典》(Encyclopedic Dictionary of Semiotics)一书撰写了专文《民族符号学》(Ethnosemiotics),对这一学科的发展进行了一个正式的回顾和系统的梳理。在文中,沃伊特首次正式在民族符号学研究中引入了"文本"这一说法,从而标志着民族符号学研究转向的开始:随着"文本"这一概念自身意义的变化,民族符号学也从结构主义对单个符号及符号体系结构的研究走向了后结构主义对文本和意义的研究,走向了一个更广阔、更开放的体系。

在沃伊特此文付梓后一年,著名的文化批评家约翰·菲斯克(John Fiske)在其主编的期刊文化研究(Cultural Studies)上发表了《民族符号学:个人和理论的反思》(Ethnosemiotics: Some Personal and Theoretical Reflections)一文,引起了相当大的轰动和反响。他选取了电视节目《新婚游戏》(Newly Wed Game)的观众(包括他自己、学生和其他观众)作为观察对象,来检视他们作为社会主体对这一节目的观感,以及产生这种观感的话语结构是如何运作的。作者首先对自己进行了自我民族志(autoethnography)分析,透过对自我的剖析指出了自己的观看心理在几种不同的话语之间移动：作为学者的批判性、反思性的话语，作为个体消费者的感官性话语，左翼白人中产阶级的政治话语等。随后，菲斯克对自己卧室的家具、电器和装饰的选择和位置进行了细致的分析，指出了它们作为意义单位体现出来的个人和主流文化之间在不同话语层面上的抵抗和妥协。通过这一分析，菲斯克试图探寻作为社会主体的个人是如何利用可用的社会资源创造出一个符号空间，并由此建构出社会成员及其在社会空间中的位置。在菲斯克的自我民族志分析中，作者同是民族志的书写者和被书写者，外在的社会空间和内在的个人空间之间的区隔被有效地打破了。这样的视角更为平等和去权威化，能够更准确地透视出个人日常生活的符号空间是怎样被宏观的社会空间所形塑，也反过来塑造着后者。接下来，菲斯克指出，尽管民族志研究中的访谈录音和信件等在作为固定下来的文本进行研究时有一定程度上的变形，仍然可以把它从语境中抽离出来进行研究；虽然文本和语境的区别是不明确、不固定的，在进行分析时也必须把语境考虑在内。他运用民族符号学方法对一位女性观众的来信进行了仔细的话语分析，考察了在她的用词、语态、语言风格变化和缺失中表现出的她作为不同身份的个体在父权话语、知识权威话语和女性的自我话语之间的挪移，从而观察到了这位观众在日常生活中以自我愉悦抵制了宏观的意识形态（虽然这种抵制只是一定程度上的、是部分的），并为自己找到了逃离或者抵抗父权文化的个人空间。[①]

　　菲斯克的文章之所以具有突破意义，其一在于他将民族符号学

[①] John Fiske, "Ethnosemiotics: Some Personal and Theoretical Reflections", *Cultural Studies* 4/1, January (1990).

从对单个符号的解读套路中释放了出来,而以文本和语境为研究对象,从而拓宽了民族符号学的应用层面;其二在于他引入了符号空间(semiotic space)这一概念。在西方文化研究整体"空间转向"的话语背景之下,他的这一讨论和列文斐尔(Henri Lefebvre)、索雅(Edward W. Soja)等重要的文化批评家的"空间生产""社会空间"理论相互映照,展示了日常生活中人们获得多重文化空间的可能,由此将符号学的研究推向了一个全新的、更为辽阔的境地。在几位文化大师的合力协作之下,主流符号空间和个人符号空间的彼此形塑成了一个重要的文学、文化、社会学、民族学和符号学的议题。

在菲斯克将民族符号学的研究对象正式转向文本意义研究以后,民族符号学的讨论在人文学科的各个领域可谓遍地开花。在应用符号学对文化、文学、艺术等方面的广泛研究中,通过对日常文化现象的分析,我们可以看到在文化符号系统中,每一个文本的意义是如何系统、被其他的文本改变和解释,并生发出更为多元的意义,从而改变着文化整体发展的方向。这是菲斯克为民族符号学研究开辟的一个辽阔领域。在此文诞生后一年,迪恩·马康耐(Dean MacCannell)就在其文化旅游学著作《空洞的相遇之地》(*Empty Meeting Grounds: The Tourist Papers*)中引入了这一研究方法,来讨论旅游作为一种现代仪式,是如何帮助人们脱离日常生活的重复和烦琐的。[①]在民族学研究中,人类学家佩里·冯(Perle Mohl)撰写的《村庄的声音》(*Village Voices: Coexistence and Communication in a Rural Community in Central France*)一书值得一提。通过对他所居住的乡村社

---

① Dean MacCannell, *Empty Meeting Grounds: The Tourist Papers*, London: Routhedge, 1992.

区中人们的话语文本分析，展示了行为者的个人和社会身份是如何在日常生活的文化机制中共存和相互协调的。[1] 这一时期，中国学界在这一领域的研究也有新的进展：管彦波1997年发表于《宁夏社会科学》的《从符号学的角度看民族头饰艺术的美学特色》一文就使用了民族符号学的方法对少数民族的头饰进行了分类研究。另外，尽管没有使用"民族符号学"一词，杨昌国于2000年出版的专著《符号与象征：中国少数民族服饰文化》也引入了民族符号学的研究方法观察和分析民族服饰文化。

至此，我们应该可以明确地区分沃伊特所说的"符号学民族志"（semiotic ethnography）和"民族志符号学"（ethnographic semiotics）的区别。[2] 前者是将民族符号学作为一门交叉学科，根据民族学现象探求符号系统和文化系统的深层结构，寻找普遍性的规律；后者则把民族符号学作为一种方法论来使用，尤其是运用符号学的原理来讨论和分析微观的社会和文化现象。国内学界对莫斯科—塔尔图学派的文化符号学尤其是民族文化理论部分的介绍繁多，这里无法一一枚举。这是学者们在不自觉的情况下对符号学民族志做出的巨大贡献；而前文所列出的学者们在应用符号学诸领域的拓展，则可归入民族志符号学的类别。在这一分类的前提下，民族符号学的清晰轮廓可以得到较为完整的展现，而不至于陷入与民族学、社会学纠缠不清的境地。

---

[1] Perle Mohl, *Village Voices: Coexistence and Communication in a Rural Community in Central France*, Copenhagan: Museum Tusculanum Press, 1997.

[2] 关于沃伊特对这两个名词的讨论，见 Vilmos Voigt, "Ethnosemiotics", *in Encyclopedic Dictionary of Semiotics. Thomas A. Sebeok & Marcel Danesi ed. Berlin*, Mouton De Gruyter, 1986.

结语　民族符号学的发展前景

纵观民族符号学数十年来的轨迹，可以看到它从一开始就是多学科交叉发展的产物，在发展过程中又被积极地引入人文学科的各个领域，并且不断从其他学科汲取养分，来形成新的学科增长点，自身的面貌也变得更为丰富和繁复。米哈依·洛特曼（Mihhail Lotman）在《心相世界与符号域》（Umwelt and Semiosphere）一文中指出，"心相世界"与"环境"的不同之处不仅仅在于专业术语上的区别，而是代表了两种不同的知识话语范式——前者认同海德格尔的时空观，将时间和空间视为由"存在"而产生的所在；后者的理论立场则是达尔文主义，把生命体看作时空的产物，时间和空间则被认为是先在的。而尤里·M. 洛特曼的"符号域"理论所采取的理论立场，和"主观世界"的话语范式有诸多共通之处。[①] 事实上，这种话语范式的转变不仅体现在民俗学从研究"民俗"到注重"俗民"的变化上，也体现在民族符号学的发展进程上：从诞生之日起到现在，民族符号学研究经历了从结构主义到后结构主义的转向，视野也变得更加宽广。鉴于民族符号学的这一特点，我们应该可以乐观地相信：它的发展不会停止，而是会走向越来越开阔和深广的境地。

[①] Mihhail Lotman, "Umwelt and Semiosphere", *Sign System Studie*, (2001) 1.